凤凰师轩
FENGHUANG SHIXUAN

行知工程
行思讲坛系列

严育洪◎编著

把学生教聪明

BA XUESHENG JIAO CONGMING

江苏教育出版社

图书在版编目（CIP）数据

把学生教聪明/严育洪编著．—南京：江苏教育出版社，2012.6（2013.5 重印）

ISBN 978-7-5499-1833-1

Ⅰ.①把…　Ⅱ.①严…　Ⅲ.①中小学—教学法
Ⅳ.①G632.4

中国版本图书馆 CIP 数据核字（2012）第 094371 号

书　　名	把学生教聪明
作　　者	严育洪
责任编辑	午新生　李　平
出版发行	凤凰出版传媒股份有限公司
	江苏教育出版社（南京市湖南路 1 号 A 楼　邮编 210009）
苏教网址	http：//www.1088.com.cn
照　　排	润星之源文化有限公司
印　　刷	九洲财鑫印刷有限公司
厂　　址	河北省三河市灵山大口
开　　本	787×1092 毫米　1/16
印　　张	15.75
字　　数	258 千字
版　　次	2012 年 6 月第 1 版　2013 年 5 月第 2 次印刷
书　　号	ISBN 978-7-5499-1833-1
定　　价	30.00 元
网店地址	http：//jsfhjy.taobao.com
邮购电话	025-85406265,85400774　短信　02585420909
E - mail	jsep@vip.163.com
盗版举报	025-83658837

苏教版图书若有印装错误可向承印厂调换
提供盗版线索者给予重奖

序

做一个聪明的教师，把学生教聪明

作为一名教师，最大的愿望就是能够把学生教聪明，这是我们孜孜以求的教育理想。虽然学生有着一定的天资，但后天的教育对学生的成长有着巨大的作用。学校教育中，有着许多先天条件平平，但被教师教聪明的学生，当然也有许多聪明学生被教笨的例子。特别是在传统教育中，许多聪明学生的个性受到压抑、兴趣受到压制、想象力受到压缩、活动得不到开展、才华得不到充分施展、特长得不到充分发展，在现代教育中，这种教育的窒息状态得到了一定的改善，学生有了更多表现自己的时间和空间。

把学生教聪明，教师“教”的作用体现在最大可能地调动学生参与学习的积极性，促使学生全身心、多感官地进行学习，如果达到了这样的教学境界，何愁学生不聪明？

怎样让学生全身心、多感官地投入到学习中？这是一个让教师颇为费心的问题。其实，简单地看，我们可以从对“聪明”一词的说文解字中看出一些名堂。

中国文字是象形和表意文字，每一个字的创立，都有其本来的特定含义。“聪”字，在《说文解字》中是“察也。从耳悤声”，意思是通过耳朵知晓声音；“明”字，甲骨文以“日、月”发光表示明亮，《说文解字》中解释为“明，照也”，《书·洪范》中说“视曰明”，“明”的意思，就是“视觉能看到日月的光”。所以，“聪明”就是指“眼观六路，耳听八方”。古人制造词语的时候，常把“聪明”连用，取“耳聪目明”之意，自然是有道理的，作为万物之灵的人，吸纳外界纷繁的信息，主要就是靠耳朵听、眼睛看，只有“耳聪目明”，才会“聪明”。

还有人这样解读聪明的“聪”字：左为耳，右为总，意为耳朵总是在用。由此我想是否这样来说解聪明的“聪”字：左边的“耳”表示耳朵，右边的“总”从上到下依次表示眼睛、嘴巴、心脑，也就是说教师只有让学生动耳、动眼、动口、动脑，多感官地参与学习，才能把学生教聪明。当然，如此解字，聪明的“明”字就可以说解成“每日每月”，也就是说教师要坚持每日每月让学生动耳、动眼、动口、动脑，多感官地参与学习，才能把学生教聪明。

《尚书·洪范》言五事：“一曰貌，二曰言，三曰视，四曰听，五曰思。”其中后四事就对应着动口、动眼、动耳、动脑。我们还需注意的是，五事中最重要的是“思（动脑）”，没有心的主导，即使耳目鼻口和外界发生接触，也不会产生实际的效果：“耳之情欲声，心不乐，五音在前弗听；目之情欲色，心弗乐，五色在前弗视，鼻之情欲芬香，心弗乐，芬香在前弗嗅；口之情欲滋味，心弗乐，五味在前弗食；欲之者，耳目鼻口也；乐之弗乐者，心也。”（《吕氏春秋·适音》）简帛《五行》中更是形象地说：“耳目鼻口手足六者，心之所役也。心曰唯，莫敢不唯；心曰诺，莫敢不诺；心曰进，莫敢不进；心曰后，莫敢不后；心曰深，莫敢不深；心曰浅，莫敢不浅。和则同，同则善。”一言以蔽之：“心之官则思，思则得之，不思则不得。”（《孟子·告子上》）

当然，要让学生能够动耳、动眼、动口、动脑，教师首先应该做一个聪明的教师，要做到少讲和精讲，把更多的时间留给学生活动。

《老子》56章里说：“知者不言，言者不知。”意思是说，聪明的人不随便说话，随便说话的人是不聪明的。教师就应该做这样的聪明人。埃及教育家说过一句话：“二十一世纪最伟大的贡献将是让在课堂上喋喋不休的教师闭上他们的嘴。”很显然，要想做一名聪明的教师，首先要保证不轻易说话。

基于上面的论述，本书在编写过程中，人为地按照“聪”字分解为耳朵、眼睛、嘴巴、心脑的顺序设置了“耳”“眼”“口”“心”等专科，这样编排章节，只是为了方便我的论述和你的阅读。其实，它们彼此之间是无法割离的，学生在动耳的同时也可能会动眼、动口，学生在动耳、动眼、动口的同时一定离不开动脑，所以你在阅读本书内容的时候，请用身体察和用心体会。

说到“聪明”两字，我们接着会由此想到“智慧”两字，我们不妨也对“智慧”两个字来说文解字一下：“智”字，由“知”和“日”组成，在《康熙字典》中记载的是《孟子》中“是非之心，智之端也”，意思是说“智的根本，指是否能明白事物的自然规律”。《荀子·正名篇》中解释为“知而有所合，谓之智”，意思是“明白事物产生的根源和彼此之间的联系，称为智”。慧由“彗”和“心”字组成，“彗”字古文上有个“竹”字头，《说文解字》中解释为“彗，埽竹也”，意思是“用竹子做的扫把扫干净”。简单说“慧”字，表明了“要用扫把扫干净心灵的尘垢”。《说文解字》中说“慧，儇也”，意思说“深刻准确而明白的思想”。“智慧”，就是指能深刻而准确明白事物产生、发展、变化的原因及其之间的各种联系的思维。

从现代生命科学和心理科学的角度来看待“聪明”和“智慧”，是指人类认识世界的两个阶段，“聪明”是初级阶段，是人类通过“五官”和“触觉”对外界世界直接的、片面的、简单的、肤浅的认知，即“感性的感觉阶段”；而智慧，则经过“五官”和“触觉”对外界世界的条件反射，到达大脑后，经过思维，对外界产生全面的、系统的、深刻的认识，是认识的高级阶段，即“理性的抽象概括思维阶段”。也就是说，在教学中，唯有让学生“‘动耳、动眼、动口’＋‘动脑’”，才会把学生教聪明，进而让学生有智慧，这是我们教师所期盼的教育效果。

美国学者贾尼丝·萨博把培养“聪明的孩子”还是培养“智慧的学生”概括为两种教育：

	聪明的孩子	智慧的学生
1	能够知道答案	能够提出问题
2	带着兴趣去听	表达有力的观点
3	能理解他人的意思	能抽象概括
4	能抓住要领	能演绎推理
5	完成作业	寻找课题
6	乐于接受	长于出击
7	吸收知识	运用知识
8	善于操作	善于发明
9	长于记忆	长于猜想
10	喜欢自己学习	善于反思

根据上述表格所列出的“聪明的孩子”和“智慧的学生”的区别，在教育的漫漫“长征”途中，但愿我们的老师能够不满足于培养“聪明的孩子”，还要积极追求能够培养“智慧的学生”，让我们的教学更上一层楼，看到更远、更美的风景。

严育洪

2011年10月写于江苏无锡

目 录

Contents

以"耳"知音，为"聪"之首

耳——为"聪"之首。只有会听的学生，才能是聪明的学生。教师应把学生的耳朵叫醒，让他们想听、愿听、会听、听得懂，从而把学生教聪明。

以“眼”知形，为“聪”之门

眼——为“聪”之门。只有善于观察的学生，才能是聪明的学生。教师应把学生的眼睛擦亮，让他们“看”得更清更多、更会看，从而把学生教聪明。

以“口”知思，为“聪”之本

口——为“聪”之本。只有把知识内化后能够清晰表达的学生，才能是聪明的学生。教师应该用心倾听，让学生敢于说、把话说完、做学习的“勇士”，从而把学生教聪明。

以“心”知意，为“聪”之源

心——为“聪”之源。只有了解自己真实想法、能够用心思考的学生，才能是聪明的学生。教师应站在儿童的立场进行教学，鼓励他们独立思考，从而把学生教聪明。

以“耳”知音，为“聪”之首

Ba Xue Sheng Jiao Cong Ming

耳——为“聪”之首。只有会听的学生，才能是聪明的学生。教师应把学生的耳朵叫醒，让他们想听、愿听、会听、听得懂，从而把学生教聪明。

教师：

名字效应，把学生的耳朵叫醒

聪明学生对自己的名字同样比较敏感和在意，同样希望自己的名字能够被老师记住并得到重视——

曾经在杂志上看到题为《记住别人的名字》的文章——

饭局上，有个食客说，他曾和某名人吃过饭，而且握过手，握手时手心都出汗了，紧张又激动，心狂跳不止，几乎要迸出胸膛。顿时，饭桌上的人羡慕不已，一个劲地夸他。我问：“那个名人记得你叫什么名字吗?”他不太自信地说：“应该记得吧。”

曾经，刚到新单位，一天负责收发报纸的小伙子来送信件。他出门后，我问同事：“他叫什么名字?”同事有些惊讶，说：“问这干啥？我也不知道。他这么胖，就叫胖子好了。”我一怔，同事工作了很多年，竟然不知道给他送了多年报纸的门卫的名字。

一天下午，突然下大雨，下班后，我没有雨具，站在单位大门口张望，犹豫着打的还是等雨停后再回家。门卫看到了我，他叫我名字，说：“我这里有雨衣，你带回家吧。我晚上值班不需要雨衣。”让我窘迫的是，我叫不出他的名字，叫了他一声“胖子”表示感谢。他似乎看穿了我的心思，热情地自报姓名。我穿上他的雨衣，准备回家，他说：“你来了几天，我就记住你了。你经常收到报刊、信件、稿费单，真不错。”我故作谦虚地说：“哪里哪里，写着玩呢。”末了，他有点不好意思，似乎欲言又止。我问：“你还有什么事吗?”他回答说：“请你以后不要叫我胖子好吗？直接叫我的名字好了。”我的脸一下子红了……

记住一个人的姓名很容易，只是我们不屑于记住或者不愿意记住。原因很简单，在这个普遍功利的时代，对我们而言，与自己关系最密切的人往往是与我们有利益关系的人。记住并念出一个人的名字，不是嘴里无足轻重的一口气，而是一种尊重，一种发自内心的尊重。

名字是一个人的不二名片，对每个人的意义不言自明。美国著名人际关系学大师卡耐基这样说过："一个人的姓名是他自己最熟悉、最甜美、最妙不可言的声音，在交际中最明显、最简单、最重要、最能得到好感的方法，就是记住人家的名字。"

在教育教学中，教师记住学生的名字不仅是能力的体现，也是一种对待学生的态度，更是尊重学生的体现。记住学生的名字，等于给学生一个巧妙而有效的赞美，更是建立良好师生关系的开始；反之，忽视学生的名字，以"你"或"某某同学"替代，看似保守稳健，却极易招致反感和不信任。简单做一个换位思考，当有一天，你的名字被别人忽视时，你的内心会是一种怎样的感觉？当然，让学生也能够记住你的名字，是教师人格魅力和业务水平的最直接的体现。

一、叫出名字，是教学一种可爱的人情来源

曾经在杂志上看到一篇题为《谢谢你还记得我》的文章——

那天，一位老师出去开会，我去为她代课。下课了，一个高高瘦瘦很可爱的女孩儿叫住我："老师，我叫杨林文。老师，请你记住我。谢谢老师！"孩子给了我一个特别灿烂的微笑，走了。

我记住了这个有着特别个性、特别名字的漂亮女孩。大概过了一个多月，我又为她们班代课。课堂上我注意到了坐在最后的她。当我提出一个问题的时候，我看到她举起了手。"杨林文，请你回答！"在微微一愣以后，她说出了答案。我用微笑回报了她的精彩回答！

在我离开教室的时候，她突然从后面跑过来搂住我的腰，一扭头，看到的依然是那灿烂的笑："老师啊，当你叫我名字的时候我太激动了，谢谢你能记得我，谢谢老师！""谢谢你能记得我！"这句话一直让我觉得很温暖，很难忘，就像她的微笑。

有一天，下班回家的路上，从我对面过去的一个人让我觉得很面熟，我觉得他是李老师。虽说我和他同事只有一年，但当时他对我挺好，每天上午第二节课下，他总会把学校发的点心热好了给我吃，至今我还记得那热气腾腾的包子和滚烫的茶。可当我反应过来准备叫他的时候，他已经骑

车过去了。我想快十年了才遇到一次，下次还不知道什么时候能遇到，突然有点伤感。于是立刻追了回去，终于在一个十字路口他等红灯的时候追上了。“李老师，李老师！”“你是？你是？”我的名字就在他的脑子里跳，他好像能抓住却总是抓不住。“郃——霞。”我笑了！

“对！对！是小郃这个丫头！”他以前就这样叫我，“丫头，这么多年都没见过了，你还能记得我这个老头，还特地从后面追过来，谢谢你哦，丫头，谢谢你还记得我……”他很开心，很开心，一直在摇着我的手，一直在对我笑。

哦，“谢谢你还记得我！”又是这句话！又让我觉得很温暖！

如果你爱他，如果你对他好，或者，如果你想对他表达自己的感激之情，不需要别的，只要你在若干年后，仍然能够记住他，于万千人名中，准确无误地说出属于他的那一个。记住一个人，是对他最高的敬重，是对他最好的回报。

[问题案例1] 学生怎么不知道老师的尊姓？

“你来说！”“请你来回答！”……课堂上类似这样的一些话语，恐怕大家不会陌生。这个“你”字，到底是指何许人也？对于我来说，“你”所代表的人可就多了，可以是“学生甲”，可以是“学生乙”，也可以是“学生丙”……在课堂上，除非是最优秀的学生，或是最差的学生，我只能叫出几个名字来，其余的几乎都以“你”相称。我对这样的称呼并没有觉得有多大不妥，因为我是副课老师嘛，上课班级多，每个班一周才上两节课，叫不出学生的名字是很正常的，直到有一次——

一天，天气很好，我的心情也不错。刚上完课，闲来无事，我漫步校园。忽然，迎面走来一个熟悉的身影，咦，那不是我音乐课上最喜欢的学生周××吗？瞧她那大大的眼睛，忽闪忽闪的，充满了灵气。每堂音乐课上回答问题，我总能看见她那高举的小手。眼看她离我越来越近了，我估计她肯定会非常有礼貌地、亲切地跟我打招呼：“王老师好！”果然，周××笑眯眯地迎了上来：“音乐老师好！”我不觉心里一凉：怎么，我这么喜欢的学生，竟然连我姓什么都记不得？真是郁闷啊！

我深深地反省了自己：每个人都渴望被别人关注与尊重。学生记不得我的姓，尚且让我倍感失落，更何况我叫不出学生的名字，仅以“你”字称呼学生呢！

有一所学校曾经开展“常态下的课堂教学评价活动”，即人们习惯上所说的“推门听课”，所不同的是在上课结束的时候，由学生对老师的课堂教学情况从自我感受的角度进行评价。让人意外的是，无论评价者是初一还是高三的学生，也无论评价对象是“主科”还是“副科”的教师，都不同程度地存在着学生不知老师姓名的现象，最典型的是有一位学生在填写老师姓名时提出一个奇怪的问题：“老师，您是谁?”很显然，这位学生所问的是这位老师姓甚名谁。

高万祥校长所著的《我的教育苦旅》中，曾就这一问题进行过小型调查，结果表明，能写出老师姓名者只占16%，能写出老师姓什么者也仅有31%。这使高校长深感吃惊：“因为在开学初，我们就要求新学期第一堂课上老师要自报家门、自我介绍。”

在平常的学校生活中，学生常常是以“语文老师”“数学老师”“历史老师”“生物老师”等来称呼自己的老师。在“老师，您是谁”的询问中，所折射出的是师生关系的隔膜，我们从中也解读不出和谐融洽、民主平等的师生关系。

［问题案例2］老师怎么不知道自己学生的姓名？

由于我几乎年年教毕业班和高考复习班，每年都要遇到两百多个新面孔，我与学生交流的机会不多。记得当时上课时总是以串讲为主，完全没有如今提倡的对话交流，所以一年下来能记得的学生名字很少，能记住的主要是成绩十分拔尖的和表现极差的学生。在上课时，学生的座位表从不离手，以此来弥补自己的“先天不足”，但下课后就没有办法了。记得有一天在操场上，一位男同学主动和我打招呼。我觉得他很眼熟，出于礼貌，我问他是哪个班的。他吃惊地说道：“老师，你给我们上了近两年的英语课，居然不认识我!”当时我惭愧得满脸通红，至今想来都很窘迫。

数年以后我参加了一次英语骨干教师培训班。我发现外籍教师Jefferson有着极强的记忆力，班上那么多学员，他都能随口叫出名字，让人感觉十分亲切。当我问他有什么办法才能熟记学生的名字时，他笑道：“这不需要任何办法。在我的心中，你们每个人都是我的朋友。如果名字都不知道，算什么朋友呢?”

平时我们大声疾呼要尊重每一个学生，却叫不出学生的姓名，这不是自相矛盾吗?不认识学生，叫不出学生的名字，这是尊重学生吗?不认识学生，不了解学生，能够实现因材施教吗?由此可知，叫不出学生的名字，我们忽视了教学的最基本的问题。

在每个人心中，自己的名字是世界上最动听的符号。如果数次见面后，彼此还不能叫出名字，就会产生陌生感。所以西方人常会在第一次见面时就主动告诉别人自己的名字，即使大家也许永远都不可能再相逢。在倡导新课程改革、高扬“人本教育”大旗、呼唤师生平等的今天，我们每个教师都应当轻问自己：“你能记住学生的名字吗?”记得有一位师范生在某校实习一个月，在欢送会上，他只是含着泪花一口气背出全班48名同学的名字！同学们既惊讶又激动，使劲鼓掌；后来，班上一位学生也当了教师，他接班的第一件事，就是记住学生的名字，不出一周他就与学生打成了一片。名字“＝”人。记住名字，宣传名字，是重视人的最简单的表示。

老师啊，请记住每一个学生的姓名吧！要做到这一点，关键是看你能否做个有心人，经常深入学生之中，与学生同活动、同学习。请直呼你学生的名字吧！因为学生渴望你的关注，渴望你的尊重！只有时刻关注自己学生的人，才能真正成为学生心目中的好老师！

[改进案例] 呼唤名字，让学生感动不已

一个小女生其貌不扬，成绩也不出众，几乎所有任课老师都不点她的名，她感觉自己成了被老师们“遗忘了的角落”。她很灰心，觉得十分没趣，学习成绩怎么也搞不上去。

一次，她忘了把作业本交给课代表，一个人战战兢兢地来到老师办公室，把本子一放，扭头就走。在那一刹那，老师准确无误地叫出了她的名字，表扬她按时完成作业，并鼓励她好好学习。她立在原处，感动得不知所措。

那一声叫唤，让小女孩儿感受到了那种被老师记得的幸福，她心里的阴云一扫而光，阳光照亮心窗，她快乐得像一只可爱的小鸟。

名字，特别是一个被人忽视甚至遗忘的名字，某一天突然被人提起或唤起，那它就会有一种穿透力，直达人的心灵深处。这种行为，在给人幸福感的同时，也能让人产生自信，甚至由此走向自强。

成为一名好教师需要我们在诸多方面做出努力，如个人修养、表达能力、业务水平等。《美国优秀教师行为守则26条》的第一条可能会让你感到惊讶：记住学生的姓名。

二、用好名字，是教学一笔可贵的人力资源

曾经在书上看到这样一则故事——

少年的卡耐基（钢铁大王），捉到一只野兔，生下一窝小兔，造成草料困难。他就召集孩子们，告诉他们谁拔草喂兔子，就用谁的名字为兔子命名。孩子们热烈响应。成年的卡耐基，在宾夕法尼亚铁路公司旁建造了炼铁厂，并以该铁路公司董事长的名字作厂名。自然，铁轨又多了条销路。

名字，它不仅仅只是名字！它的每一笔画无不“勾连”着、“牵挂”着人的“心情”。缘此，在我们的教育教学中，它就是一笔颇具价值的“名产”，成为新的教育教学资源。

［参考案例 1］ 名字中的交情

开学了，一年级的孩子们来到了一个新环境，一切是那样陌生而又新奇。为让学生尽快地适应环境，适应学校生活，在带领孩子们参观完校园后，我开设了一堂活动课——“制作自己的名片”。孩子们兴趣盎然，他们在自己的“名片”上画上了卡通画，涂上了漂亮的颜色，写上了自己的名字。

通过小组展示“名片”，组内同学不仅认识了人，也认识了名字。课后，我又在每个孩子的座位上贴上了他们的名字，让他们课后互认，比一比谁认的字多。

制作名片，这是学生很感兴趣的活动，通过名片可以向别人介绍自己，也可以认识别人。通过这一活动，孩子们既结交了新朋友，交流了感情，又在不知不觉中认识了许多新字，可谓一举两得。

［参考案例 2］ 名字中的人情

班会课上，老师让学生先各自默写出全班同学的名字，然后小组里交换批改，看看谁将同学的名字写错了。默写时，班上叽叽喳喳，热闹极了。大家有的喜形于色，有的愁眉苦脸。10 分钟后开始批改，班上就更热闹了。看到别人的名字被写错了，便捧腹大笑；看到自己的名字被写错了，便撅起了小嘴……

老师见火候到了，便请学生上讲台说说默写的情况，并说说父母为什么给自己取这样的名字。于是，教室里一下子像“冷豆腐掉进了热油锅中”，大家都抢着发言，真是听得人啼笑皆非——

有的把“袁芳”写成了“哀芳”“蓑芳”，有的把“汪”写成了“狂”，有的把“魏”写成了“鬼”，还有的把“朱”写成了“猪”……

有位叫张磊的学生说：“我爸给我取名‘磊’是盼我做一个光明磊落

的人，有个同学却写成了‘雷’，这不是要炸死人么！”

一位叫徐凡瞳的学生火气更大了，他说：“我爸给我取名‘凡瞳’，是希望我像初升的太阳，给凡间带来光明。而有几个同学写成了凡同，还有个同学竟写成了饭童，真气死人了！”

此时，老师顺水推舟，让大家进一步谈谈体会。

一个班上的学生，天天在一起，互相很了解，照理说默写平日里喊惯了的同学名字，本该是小菜儿一碟，可就是有那么一些学生对此傻眼了，把耳熟能详的同学名字写成了白字。这次绝妙的教育活动，使学生知道真正记住同学的名字。

[参考案例 3] 名字中的激情

在相互称呼上，“简称”“昵称”是我对学生“心的呼唤”。我一般都省略学生的姓，只叫学生的名，有时还只用名字中的一个字加“儿”合成亲切、动听的“和弦音”。同时，我允许学生直呼我的名字。

在数学教学中，“××发现”“××猜想”××实验“××方法”等是我对学生学习成果的最高奖励。我曾一本正经地发给学生“专利”证书，期终还打印一览表发给学生和家长。这样，学生的“创造发明”越来越多。我试着把一些上课经常走神的学生和学习有困难的学生的名字编入相关题目作为例题或习题，发现他们特动心、特欢心、特用心，学习效果特好。于是，我就让他们自己去寻题，到参考书中去找，到生活中去编。然后我加以修改，并在题尾注明作者名字，作为练习题或测试题。这下可热闹了，作业或测试前，其他学生纷纷向他们索题、交流，他们也主动向其他学生讨教、交流。他们似乎成了班级中的“名人”，学习成绩“名”显见好。

教师抓住名字这一特殊的资源大做文章，既把名字作为研究材料使教学“添彩”，让学生从中学到知识，又把名字作为评价手段使教学“增光”，让学生从中受到激励，可谓是匠心独具。除此之外，在教学中，有时把用常规方法解释不清楚的知识用人的姓名打比方，可以更好地帮助学生理解知识。

[参考案例 4] 名字中的寓情

教师出示习题：在 23、42、38、49、61、18、50 中，(　　)最接近 49。

有小部分学生填写 42，而且经常在类似的题型中出错，此时我是这样处理的——

师：我们求谁最接近是看相差最小的，而不是你看到49“姓”四十，42也“姓”四十，就以为它们最接近，就像张×和张××都姓张，但他们家离得不一定近一样，明白吗？

生：（点头笑着喊）明白了！

上述案例中，教师在讲解知识时，用人的姓名打比方，生动形象，通俗易懂，学生一下子就明白了其中的道理。虽然这只是一个小小的比方，但却从某种程度上提高了学生的心理感知度，从某些方面给学生提供了一种思考的方向、方法。

学生的名字是教育教学中的一笔独特的“名产”，用好可以很好地促进学生的学习，其实教师的名字也同样是教育教学中的一笔独特的“名产”，用好同样可以很好地促进学生的学习。

［参考案例5］难忘的欧阳觉悟老师①

四十多年前，我在湘潭市四中读到初中三年级时，教语文的老师忽然换了，是外校调来的，叫欧阳觉悟。

这名字叫人觉得挺神，因为写《醉翁亭记》的那位老先生叫欧阳修，我没事时读过这篇文章，所有的印象就是欧阳修很爱喝酒，整天是一副醉醺醺的样子。这位欧阳觉悟老师是不是醉翁的后裔？是不是也爱喝酒？或者也喜欢写诗？有没有一把花白的胡子？

第一次和他见面，是在一个秋雨潇潇的早晨。

第一节课是语文。

往常预备铃响了，教室里依然一片乱哄哄，这回却意外，安静得像是一泓不动声色的湖水，所有的目光都交织在教室的门口，严严实实地布下一张网。

窗外的雨声响得很急很密。斜曳的雨点击打在玻璃窗上，叮叮当当，如鸣佩环。

他终于出现在教室门口。

高高瘦瘦的个子，背稍稍有点弯，脸相清癯，胡子刮得很干净，年纪在半百上下。我们觉得很遗憾：他没有一把飘在胸前的胡子。

我们的教室在三楼，他是撑着一把木弯柄的大黑布伞，一直踱到这里来的，伞沿滴着水。他小心地收好伞，把伞柄挂在讲台边上，很慈祥地看

① 著名作家、湖南作协副主席聂鑫森著。

了我们一阵。这使我们觉得好笑：伞怎么到这时候才收呢？走廊上又没有雨。

他的半边身子全淋湿了，头发上也有水滴。他的头发是往后掠的，额角突得很高，颧骨也突得很高。

不知是谁忍不住笑了一声。大家仿佛被感染了，一齐笑了起来。他也微微一笑，用手在下巴上捋了捋，那里其实没有一根胡子，只有一块闪光的青色。我们又笑了起来。

他清了清嗓子，说："因学校没有房子，我家借住在学校后门边的一座农舍里，旁边有一眼荷塘。在塘边走过时，想起欧阳公——就是宋朝的大文豪欧阳修。他写过一首词，里面有一句'雨声滴碎荷声'，实在是写得妙，便听了一阵，所以来迟了一会儿。下了课，你们去听听，真是韵味深长。"

他的脸上慢慢地现出一种虔诚，他很坦率地说出迟到的原因，一点也不怕我们小看他。我们感到欧阳老师很亲切。

下课铃响了，我们真的跑到那荷塘边，想听一听"雨声滴碎荷声"的妙处。我们瞪大眼睛、尖起耳朵，终究没有领会到那种说不清的东西。但那空蒙的雨色、碧澄澄的荷色，一直泻入了我们的心底。

欧阳老师很喜欢写诗，历年所写的篇什，工工整整地抄在一本厚厚的册子上。

有一回，他念了一首小诗给我们听："儿衣儿食长儿年，母望儿成眼欲穿。辛苦莫忘晨夜读，学钱多是绩麻钱。"我觉得，这首诗分明是为我们而写的。

我们记起了很会喝酒的欧阳修，诗人是应该喝酒的。有一次，我们问欧阳老师会不会喝酒，他嗫嚅了一阵，说："会喝。后来戒了。"

……

欧阳老师，我永远怀念您！

如果学生喜欢自己的老师，那他们一定会记住老师的名字，由此也一定会喜欢这位老师所上的课。达到这种境界后，教师的名字在学生眼里价值就会很高，如有一位教师迎合学生的需求而爱人以"名"，时不时地为表现好的学生签名、留言。哪位学生哪一课上受表扬，他就在那一课学生教材的空白处重重地、美美地签上大名。对优秀作业，他也同样潇洒地"签"一回，有时还送上一句祝愿、勉励、诗词或名言。教师的签名让学生欣喜万分、爱不释手。

综上所述，面对聪明学生的一些行为表现，在教学时，聪明教师的做法是通过自己的行为改进，把学生教聪明。其中一种教师的行为改进就是在教学中，一定要在第一时间记住所有学生的名字，并积极地利用学生的名字为教育教学服务。另外，教师还应该让学生记住自己的名字，通过改善自己的教学态度和改进自己的教学方法，努力使自己成为学生心中的“名人”。对此，教师可以参考以下研究路线：

名字的地位	名字的效应
名字是学生的名称	尊重学生，扬出学生学习的名声
名字是学生的名产	培养学生，捧出学生学习的名角
名字是学生的名片	宣传学生，打出学生学习的名牌

教师：
打个比方，让知识变得更加动听

聪明学生在学习时不喜欢死记硬背，而常会对所学知识寻找形象化理解、形象化记忆的方法——

曾经在杂志上看过这样一则故事——

休宗纯禅师是日本室町时代临济宗著名的僧人，他幼年时期就展现出异于常人的聪明与机智。

一天，一休沙弥不小心将师父心爱的茶杯打碎了，那是一件稀世珍宝。一休自知闯祸，心想："完了！这下子一定得挨师父的骂，甚至是一顿打了。"他边想边收拾地上的碎片，把它们藏了起来。

没过多久，师父寻声走向一休，问道："刚才我听到一阵声响，有什么东西打坏了吗?"

一休沙弥故作茫然不知，向前一步，天真地问："师父，弟子正有一个问题想请示您。"

师父说："有什么事？赶快道来。"

一休沙弥说："人生在世，活得很好，为什么一定要死呢?"

师父摸摸他的头说："傻孩子，这是当然，因为有生就有死啊！你看，气候有春夏秋冬，人生也有生老病死，这是万物正常的道理啊!"

一休沙弥听后满面欢喜："师父，现在要告诉您一个坏消息，您心爱的茶杯死了。"说着，把打破的茶杯碎片捧到师父面前。

师父一看，知道是一休把茶杯打破了，但自己刚刚讲完一番道理，也不好自相违背，只有哑然失笑。

一休禅师虽顽皮，却非常聪明，他把师父心爱的茶杯打碎了，本来要受处分，可他竟和师父论生死，让师父落人语言的陷阱。一休小小年纪，思想却灵活慧巧，把物品的损坏比作人的死亡，让师父不禁哑然失笑，这种语言技巧也是一种禅心幽默！

由此可见，打比方可以很好地达到幽默的语言效果。里根说："在生活中，幽默能促进人体健康；在政治上，幽默有利于自己的形象和得分。"幽默显示了一种人格力量和旷达的生命意识，它代表了人的一种睿智和魅力。幽默以愉悦的方式表达真诚和善良，它像一座桥梁拉近人与人之间的距离、填补人与人之间的鸿沟。幽默必须建立在成熟阅历和丰富知识的基础上，教师唯有具有审时度势的能力、广博的知识、敏捷的思维，在教学中才能做到妙言成趣。

一、打比方教学，使知识更加生动有趣

有一位教授这样讲授经济学："何谓第一产业？养羊，喂牛。何谓第二产业？杀牛，宰羊。何谓第三产业？吃牛肉，喝羊汤。那么，文化产业呢？出洋相，吹牛皮！"

用"牛""羊"作比喻来说明"第一产业""第二产业""第三产业"，读来让人忍俊不禁，一下子就明白了这几个经济学概念。学概念就如同生活中认识事物、认识陌生人一样，先抓住事物的本质特点以及人物的特征，认准、识记其特点以后，无论在何时何地都可以认出该物体和人物。用打比方的方法学习概念，形象、轻松，便于学习。

1. 用形象教知识

记得在初中时，有一次数学老师教我们横截面的定义，在讲解两次之后仍看到班上有几个同学迷惑不解，于是说了句："拿把刀将你的手指头剁了，流血的地方就是横截面！"这一句话，让全班所有人都对横截面有了刻骨铭心的记忆。又如一位历史老师说，秦朝统一六国的顺序可以记为"喊赵薇去演戏"！（韩赵魏楚燕齐）让学生记忆深刻……

［参考案例 1］英语"单词 umbrella，Hippo"

英语老师姓牛，水平之高，仿佛只有他才配姓牛，一口伦敦音讲得真是地道，连来校做教学交流的美国老师都不能完全听懂。牛老师对美国老师满口的美国腔很不屑：如果说英式英语是普通话，那么美式英语就是方言，他们听不懂只能说明他们土气！

这个说法对不对，无从考究，但牛老师教起课来就是形象生动。比如

他教单词 umbrella（伞）的读音时，就颇为形象地以山东话说了句："俺不来了。"结果一直到现在，我还把这个单词牢牢记在心里，恐怕这辈子都忘不了。还有他教单词 Hippo（河马）的拼写时，是这么形象地讲解的："嘿，屁屁圆圆的。"大家哄堂大笑，记忆更加深刻了。

数学教学中，刚入学的学前班的小朋友，在认识 10 以内数的时候，教师必须通过实物、图片，使物与数一一对应，甚至可以将学生带出教室，数一数教室门前有几棵树、几盆花，使学生对 10 以内的数与身边实物的数量结合起来。在写 10 以内的数时，教师又将它们编成口诀，进行形象记忆，如"0 像鸡蛋营养好，1 像铅笔手中拿，2 像鸭子水中游……10 像油条加鸡蛋"。这样，把鸡蛋比作"0"，只要看到像鸡蛋一样的东西就想到"0"了，又用"一支铅笔、粉笔、筷子"比方成"1"，只要看到类似"钢笔、木棒"等，都能马上说像"1"，于是就认识了"1"……这样一些具体的、与学生密切联系的活动，可以使学生对数形成一个鲜明的表象，并且在遇到相似情境时，在头脑中立即出现一个具体的参照物，这实际上就是用比方进行概念的教学。

[参考案例 2] 数学"平面图形的周长和面积总复习"

在教学"平面图形的周长和面积总复习"一课时，我在让学生整理出 6 种平面图形面积计算的联系图后，出示了课本中的联系图，引导他们有序观察：从左往右看，根据长方形的面积公式可以推导出其他图形的面积公式；从右往左看，我们在探讨一种新的图形面积计算时，都是把它转化成已学过的图形进行推导的。

接着我又转动这幅图，让学生换个角度进行观察，并将这幅图比喻成一棵知识"树"，很快让学生明了，长方形的面积计算公式是"树根"、是基础。

通过转动联系图，使之成为知识"树"这一教学细节，将知识具体化、形象化、科学化，切实有效地帮助学生充分理解长方形的面积计算是其他平面图形面积计算的基础、是平面图形面积计算的"根"。另外，还使学生从中体验到了"化归"这一重要的数学思想方法，这也是解决数学问题的一种有效的策略。

2. 用比喻教知识

对一些知识的重点和难点，当学生不容易理解的时候，教师可以采用生活中的常见现象来对知识原理打比方，就可能让学生有一种豁然开朗的顿悟。

[参考案例 3] 数学“两位数减两位数(退位)”

在教学两位数减两位数(退位)中,教师让学生交流如何用竖式计算“50—26”。

师:我们已经将数位对齐了,究竟该怎么算呢?

生:先算个位。

生:不对,个位 0 不够减。

师:不够减,该怎么办呢?

(学生皱眉做思考状)

师:如果你们带的铅笔不够了,你会怎么办呢?

生:向同学借。

师:非常好的主意,我们今天学习的知识也和借有关。

(生笑,小声议论)

师:个位 0 不够减 6 时,也可以借,向谁借呢?不是向我们借(生笑),向十位借 1。

(师在十位上打一个“·”)

师:我们日常生活中借别人的东西,是记在心里,而数字之间借出是给被借的数戴一顶小圆帽,提醒我们已经借走 1 了,明白了吗?

(生纷纷点头)

师:这个帽子我们要亲手戴在被借的数字的头上,借了 1 才能戴小圆帽,而且要给它戴正哦!

本课中,用学生生活中常见的现象来描述数学知识,能使较为抽象的数学知识变得形象、生动而且易记易懂,从而让学生轻松地进行数学学习。这个例子非常形象、生动,调动了学生学习的兴趣,激发了学生热爱数学的情感,最重要的是唤醒了学生的生活经验——“不够就借一下,还得记一记”。此时的“打比方”对于学生对数学退位减的方法的认识、理解、掌握和运用,起到了很好的辅助与支撑作用。

[参考案例 4] 数学“$\sqrt{a^2}=|a|$”

为了根治学生犯 $\sqrt{a^2}=a$ 这类错误,我要求学生解题时用“绝对值过渡”保护,即 $\sqrt{a^2}=|a|$,并告诉学生要化简 $\sqrt{a^2}$,先让 a 从“屋子”(根号)里走到“院子”(绝对值)里。至于如何出“院子”,这要看 a 的“体质”(正或负),“体质健壮”($a\geqslant0$)的直接出去,“体质虚弱”($a<0$)

的要“小心感冒”，必须带上“一条围巾”（|）。学生听了哄堂大笑，并在笑声中得到了启迪。

打比方常常带有幽默的因子。幽默是一种智慧，常常给人带来欢乐，其主要特点表现为：教学语言生动形象、机智诙谐、妙语连珠、动人心弦。一个生动形象的比喻，犹如画龙点睛，能给学生开启智慧之门；一个恰如其分的幽默，如一杯清新的甘泉，让人浅斟细酌、回味无穷；一句富有哲理的妙语，给学生以启迪和警醒。在这种课堂氛围中，学生心情舒畅、乐于学习，变机械模仿为心领神会、变被动接受为主动思考，真正把课堂当成精神乐园。

除了上述用打比方的方法帮助学生理解知识，教师还可以利用打比方这种学生喜闻乐见的方式帮助学生巩固知识、记忆知识，以防犯错和遗忘。另外，我们还可以利用打比方的方式帮助学生扩展知识，用这种打比方的形式来串联知识，学生无疑会学得津津有味。

［参考案例 5］数学“乘法分配律”

乘法分配律是小学数学中一个很重要的内容，有许多简便计算都要归结到乘法分配律。然而，就是这看似简单的乘法分配律，要让学生熟练掌握却并不容易。

刚开始教乘法分配律的时候，即使给学生提供许多类似“$5\times(2+3)=5\times2+5\times3$”的算式，可是他们的潜意识里却并不容易接受$a\times(b+c)=a\times b+a\times c$这个规律。“哦，怎么会这样呢?”他们的潜意识在嘀咕，“乘法交换律是$a\times b=b\times a$，左边两个数，右边也是两个数；乘法结合律是$a\times b\times c=a\times(b\times c)$，左边三个数，右边也是三个数；可是乘法分配律却是$a\times(b+c)=a\times b+a\times c$，左边三个数，右边四个数，这右边多了一个$a$，是哪儿来的呢?”正是在这思考之下，他们就不自觉地将乘法分配律写成了$a\times(b+c)=a\times b+c$。

学生容易犯错怎么办？是依靠耐心不厌其烦地解说，还是发下狠心加大练习量？这些都不是最好的教学策略。于是，我就想到了给孩子们讲了这样一个故事：a妈妈有两个儿子，一个是b，一个是c。b和c先住在一起，后来b和c长大要分家了，a妈妈既要拉b的手又要拉c的手。为什么？因为a既是b的妈妈又是c的妈妈。少拉了一个儿子的手，另外一个儿子会认为妈妈太偏心，会伤心的。

这样的故事“科学”吗？似乎不！但是它很生动，可以帮助学生记住乘法分配律。

乘法分配律还有变式，比如 $a\times(b-c)=a\times b-a\times c$，不过这也可以用“妈妈系列”的故事来解说：b和c两兄弟闹矛盾了，a 妈妈既要安慰b哥哥，又要安慰c弟弟。有时还会遇到 $a\times(b+c+d)=a\times b+a\times c+a\times d$，那就是 a 妈妈生了三个儿子，应该分别照顾到三个儿子，不能有所偏心。

在我们看来顺理成章的乘法分配律的变式，对于小学生来说却很有可能摸不着头脑。比如，简便计算 $79\times36+79\times63+79$，许多学生就无从下手，最多也只是写成 $79\times(36+63)+79$，却不知最后一个79可以改写成 79×1，这样就可以用 $79\times(36+63+1)$ 的方法来计算了。

面对学生无法掌握的尴尬，我只有再一次发挥“妈妈系列”的威力：瞧，这里面有一个乘数是公有的，那就是“79妈妈”。“79妈妈”有几个儿子？对，我们找到了两个：36和63。可是你们不知道“79妈妈”她怀孕了，$79=79\times1$，于是我们让她生下一个小弟弟1，这样36和63拉着他们的小弟弟1，手拉着手一起到房间里去了。

“妈妈系列”故事的精彩还远不止这些。比如，简便计算 $125\times3.5+12.5\times45$。咦，这里没有相同的乘数呀，那就没法将故事进行下去了？不。仔细看看125和12.5是不是长得很像？那就让“125姨妈”变成“12.5妈妈”吧。

“妈妈系列”中的“妈妈”常常需要整容。例如，$\frac{11}{19}\times\frac{13}{17}+\frac{11}{17}\times\frac{6}{19}$，这里的“妈妈”若隐若现，看看这个有点像，看看那个有点像，可再仔细看看又都不是。其实，只要把$\frac{11}{19}$和$\frac{13}{17}$的两个分子对调一下，$\frac{11}{19}\times\frac{13}{17}=\frac{13}{19}\times\frac{11}{17}$，将这些分数整整容，“妈妈”就出现了。

……

二、打比方教学，使知识更加丰富多彩

每一个知识问题都有一定的抽象性，都有一定的独特性，引导学生从不同知识问题之中发现内在的联系与规律，这应是教学的主要任务。然而，小学生年龄小，认识能力有限，他们很难从诸多的知识问题中发现规律，为了帮助他们提高解决问题的能力，课上适当地多运用一些比方，可以让生硬、生涩的知识糅合进一些感性的方式、方法，让学生与知识进行柔性的接触，从而选择最佳的解法，既能拓宽解题思路，又能将知识融会

贯通，从而形成知识体系。实际上，创设情境也就是进行类比、推理、打比方。

1. 在由旧推新中串联知识

任何新知都是在旧知的基础上发展而成的，这一知识的生成过程，教师往往会借助一个独特的情境来逐步演变，最终抽象出知识概念或知识方法。

[参考案例6] 数学“乘法的意义”

我在教学乘法时是这样创设情境的：课堂上带来一些铅笔准备奖给学习认真的小朋友，如果每人2枝，奖给4位小朋友，一共要多少枝？怎样列式？（板书：2+2+2+2=8）如果奖给5位小朋友，一共要多少枝？（板书：2+2+2+2+2=10）现在我们班有48名同学学习都很认真，每位小朋友都奖励2枝，该怎么列式呢？我就这样板书：2+2+2+2+…+2+2。同时问：“这样要写多少个‘2’？（一共有48个2相加）如果一枝一枝地发，第一次可发48枝，第二次又发48枝可发完，可记为48+48。到底哪种简单呢？能不能有一种比较简便的方法来表示呢？这就是今天要学习的乘法。”

显然第二种简单，第一种表示48个2相加，第二种表示2个48相加，我们可以把它们分别记成：2×48或48×2。这样的表示是不是比那两种都更简单呢？揭示“乘法”概念：求几个相同加数和的简便运算叫乘法。

对比概念，可以找出概念间的差异；类比概念，可以发现概念间的相同或相似之处。上面就是用“加法”类比学习“乘法”，比较发现两者的不同点。用对比或类比讲述新概念，一定要突出新、旧概念的差异，明确新概念的内涵，防止旧概念对学习新概念产生的负迁移作用的影响。

2. 在由此及彼中并联知识

数学模型是对现实世界的某一特定研究对象，在作了必要的简化和假设之后，运用适当的数学工具，并通过数学语言提炼、表达出来的一个数学结构，如数学公式、数学概念、解题方法及某类知识的特征等。有了建模意识，可以让我们对数学问题的把握更贴近本原，目光更长远。

例如，人们在批评数学教育时总喜欢用上工程问题的例子：有一水池，打开进水管注满全池要3小时，打开出水管放完整池水要2小时，现在两管齐开，要多长时间才能把一池水放完？

有人质疑，日常生活中，有谁会同时打开进水管和出水管呢？于是，它便成了批判的对象。其实，用一种模型的观念来审视草场上草的生长和割去、家庭的收入和支出、人体的新陈代谢等，其本质不就和水池的进水出水是同一个模型吗？如果你把这题当做一个反映动态平衡问题的模型，也许它就具有价值了。之所以有人自以为高明地去批评它，那是因为他们还缺乏一种建模的眼界，情境、素材只是表面的，模型才是最为根本的。

[参考案例 7] 数学“鸡兔同笼问题”

师：日本人对鸡兔同笼问题也有研究，日本人又称它叫“龟鹤问题”。日本人说的“龟鹤”和我们说的“鸡兔”有联系吗？

生：是一样的意思，龟就相当于兔，都是四只脚；鹤就相当于鸡，都是两只脚。

师：假如我们不叫它鸡兔同笼，也不叫龟鹤问题，是不是还可以给它取个其他的名字呢？

（鸭猫问题、猪鹅问题……）

师：看来鸡兔同笼问题中的鸡不仅仅代表鸡，兔也不仅仅是指兔！这儿还有一首民谣，我们一起来读一读——

（课件出示：一队猎人一队狗，两队并成一队走。数头一共是十二，数脚一共四十二）

师：读了这则民谣，你们有没有什么话想说？

生：我觉得这还是鸡兔同笼问题。这里的猎人有两只脚，其实就是鸡，而狗就是兔。

师：你们能算出猎人和狗各有多少吗？用你们喜欢的方法自己去试一试。

（学生练习，老师巡视指导）

师：看来鸡兔同笼不仅仅可以解决“鸡兔”同笼的问题，换成乌龟和仙鹤、换成人和狗，仍然是鸡兔同笼问题，“鸡”“兔”同笼其实只是这类问题的一个模型！

师：以前我们就接触过鸡兔同笼问题，今天又进一步研究了这类问题，可现在老师突然想到一个问题：生活中谁会将鸡和兔放在一个笼子里？即使放在一个笼子里，又有谁会去数它们的脚呢？直接数头不就行了？生活中有类似鸡兔同笼的问题吗？

（学生感觉有些困惑）

师：接下来咱们再做一个“猜一猜”的游戏，大家可以边猜边想。老师这儿有一个信封，这信封里放了7张纸币，有5元的和2元的，共29元，你们能猜出信封里放了几张2元纸币、几张5元纸币吗？

生：假设全是2元的就是14元，而现在有29元，还多15元，我们就把2元的换成5元的，每换一张就多3元，这样就要换5张5元的，还剩2张2元的。

师：这个游戏和我们研究的鸡兔同笼问题有联系吗？

生：其实这也是鸡兔同笼问题，这里的2元纸币就相当于鸡有两只脚，而5元纸币就相当于兔，也就是五只脚的“怪兔”！

（课件动态演示：将2元纸币换成鸡，将5元纸币换成5只脚的“怪兔”。大家一看“怪兔”的模样，都乐了）

师：看来我们的鸡兔同笼问题不仅包括4只脚的兔子，还可以是5只脚的怪兔，又进一步逼近了问题的本质！

……

教师通过“鸡兔”“龟鹤”“人狗”等不同变式的呈现，使学生初步感知鸡兔同笼问题只是一个“模型”，虽然问题的情境在变化，但问题的本质——数量之间的结构关系是不变的。学生在解决这些问题的过程中逐渐形成鸡兔同笼问题的“数学形式”及其解题策略体系，初步建构关于鸡兔同笼问题的数学模型。

“猜一猜”游戏中把不同面值的纸币比作“鸡兔”，以及课件中“怪兔”夸张变形的演示，用“数形结合”的策略把鸡兔同笼问题作进一步的概括、抽象、提炼，指导学生建构数学模型的过程是循序渐进的：由“鸡兔”到“龟鹤”再到“人狗”，这一演变的过程只是换了个“包装”，是对问题原型表象的概括；由“四脚兔”变为“五脚兔”，则是对问题本质的类推与抽象，引导学生进行联系、对比、分析，学生的思维在不断的内省、自悟中得到提升，自主建构鸡兔同笼问题的模型也便水到渠成了。

综上所述，面对聪明学生的一些行为表现，在教学时，聪明教师的做法是通过自己的行为改进，把学生教聪明。其中一种教师的行为改进就是在教学中，遵循学生形象化的思维方式，采用打比方的教学方式，帮助学生理解知识和记忆知识；同时遵循学生具体化的思维方式，采用打比方的教学方式，帮助学生联系知识和整理知识。对此，教师可以参考以下研究路线：

打比方的时机	打比方的功效
在导入知识时	帮助学生更乐意地接近知识
在分析知识时	帮助学生更容易地接生知识
在记忆知识时	帮助学生更快速地接受知识
在巩固知识时	帮助学生更清晰地接种知识
在拓展知识时	帮助学生更广泛地接连知识

教师：音乐作伴，让知识声声悦耳

聪明学生大多喜欢听音乐，有音乐伴随和伴和的知识学习，将能使学生学习劲头更足、学习势头更强——

歌曲是由歌词和乐曲组成的，它具有较强的文学性、音乐性和易传播性等特点。一首好的歌曲能在社会上广泛而又持久地流行，并能影响某个时代的人们的意识形态。好的歌曲具有很强的审美价值，唱歌或听乐曲能愉悦人们的心情、激发灵感、陶冶情操。哲学家柏拉图说："音乐是求心灵美善的。"浙江大学唐吉教授说："音乐是一种善于表达和激发思想情感的艺术，具有强烈的感染力，其最大特点在于能引起人们心灵的波动和共振。"多元智能理论将人类的智能分为八种：语言智能、逻辑数学智能、空间智能、身体运动智能、音乐智能、人际关系智能、自我认识智能和自然观察智能，其中包括音乐智能。如果将音乐艺术巧妙地应用、融解到我们的各科教学中，可以创造出课堂教学新的元素，有利于提高课堂教学的有效性。

一、注意知识中音乐细胞的培育

在非音乐知识中，有的知识也潜藏着音乐细胞。教师如果能够引导学生找到知识中的音乐细胞，将是一件快乐的事情，知识学习将变得更加有意思和更加有意义。

在中国五千年的历史里，不管是更迭了多少王朝、更换了多少帝王，但有一种理念从未被抛弃，这就是"礼乐"，而"乐"在民间的劳作、诸侯的会盟、帝王的祭祀中起到了举足轻重的作用。而文学最早是在民间劳作中产生，如劳动号子，就是最早音乐与文学的结合，所以音乐与文学自古以来关系十分密切。春秋战国时代，所有的诗都可以配以音乐用来歌唱，即凡歌唱的都可看做诗。其中《诗经》中《伐檀》《采薇》就是劳动之歌。汉朝时，前代的曲谱逐渐失传，汉政府便设置了乐府机构来收集民间诗歌。这些诗歌被称为乐府诗或乐府歌辞，也都是可以传唱的。唐朝时，有相当部分诗在当时都曾谱入歌曲，流行于歌坛。特别是有些诗人，完全依照曲调的节奏来填；到了宋朝就定名为“词”，所有的词在当时都是可以歌唱的。古人在《乐记》中曾经说过：“诗，言其志也；歌，咏其声也；舞，动其容也。三者本乎心。”由此可见，诗、歌、舞，都是同出一源——“心”的产物，不同的只是外在的表现形式罢了。古往今来，无论是《诗经》中的风、雅、颂，还是唐诗、宋词、元曲，大都能作为“歌曲”演唱，只是年代久远，乐谱失传，有些已经无法再现了。但文学与音乐是一对孪生姐妹却是不争的事实。

在语文教学中，文学所占的比例是很大的，也可以说，语文教学是以文学为依托所进行的一种教学行为。所以，在实际操作过程中，我们可以做到“文学音乐一家亲”。

古诗讲究一个“韵”字，诵读起来，音韵和谐，朗朗上口，像一首婉转动听的歌。教师可以借助音乐调动情感，烘托、渲染诗歌的内容，这样既能给学生带来美感，使之心驰神往，又能为再现意境创设氛围，为情感交流架设起一座桥梁。教师在朗读古诗时常常配上古筝曲，声情并茂的古诗朗诵配以格调一致的乐曲加以渲染，能很好地再现意境，且相得益彰、相映成趣。每一首古诗都有一定的韵律节拍，只有按其韵律节拍朗读才能在读中再现意境、体验情趣。

[参考案例 1] 语文《春夜喜雨》

一位教师教学《春夜喜雨》，用一种独特的吟诵方式——摇头晃脑，看手势读出节奏和韵律：“好雨/知/时节，当春/乃/发生。随风/潜/入夜，润物/细/无声。”“野径/云/俱黑，江船/火/独明。晓看/红湿处，花重/锦官城。”孩子们吟着、诵着、和着、唱着，美的词韵、意境悄然滋生。

教师发挥声韵特点，根据自己对诗词的理解，组织诗化的语言，描述诗中意境，使孩子在抑扬顿挫、和谐优美的语言情境中感受到古诗声韵之美，领悟诗的意境，既传韵，又传情，使神韵得到最完美的表现。当然，古诗除了可以“吟诵”，还可以“吟唱”。

[**参考案例2**] **语文《江雪》**

师：所有的诗歌都是可以歌唱的，古有低吟浅唱之说，那么，这“吟”是怎么回事呢？老师现在表演一下，等会儿你们告诉我“吟”是怎么回事。

（师低头，缓慢走动，眼微闭，作陶醉状，轻轻地、反复而有节地念：“孤舟蓑笠翁，独钓寒江雪。”一次比一次悠长，最后唱出这二句）

生：吟，就是轻声地诵读。

师：为什么要轻声？

生：因为他在品味，大声了要打乱思维。

生：吟就是反复地、轻声地诵读。

师：为什么要反复诵读呢？

生：吟诗的人，在咀嚼、在玩味，所以要反复地念叨。

生：吟诵时摇头晃脑，有时眼睛闭着，说明吟诗的人也陶醉于诗境之中了。

师：“陶醉”一词，用得十分准确。

生：吟与唱密不可分，吟就是用唱的方法品诗，这种唱法跟现在的唱法不一样。

师：你的理解很独到。“吟”是轻轻地、反复地、有节奏地诵读。吟诗时，吟者在体察、在品味，并陶醉其间。吟与唱密不可分，这种唱法没有固定的曲调，甚至是南腔北调。现在，我们一起来吟唱吧。

……

这种通过音乐吟唱的方式帮助学生记忆知识的做法，我们还可以延伸到把一些枯燥的知识点编成内容简单、读起来朗朗上口、富有趣味、儿童喜闻乐见的儿歌，学生一旦记住，便永久难忘。例如，教“问”字，教师可以把它编成一首儿歌：“一个小朋友，进门瞧一瞧，见人就张嘴，等到结果到。”如此儿歌，易学易记、妙趣横生。

而在数学教学中，我们同样可以找到音乐的种子。我们都知道，数学是研究现实世界空间形式和数量关系的一门科学，如今已变成一门形式符号体系的学问，符号的使用使数学具有高度的抽象性；而音乐则是研究现实世界音响形式及对其控制的艺术，它同样使用符号体系，是所有艺术中最抽象的艺术。

从表面看，音乐与数学是“绝缘”的，风马牛不相及，其实不然。那数学与音乐有什么关联呢？为了回答这个问题，我们有必要先来介绍一下“音乐数”。

大家都知道，弹三弦或拉二胡总是要手指在琴弦上有规律地上下移动，才能发出美妙的声音来。假如手指胡乱地移动，便弹不成曲调了。那么，手指在琴弦上移动对发声有什么作用呢？原来，声音是否悦耳动听，与琴弦的长短有关。长度不同，发出的声音也不同。手指的上下移动，不断地改变琴弦的长度，发出的声音便高低起伏、抑扬顿挫。

如果是三根弦同时发音，只有当它们的长度比是 3∶4∶6 时，发出的声音才最和谐、最优美，于是人们便把 3、4、6 叫做“音乐数”。现在你基本认同了数学与音乐有关联的事实了吧？而事实上，这个肯定的回答出自 2500 年前的古希腊著名数学家毕达哥拉斯。

一天，毕达哥拉斯经过一家铁匠铺时，突然停下了脚步，因为他被里面传出的一阵阵铿铿锵锵的打铁声所吸引，那声音高高低低，富有节奏，听起来要比别的铁匠铺更加协调、悦耳。于是他走进铺子，细心观察，原来那声音的高低变化是随着铁锤的大小和敲击的轻重而变化的，由此他发现了一个规律：音响的和谐与发声体体积的比例有关。

回家后，他又在琴弦上做了很多次试验，寻找使琴弦发声协调动听的办法，最终发现了音乐数。同时进一步发现，只要按比例划分一根振动着的弦，就可以产生悦耳的音程：如 1∶2 产生八度，2∶3 产生五度，3∶4 产生四度等。他继而发现声音的质的差别（如长短、高低、轻重等）都是由发音体数量方面的差别决定的——事实上被拨弦的每一和谐组合可表示成整数比。按整数比增加弦的长度，能产生整个音阶。例如，从产生音符 C 的弦开始，C 的$\frac{16}{15}$长度给出 B，C 的$\frac{6}{5}$长度给出 A，C 的$\frac{4}{3}$长度给出 G，C 的$\frac{3}{2}$长度给出 F，C 的$\frac{8}{5}$长度给出 E，C 的$\frac{16}{9}$长度给出 D，C 的$\frac{2}{1}$长度给出低音 C。由此他认为：“音乐之所以神圣而崇高，就是因为它反映出作为宇宙本质的数的关系。”

当毕达哥拉斯首次揭开了音乐和数学的关联之幕后，数学与音乐的交响诗就此唱响，比如，乐器之王——钢琴的键盘上，从一个 C 键到下一个 C 键就是音乐中的一个八度音程，其中共包括 13 个键，有 8 个白键和 5 个黑键，而 5 个黑键分成两组，一组有 2 个黑键，一组有 3 个黑键，2、3、

5、8、13恰好就是数学史上著名的斐波那契数列中的前几个数。

又如，日本的一位中学数学教师从中学时代就从圆周率的无限不循环小数中感觉到一种音乐韵律。他根据曲子的抑扬顿挫来确定相对应音符节拍的长短，然后将这一乐谱输入电脑对曲调进行加工，这样便得到了一些优美的乐曲。他把这些曲子演奏给爱幻想的中学生听，学生仿佛随之进入了茫茫太古境界。随着乐曲的向前延伸，中学生们竟兴奋得欢呼跳跃起来。其神奇的魅力令人惊愕、叹服。

再如，乐谱的书写是表现数学对音乐的影响的第一个显著的领域。在乐稿上，我们看到速度、节拍（4/4拍、3/4拍等）、全音符、二分音符、四分音符、八分音符、十六分音符等。书写乐谱时确定每小节内的某分音符数，与求公分母的过程相似——不同长度的音符必须与某一节拍所规定的小节相适应。

作曲家创作的音乐是在书写出的乐谱的严密结构中非常美丽而又毫不费力地融为一体的。如果将一件完成了的作品加以分析，可见每一小节都使用不同长度的音符构成规定的拍数。数学与音乐相互交融的美与和谐，渗进西方人的精神生活，渗透到一切艺术领域，从而成为西方艺术的一大特色。

也正因为此，研究音乐和数学的关系在西方一直是一个热门课题。现代作曲家巴托克、勋伯格、凯奇等人都对音乐与数学的结合进行了大胆的实验。希腊作曲家克赛纳基斯创立了“算法音乐”，以数学方法代替音乐思维，创作过程也即演算过程，作品名称类乎数学公式，如《S+/10－1.080262》为10件乐器而作，于1962年2月8日计算而得。马卡黑尔发展了施托克豪森的“图表音乐”（读和看的音乐）的思想，以几何图形的轮转方式作出“几何音乐”。而开普勒、伽利略、欧拉、傅里叶、哈代等众多人物都曾潜心研究过音乐与数学的关系。

其中，19世纪数学家约翰·傅里叶的工作使乐声性质的研究达到顶点。他证明，所有乐声——器乐和声乐都可用数学式来描述，这些数学式是简单的周期正弦函数的和。每一个声音有三个性质，即音高、音量和音质，将它与其他乐声区别开来。根据这些研究，人们已经充分认识到音乐家和数学家在音乐的产生方面发挥着同等重要的作用。

J.J.西尔威斯特曾经问道：“难道不可以把音乐描述为感觉的数学，把数学描述为理智的音乐吗?”这实际上是对音乐和数学联系的间接描述。

数学是对事物在量上的抽象，而音乐是对自然音响的抽象，我们所提到的两者的关联，正是在抽象这一点上将音乐与数学联结在一起，通过揭示出客观世界的内在规律和主观世界的各种活动。

从本质上来说，它们都是通过有限去反映和把握无限。因此德国著名哲学家、数学家莱布尼茨说："音乐，就它的基础来说，是数学的；就它的出现来说，是直觉的。"而爱因斯坦说得更为风趣："我们这个世界可以由音乐的音符组成，也可以由数学公式组成。"

数学和音乐位于人类精神的两个极端，一个人全部创造性的精神活动就在这两个对立点的范围之内展开，而人类在科学和艺术领域中所创造出来的一切都分布在这两者之间，音乐和数学正是抽象王国中盛开的瑰丽之花，它们的美交相辉映。

二、注重教法中音乐元素的使用

实践研究表明，音乐能够通过改变大脑的物理和化学状态来调节人的情绪，在课堂上使用恰当的音乐能帮助学生保持注意力，提高学习的主动性和效率。具体做法是：

课前，学生提前两分钟进入教室，播放一些节奏与学生的心跳速率相当（大约每秒一拍）的舒缓音乐，能够使大脑很快安静下来，集中注意力进入学习状态。

课中，在教学的过程中巧妙使用音乐，可以提高教学效率。不同的教学情境使用不同的音乐，如做数学作业、整理数据、制图时播放莫扎特的音乐，能促进学生创造力和严密思维顺序的联系；活动时播放节奏感强的音乐，更能激发学生参与活动的积极性。

课后，复习和反思学习时，可以使用节奏松散的梦幻型音乐，有利于知识回忆、巩固和提高。在每节课快结束时，使用这样的音乐，组织学生冥想，帮助学生梳理整节课的学习内容，然后组织学生画思维导图，能使学生始终能保持良好的心境，提高学习效率。

除了可以让学生听恰当的音乐来调节学习情绪之外，教师还可以使用音乐在教学中帮助学生理解知识。

语文和音乐有着不解之缘，优美的语言本身就具有音乐美，好的文章有音乐般的韵律美和旋律美，生动的课堂具有音乐般的节奏美和结构美。无疑，将音乐引入语文课堂，无论是激发学生兴趣还是启发学生心智，无论是增强学生情感体验还是陶冶学生的审美情趣，都有着十分重要的作用。

1. 运用音乐导入新课，可以创造良好的课堂氛围，激发兴趣

每首歌都有一个过门、前奏，其作用就是为整首歌奠定一个情感基调，听一首歌的过门、前奏就能很快进入它的某种特定的氛围。课堂亦然，导入新课的音乐一开始就给学生制造一种气氛，让学生自然而迅速地进入状态。

[参考案例 3] 语文《在大海中永生》《鸿门宴》《赤壁之战》

我在教《在大海中永生》时，考虑到这是一篇邓小平骨灰撒放大海的新闻报道，是一篇深情的祭文，是对伟人辞世的哀恸，是一曲对伟人的激情澎湃的颂歌，是对他伟大人格力量的赞美。教这样的文章，首先要让学生沉浸到一种“悲”的气氛中，于是我选择了新闻播报的形式，用低沉、缓慢、悲伤的语调播报一则邓小平骨灰撒放大海的消息，同时配以哀乐作为背景音乐。这样学生很快就进入了状态。

上《鸿门宴》之前，我先播放了古乐曲《十面埋伏》。这一曲子紧张激烈、扣人心弦，能让人体会到杀声四起、危机四伏。同时，我在一边旁白：鸿门宴上，刘邦究竟能否突破项羽为其布下的罗网而生还？勇士樊哙是否能凭其勇气护主成功？这样使学生带着种种忧虑，很快进入了鸿门宴上那种紧张激烈的斗争氛围中。

学习《赤壁之战》时，我将毛阿敏演唱的《三国演义》的片尾曲“暗淡了刀光剑影，远去了鼓角铮鸣，眼前飞扬着一个个鲜活的面容”作为导语，大大提高了学生学习这一长篇文言文的兴趣，从而引导学生进入群雄逐鹿的三国时代背景。

2. 恰当运用音乐，可以创造优美的意境

肖邦曾用音乐把一批调皮的孩子带到夜色朦胧的大森林的意境中，他用琴声给孩子们讲述了一个大森林的故事，竟使这些调皮的孩子安静下来，并进入梦乡。这足以说明音乐对意境的渲染有不可替代的作用。诗歌及散文教学的核心就是对作品意境和基调的把握，如能恰当运用音乐便能营造一种优美的意境，从而加深对诗歌情感的理解。

[参考案例 4] 语文《荷塘月色》《赤壁赋》

教《荷塘月色》时，讲完了文章主体部分之后，让学生展开想象的翅膀，想象自己就是朱自清，跨越时空界限，来到 1927 年的清华园。这时，

优美的小提琴《梦幻曲》旋律在教室里回荡，再配上老师抑扬顿挫的朗读，学生就会身临其境，很快进入角色，仿佛也感受到作者在荷塘边、月光下独处的淡淡喜悦以及夹杂着的淡淡哀愁之情。

在学习南朝山水小品佳作《赤壁赋》时，我反复播放古乐曲《渔舟唱晚》，乐曲宁静舒缓，古筝、琴声描绘出夕阳西下时湖边的美景及渔民喜悦的心情。于是我先让学生在音乐中自读，再请一位学生在音乐伴奏下朗读，最后大家评价，找出不足并谈理由。最后全班同学在乐曲声中齐读，在朗读声中有不少学生和着音乐摇头晃脑，一副陶醉在其中的模样。学生学得轻松愉快，既加深了对课文的理解，也提高了对美的感悟能力。

3. 恰当地运用音乐，可以加强学生对作品形象和情感的理解

特级教师李吉林认为："音乐是一种抒情性极强的艺术形式。它通过乐曲中力度的强弱、旋律的起伏变化，以及节奏的抑扬顿挫，用直感的方式，使人获得比其他艺术形式更为直接、更为丰富、更为生动的感受。"

在语文教学中，有些课文用语比较抽象，而小学生的思维则是比较形象和感性的，要解决好这一对矛盾，教师要善于借助声音手段，将枯燥的语言文字转化为形象具体的声音，把学生的阅读理解融会于声音中，让学生化抽象为形象，再由生动的形象感悟语言所蕴涵的内容和情感。

[参考案例 5] 语文《泉水》

师：泉水泉水，快亮出你很美很美的琴声，为画眉鸟伴奏吧。从高山上流下的泉水是什么声音？老师给大家定个调。i、i——

生：叮咚——

师：流过山腰，5、5——

生：叮咚——

师：经过山坡，3、3——

生：叮咚——

师：来到山脚，1、1——

生：叮咚——

师：泉水流得慢些。（教师用手势提示，加上音高、节奏，学生读）

师：流得快些。（教师用手势提示，加上音高、节奏，学生读）

师：多美的琴声呀，你们为画眉鸟伴奏时，心里觉得——

生：很高兴，很欢快。

师：快读一读这句话吧。

生：唱吧，唱吧！我的琴声很美很美，正好为你清脆的歌声伴奏。

本片段教学的成功之处在于把泉水所流出的声音化为高低起伏的音乐，使低年级学生感受到了泉水发出的美妙声音，想象泉水欢快的心情，为领悟这段文字奠定了感情基础。由此，我们还可以联想到《记金华的双龙洞》一课中的“随着山势，溪流时而宽，时而窄，时而缓，时而急，溪声也时时变换调子”，这句话如果也采用这种方法进行教学，学生就不难理解了。这样的例子很多，只要我们善于化静为动、化无声为有声，教学就可以举重若轻。

4. 恰当运用音乐，可以开启学生的顿悟之门

有的作品主题较深，恰当运用音乐可以开启学生的智慧之门，使学生形成顿悟，从而领悟作品主旨。

［参考案例 6］语文《项链》

我在教《项链》一文时，努力让学生发现作品中的人性美，从而培养学生的人文精神。当学生发现主人公玛蒂尔德具有诚实、勤劳、坚韧等美好品质后，却很难找到她有如此大的转变的原因，这时我即兴给同学们演唱了一首台湾歌手苏芮的《牵手》。

歌曲中这样写道：“因为爱着你的爱，因为梦着你的梦，所以悲伤着你的悲伤，幸福着你的幸福，因为路过你的路，因为苦过你的苦，所以快乐着你的快乐，追逐着你的追逐，因为誓言不敢听，因为承诺不敢信，所以放心着你的沉默，去说服明天的命运，没有风雨躲得过，没有坎坷不必走，所以安心地牵你的手，不去想该不该回头，也许牵了手的手，前生不一定好走，也许有了伴的路，今生还要更忙碌，所以牵了手的手，来生还要一起走，所以有了伴的路，没有岁月可回头。”

学生似乎有了顿悟，其实这样美好的人格不仅缘于她的本性，更因为她的丈夫对她无私的爱，然后通过讨论让学生感受到了：爱她，就要成全她；爱她，就要包容她。如果没有《项链》，学生不会对《牵手》有那么深刻的感悟；如果没有《牵手》，学生也不会对《项链》有那么真挚的感动。我们在学生与作品中找到了切合点，那就是音乐。

5. 恰当运用音乐，可以激发学生的想象

音乐是抽象的，对音乐的欣赏需要将跳动的音符幻化成一幅幅生动形象的画面，从而培养学生的想象思维。文学作品具有高度的表现力和感染力。在教学中要想让学生去感受这种艺术的魅力，达到教学目的，其中主

要的一点就是提高学生的思维能力。学生在欣赏音乐时，可大大发展、拓宽思维，提高对语言的感受能力，尤其是经过老师选择、有一定代表性的音乐，更能促使学生的思维向广阔性发展，充分体现课文所表现的深远内容，提高学生对文章内容认识的深度和广度。

[参考案例7] 语文作文

在一次写母爱的作文教学中，因为学生总是找不到典型感人的细节而使作文内容空洞无物，于是，我借用了于文华的MTV《想起老妈妈》，让学生去发现影片中的细节，然后和歌词比较，看MTV是如何将抽象而朴实的歌词通过感人的细节表现出来的。在后来的《雨霖铃》和《西厢记·长亭送别》中，我都采用了这种通过想象自编脚本、自拍MTV、自己配音的方式，既拓展了学生的知识面，又培养了学生的思维能力，还培养了学生对语文的兴趣。

6. 恰当运用音乐，能加强审美教育，陶冶学生的情操

美的教育途径是多方面的，美的内容也是多方面的。语文课文几乎无不包含审美教育。《白毛女》《打渔杀家》给人以悲壮美之感，《白杨礼赞》给人以自然美、崇高美……作为教师，要想让学生感受到这种美，实现美感渗透，除了讲解分析这一手段外，用音乐进行美的熏染，也显得格外重要。孔子说“兴于诗，立于礼，成于乐”，在语文教学中，通过音乐欣赏达到审美教育是完全可行的。音乐欣赏是一种审美活动，教师通过音乐本身的力量，使学生置身于作品所反映的境界中，入情、入境、想象、体验、感受，理解作品描绘的千情万态和感情基调，在审美享受中完成审美创造，达到审美教育。长期坚持音乐欣赏，能使学生的艺术修养不断提高，从而更好地把握文章美的境界、提高审美能力、培养审美情趣、发展创造能力。

在语文教学中，用音乐欣赏进行审美教育，一要注意选择好音乐作品，使之与文章的格调基本相同，与表现美的形式吻合；二要针对学生的欣赏能力，要求能领会其实质即可，不能像音乐课那样要求具有专业性，而是通过学生美的情感，使音乐深入学生的心灵，持久地发挥作用。

[参考案例8] 语文《白毛女》

在教课文《白毛女》选场时，我分别选择了喜儿和杨白劳及黄世仁的几个唱段，以及《白毛女》的主旋律“北风吹”。同时还让学生欣赏了著名艺人阿炳的《二泉映月》，使他们体会封建社会穷人受剥削、受压迫的

境况，将审美教育和思想教育融为一体。

兴趣是最好的老师，我们必须采用灵活多变的“手法”来拨动学生的兴趣那根“弦”，让他们奏出最美、最动听的“音乐”。这种手法可以是音乐手法。俄国著名作家列夫·托尔斯泰讲过：“音乐的魔力，足以使一个人对未能感觉的事有所感觉，对理解不了的事有所理解，使不可能的事一变而为可能。”生活中到处充满着音乐，音乐家为我们留下了许许多多宝贵的精神财富。我们只要善于运用，让一支支优美的歌曲走进课堂，教学一定会收到意想不到的效果。

7. 恰当运用音乐，辅助学生把握朗读的节奏

大合唱时，我们经常看到音乐老师站在舞台中间用双手指挥着一大群孩子，在老师的手起手落之间，孩子们的歌声变得更富有生机、更悦耳动听。这一现象是由学生的年龄和心理特点决定的，因为学生现阶段的直观形象思维强于抽象逻辑思维，认知和判断更容易受直观动作、形象的影响。由此可见，在低年级的有感情朗读训练中，像音乐老师一样给学生进行适时的无声指挥，为他们的朗读引路，有利于学生把书读得声情并茂。例如，该加强语气时，教师的手可用力按一下，然后慢慢抬高；该降低语调时，教师可微躬身体，手放在嘴边，作讲悄悄话的样子；该放慢语速时，教师可让手在空中划出舒缓平和的波浪线。根据课文情节的不同，辅以恰当的手势，让学生随着教师的指挥，声音时而高、时而低，时而重、时而轻、时而缓、时而急，把课文的情感渲染得淋漓尽致。

［参考案例 9］语文《坐井观天》

《坐井观天》一文中的小鸟说：“天无边无际，大得很哪！”当学生在朗读该句时，我慢慢地打开双手到最大的位置，学生马上心领神会，边学着做起了动作，边放慢了语速，嘴里念着：“天，无——边——无——际，大得很哪！”在动作的辅助下，学生既自然而然地读出了句子的轻重缓急，又理解了“无边无际”这一词意。

综上所述，面对聪明学生的一些行为表现，在教学时，聪明教师的做法是通过自己的行为改进，把学生教聪明。其中一种教师的行为改进就是在教学中，根据学生普遍对音乐的喜爱，在合适的地方引进音乐辅助教学，能够激发学生良好的学习情感，帮助学生更好地理解知识。对此，教师可以参考以下研究路线：

教学中渗透音乐的好处	教学中渗透音乐的用处
利用音乐，创设良好教学情境	课前导入，未成曲调先有情
利用音乐，深入体会文章意蕴	课内高潮，轻拢慢捻抹复挑
利用音乐，积累学生审美经验	课尾升华，余音绕梁味深长

教师：
好话好说，忠言悦耳利好学

> 聪明学生在表现好的时候也渴望得到教师的呵护，在表现不佳的时候也希望得到教师的保护——

教育家第斯多惠说：“教育的艺术不在于传授知识，而在于激励、唤醒、鼓舞!”教学评价语言是指教师在教育教学工作中，对学生的学习态度、学习方法、学习效果、思维水平、道德行为、认知水平等方面进行评定、启发、激励、引导的一种表达方式。苏联教育家苏霍姆林斯基十分重视教学语言艺术，他深刻地指出：“教师的语言——是一种什么也代替不了的影响学生心灵的工具。”有人说：“教师的语言如钥匙，能打开学生心灵的窗户，如火炬能照亮学生的未来，如种子能深埋在学生的心里。”由此可见，教师课堂教学评价语言质量的高低，不仅影响课堂学习的效果，而且关系学生的终身发展。

课堂评价语是教师语言艺术和教育智慧的全面展示，更是教师文化底蕴、人格魅力、爱生情怀的真实体现。根据不同的课堂情境以及教师不同的性格特点，评价语言可以是丰富多彩的。教师可以运用口头语言、表情语言、肢体语言，调动全身的每个细胞参与对学生的评价，通过恰如其分的神态、动作、极富感染力的语言等，把自己的情感传给学生，以自己的真情感染学生，这样才能使评价的作用发挥得淋漓尽致。

一、教师要慷慨说好话

曾经在杂志上看到一篇题为《赞美是种武器》的文章——

赵女士是一位聪明漂亮的女经理，她说："自从学会赞美的十三把'飞刀'，我现在每次买西瓜都可以买到最甜的了。"她是怎么做到的？

她说："以前，我买西瓜，只会对卖瓜师傅说：'师傅，麻烦您给我挑个好西瓜。'我发现，他顶多挑三四个，就搬上一个来，说：'如果这个瓜生，你就送回来，我再给你换！'现在，我再来到西瓜摊前，就会说：'师傅，我昨天从您这里买了一个西瓜，是我今年夏天以来吃的最甜的一个西瓜，我觉得您挑得特准，麻烦您再给我挑一个。'我发现那位师傅听到这一番具体化的赞美式表述之后，又是高兴又是紧张，一连拍了七八个西瓜，回头对我说：'你这么一说，我的手怎么也没准了？'挑到第九个，他才搬上来：'如果这个瓜不甜，你就送回来！'——话都变了。"

有个笑话说，两个书生刚被任命为县官，赴任之前，去拜访主考老师。老师对学生说："如今世上的人都不走正道，逢人便给戴高帽子，这种风气不好！"一个书生说："老师的话真是金玉良言。不过，现在像老师您这样不喜欢戴高帽子的能有几个呢？"老师听了非常高兴。这个书生出来以后，对另一个书生说："高帽子已经送出一顶了。"

莎士比亚说："赞赏是照在人心灵上的阳光。"现实生活中，每个人的内心都渴望得到阳光。苏联教育家苏霍姆林斯基说："要让孩子们体验劳动的欢乐和自己的劳动而感到自豪。"学生总是希望得到教师的赞扬与肯定，因此，教师在评价学生时要尽可能多一些赏识与鼓励，才能调动学生学习的积极性、主动性，使学生有被认可的满足感与成就感。

[参考案例 1] 拇指芬芳

上世纪 80 年代，在烟民中间流行一种叫香精的物质，把它滴在香烟的一头，空气中就飘散着一种奇异的香味。

我们数学老师爱吸烟。下课的时候，他将香精滴在烟头，那香味就特别醉人。他吐出一口烟，一群孩子就扬起鼻子，拼命地嗅，霎时，操场上吸鼻之声大作……

一天课间，老师让我们伸出拇指，然后拿出香精，在我们每个人的拇指上滴一小滴。奇迹发生了，一股异香让所有人为之沉醉。

为了让香气保持长久，必须让拇指与其他手指区别开来，于是把拇指翘着。洗脸的时候，这只拇指也不插进脸盆，不让妈妈擦，香气能保留几天……

后来，老师偶尔还会将香精滴在我们的拇指上。渐渐地，翘起拇指成了我们的习惯。于是，课堂上，老师讲到精彩处，台下一群孩子翘起了拇指；一位同学回答问题，其他同学翘起了拇指；上黑板前演算，一回头，身后一片拇指；被老师提问时，为了克服紧张，为自己翘起了拇指。

拇指上的一滴香精，不知老师是有意还是无意。

奇怪的是，翘起拇指，他人和自己的心情会很不一样。

一次，教育局一位黑脸的巡视员来我校检查，他从不夸人，可是，从我们班出来，他竟然不停地夸我们班学生有礼貌。原因是他讲话结束后，不但收获了热烈的掌声，还看见了全班学生高高翘起的拇指——他从未见过这样的情景。

大学毕业后，我去南方应聘。面试时，我很紧张。结束后，我后来的领导、当时的面试主管，拍着我的肩膀说，你的表现并不突出，但我注意到你的一个动作，你在其他人回答问题时，始终翘着拇指，你为对手翘起拇指，你尊重他人而且很有胸襟。其实，这可能是我当时克服紧张的一个动作，当然也不排除对对手的由衷赞美。

这大概是我那次能够应聘成功的原因之一吧。

当年的老师让我们养成和保留了一个很好的动作。直到现在，在我几乎能到的场合，我都习惯性地翘起拇指。因为我知道，拇指是芬芳的，它是肯定，是赞许，也是传递给他人的一种力量。

哈佛大学藻类学专家斯金诺通过实验得出结论：奖赏和一些行为相联系时，它有着促使某种行为重新出现的趋向。无论对人还是动物，只要发出肯定的鼓励信号，行为必然会得到改善。他说：“我把‘积极的鼓励法’应用到日常生活中，收到了立竿见影的效果。我的孩子不爱劳动，以前我经常大声地呵斥他，这不仅无济于事，家庭的气氛也很紧张。后来，我改变了教育方式，注意观察他令人喜欢的行为，例如，看到他帮助大人洗盘子的时候，就用赞许的口气鼓励他。果然，他开始热爱劳动了，家庭的气氛也和睦多了。”

[参考案例 2] 优势潜伏

有一个孩子生下来就有残疾，一条腿长，一条腿短。从小他就看惯了人的白眼，听惯了人的嘲笑，于是他变得沉默而敏感，用自卑把自己封闭了起来。

初二的一天，班里组织去爬山，老师说每个人都要去，谁也不能请假，这让他慌乱不已。

老师一声令下，同学们向山上冲去，他也向前猛冲，一开始还踉踉跄跄，可一上了山坡，这种感觉立刻没有了。原来在爬山的时候，别人是看不到他的缺陷的。而且，由于一条腿长一条腿短，他迈步攀登在高低不平的山坡上竟比别人省力得多。这一发现让他惊喜不已！很快，他就超过所有的人而遥遥领先。他回头看时，身后的老师、同学都对他报以热烈的掌声。

那天回到家，他忽然问："妈妈，为什么我在平地上走路摇摇晃晃的，而爬山的时候却又稳又快呢？"

妈妈说："孩子，上天给了你两条不一样长的腿，就是让你比别人走得更高啊！"

由此可见，赏识不仅可以让完美和优秀之人更加可爱，也可以让有缺陷或有缺点之人变得可人。

电视连续剧《激情燃烧的岁月》曾经家喻户晓，感动了千千万万走过那个年代的人们。在教学中，我们的课堂若能也使我们的学生激情燃烧，那一定能取得事半功倍的效果。而课堂上教师恰到好处的评价语言，就有这种让孩子激情燃烧的魔力。那么，如何使我们的课堂评价语言更有效呢？

1. 在学生需要表扬时——"欲穷千里目，更上一层楼"

在课堂教学中，有时孩子的表现很突出，或者说出了自己心底最真切的感受，此时教师常常会运用表扬："好极了！""你真聪明！""你真棒！""你真了不起！"这样的评价语既含糊又夸张，日久天长就造成了学生的听觉麻木。此时，我们不妨"欲穷千里目，更上一层楼"，在表扬中蕴涵对孩子的更高要求。

［参考案例 3］语文《最珍贵的东西》

支玉恒老师在教《最珍贵的东西》一课，上课伊始，老师问："谁胆子大，敢站起来？"一个孩子站了起来，老师这样评价："课堂上，胆子越大越沾光，越能学到更多的东西。"接着奖励这位胆大的学生上台板书课题。课题写得很漂亮，老师又这么评价："多亏我没写。"

简简单单的五个字，却极其幽默，于是孩子们都笑了，因为在孩子的意识里，平时的课题不都是老师写的吗？而那位上台板书的同学，更是心花怒放：老师说自己幸亏没写，原来自己比老师写得还好啊！这样的表扬，既幽默风趣，又激起了孩子练好字的热情与信心。

[参考案例 4] **语文《我的网名我做主》**

一位老师在上习作课《我的网名我做主》，聊到对网名的喜好时，有孩子说："'泰森'这个网名，我有点喜欢，有点不喜欢。喜欢的是泰森拳击很厉害，不喜欢的是他在拳击比赛中打不过人家，就咬别人的耳朵。"老师就这样评价："任何一个人，都不可能是十全十美的。你能一分为二地看一个人，真不简单。"

教师评价时，没有进行空泛的、程式化的表扬，而是通过评价语，让孩子懂得，看人要用一分为二的观点，以此引领孩子"登"得更高，使他们"看得更远"。

2. 在学生缺乏自信时——"春风送暖入屠苏"

教育的本质在于激励与唤醒孩子，在孩子缺乏自信的时候，教师如春风般的话语就会使孩子扬起自信的风帆。

[参考案例 5] **语文默字**

我班有一个学生听写生字词语得了 55 分，全班同学一致认为应该批评他，让他重新听写。我却笑眯眯地说："他得了 55 分，可他上一次才得了 40 分，一下子提高了 15 分，这是多么大的进步呀！凭这一点就应该表扬他。我想下一次的听写，他一定能得 70 分。"我这样婉转地表扬鼓励他，一连几节语文课，他都能认真听讲，有时还举手回答问题呢。

评价具有激励作用、引导作用和促人反思的作用。教师要用发展的眼光看待每一个学生，在评价过程中，不断发掘学生的闪光点，只要他们努力了、尽心了，我们都要诚心地祝贺他们，真心地为他们高兴，不要吝啬鼓励性的词语。

除此之外，教师还应该学会使用多元化评价。例如，在美国课堂上，一个学生得出"4+5=8"的结论，老师用了三句话加以评价："很好!""很接近!""谁还有不同意见?"第一个评价是对学生敢于发表意见的赞赏，第二个评价是对学生积极思考的肯定，第三个评价则揭示了回答不正确的信息。这位老师注意了评价角度的多元化，不仅评价思维成果，还评价思维过程、思维方法，既有评判性评价，又有激励性、鼓动性评价。我们在评价时，还要注意对不同的学生给予不同的评价，让每个学生在自己的跑道上不断前进。

3. 在学生感到迷茫时——"牧童遥指杏花村"

在课堂教学中，学生常常会感到迷茫，如果此时教师能恰如其分地运用评价语，就能为孩子打开一扇智慧之门，带孩子步入鲜花盛开的春之园。

[参考案例 6] 语文识字

一位教师在教学“兑换”一词时，问“兑换”是什么意思。学生回答说：“兑换就是调换的意思。”老师就通过反问来进行评价：“我是老师，你是学生，咱俩的任务调换一下，能用‘兑换’吗?”学生就说：“兑换就是交换的意思。”老师继续说：“我拿钢笔，你拿铅笔，咱们交换一下留下纪念，能用‘兑换’吗？联系课文想一想，这个词用在哪个方面?”学生开始有些明白了：“兑换的意思是一种货币换另一种货币。”老师还不罢休：“现在我拿一角人民币，换你一美元，你换不换？为什么不肯换呢?”学生终于恍然大悟：兑换的意思是一种货币换另一种货币，但它们的价值必须是相等的。

学生一开始对“兑换”一词的理解似懂非懂，此时教师不是简单地告诉，而是通过评价语，一步步地引导孩子理解。“牧童遥指杏花村”，在这里，老师就是那位高明的牧童，看似轻巧却富含深意的“一指”，为孩子指出的却是那杏花芬芳的美妙洞天。

4. 在学生回答错误时——“柳暗花明又一村”

孩子出错在所难免，但是对于大庭广众下的出错，有时如果教师处理不好，是会打击孩子的学习积极性的。如果此时教师能运用充满灵动的智慧的评价语，就能重新点燃孩子的激情。

[问题案例 1] 抛弃学生，会让学生心灰吗?

在教学列方程解应用题时，出示题目请学生独立完成后，教师问：这道应用题的方程怎么列?

生：$3x+5=20$。

师：不对，坐下。

在上述教学中，教师直接根据一个问题的结果对学生的回答作了否定评价。其实，如果我们要使自己的教学行为更加有效，应多给学生一些时间，让他可以重新思考自己的回答，对其进行修正。

[问题案例 2] 放弃学生，会让学生意冷吗?

教学“质数和合数”时，教师完成对概念的揭示后问：××同学，你说说质数与合数到底有什么区别?

生：质数是除了 1 和它本身外，还有另外的约数；合数是只有 1 和它本身两个约数。

师：刚才我们从具体的数群中找出了各数约数的个数，并且进行了分类，得出的概念已经很清楚了，你再认真看一下书，坐下。

在这个过程中，学生没有得到自己任何错误评价的信息，但毫无准备地被教师批评为听讲不认真、看书不认真，就会对教师产生厌恶感，对自己的学习能力也产生怀疑，学生学习的积极性大大挫伤了。

[改进案例] 循循善诱，步步逼近

一位特级教师在教《海上日出》一文时，有个学生问："一刹那间这深红的圆东西发出夺目的亮光。什么叫'夺目'?"一个女孩站起来说："夺目，就是把眼睛夺出来了。"语音刚落，全场哄堂大笑。老师待全场安定后对小女孩说："虽然你说得不正确，但我还是要感谢你的勇气。你若能换一种说法，相信一定能准确地表达出来，愿意再试试吗?"本来那个小女孩满脸通红、低着头，听了这位老师的话，她又抬起头，站起来说："'夺目'就是光线太强，刺了眼睛。"听了这个回答，老师立刻给予赞扬："对，很高兴你能说得这么好。"

即使老师不作评价，这个小女孩也因为其他同学的哄笑而意识到了自己的错误，以致羞红了脸。但是此时教师在肯定孩子的勇气的同时，也为孩子指明了一个正确的方向：只要换种说法，就能准确地表达出来了。孩子果然顺利地答上来了，曲径通幽，老师引领孩子走进的是"又一村"的新境界，而对于孩子来说，她的心灵不也是经历了"柳暗花明又一村"吗?

俄国大文豪列夫·托尔斯泰说过："一个正在讲话的人，就好像是无形的手指在大脑这个键盘上弹奏一样，而讲话人所奏出来的那支交响乐也就在知音者的头脑里回响起来。"能直抵孩子心灵的评价语，就是有效的评价语，就是那能点石成金的金手指，它定能让孩子的激情在课堂教学中燃烧。

二、教师要谨慎说好话

课堂评价作为形成性评价的一个分支，是教学中不可缺少的组成部分，还是及时反馈学生学习信息、改善教与学、有效促进学生发展的重要手段。但评价语言也并不是多多益善，教师应该注意以下几点：

一是评价语言的数量——应有度，不可过滥。美国著名教育心理学家吉洪特说："赞美具有摧毁性，也具有建设性！"表扬基调的高低，应根据具体情况而定，如达不到激励的最低限度，就达不到预期效果；言过其实的赞美，又会贬低表扬的价值，导致吹捧、华而不实等不良风气。表扬语言应实事求是、及时适度，并且有针对性。在教学中，空洞、乏味、缺乏诚意、不切实际的"廉价表扬"过多，非但不能激发学生的探究欲望，促使学生养成良好的行为习惯，而且会使学生渐渐褪去应有的热情。

[问题案例 3] 让学生感觉不是表扬的表扬

一位老师上公开课，班上有位平时成绩不太好的学生积极举手发言，最后老师给了那位学生一次机会，没想到那位学生回答得好极了。也许是因为学生出色的回答给老师争了面子，老师高兴地表扬道："××同学是班里的差生，却在这堂公开课上交出了一份满意的答卷，可见他课前的准备是非常认真的，在课堂上也是专心听讲的……"看似表扬的一段话，却使那位"差生"满脸通红，低下了头。事后，那位学生向好友表示，再也不会主动举手发言了，免得当众被老师出丑。

上述案例中，从教师的角度讲，出发点是好的，问题是教师没有选择好场合，加之表扬的语言没有智慧，结果不但没有起到好作用，反而造成了负面影响，不但影响、打击了一个人，有时甚至是一群人。

二是评价语言的质量——应具体，不可笼统。评价一定要有个性，针对不同的情况应有不同的评价语言，不能总说"你真棒"之类单调浮泛的语言。据研究表明，说"你真棒"效用有限。学者研究发现，"你真棒"之类的激励性话语，会让人把思维聚焦在"自我"上，对完成具体的任务毫无助益。相反，客观的评价却可以促使个体提高效率。

心理学家将反馈分为评价性反馈和绩效反馈。评价性反馈更强调对某人某种具体能力以及人格特征的主观评价。比如，"你真聪明"或"你真愚蠢"等。绩效反馈是将任务完成情况的客观结果直接传递给接受者。比如，"这样做不对""这次对了"等。正面的评价性反馈，有利于激发积极性。但在工作和学习情境下，家长、教师和领导要实事求是，把真实的信息传递给孩子或者下属。

下面列举几种情况下可选的评价语言：如当只有一个学生举手回答问题并答对了，教师可以评价："知道吗？老师不仅为你清楚的回答而惊喜，更为你的勇气所折服！"如果这个学生答错了，教师可以这样评价："即使你摔倒了，老师一样为你喝彩，因为你迈出了别人不敢迈出的一步。"如学生答对了题，但声音太小，教师可以评价："你回答得很正确，思路也简捷，若声音再响亮一点，就更好了。"如学生的回答很有创意，教师可以评价："你解题的方法很独特，说明你思维很灵活，是个爱动脑筋的孩子。""你真了不起，竟能想出如此独特的方法，很有新意，大家用掌声鼓励他。"有的老师见学生能读出藏在字里行间的意思会夸奖道："你简直有一双孙悟空的火眼金睛!"对合作成功的小组会夸奖道："你们真的是黄金搭档，乖乖！真的有效!"这样的评价，可以让学生明白自己为什么受表扬，比起"你真棒"一类的评价语言，更能起到激励的作用。

[参考案例 7] 语文朗读

有一次，一个学生在读有关竹子的句子，读得不错，而此时贴在黑板上的一段竹子正巧掉了下来，于是这位老师借题发挥："你读得多好，看，连竹子也来祝贺你了，那老师就把它送给你吧!"说着，便把竹子递给了那个学生。那个学生激动得涨红了脸，引得所有的学生羡慕不已。大家又纷纷发言，力争得到老师别具匠心的奖赏，不知不觉中又形成了一个教学高潮。

三是评价语言的类型——有表扬，也有批评。激励性的评价能够唤起学生积极向上的热情，教师应该重视。但是，批评并非禁区，批评也是爱的表现。如果教师的批评能以尊重学生的人格为前提，做到对事不对人，真诚、坦率，那么学生完全可以接受，而且会受益匪浅。但在课堂中使用批评这种评价手段，一定要适量、适时，并注意批评的技巧。

评价语言要能够深入人心，让学生听后感到心情舒畅，教师应该注重以下几点：

一要准确贴切。课改以来，由于强调对学生的赏识教育，出现了只注意欣赏学生而对他们的发言不管好坏一味赞美的现象。我们对学生的发言是要抱欣赏的眼光，但欣赏不是万能的，评价中要有欣赏的因素，更要有客观的、有针对性的指正，这才是真正地爱护与尊重学生。如"今天你的表现可真棒，已经举手发言了好几次，而且一次比一次有进步，不过回答问题前要听清楚问题，行吗?""你真行，对刚才的问题，不满足于找到结果，而是观察思考，又有新的发现，如果能说出其中的道理，那就更了不起了。"这样的评价准确贴切，润物细无声。

二要灵活生动。课堂教学中，教师的评价语应灵活生动、富于变化，使学生如沐春风，因教师丰富多样的评价语欣喜不已，让课堂充满勃勃生机。就拿朗读课文来说，就可以采用多种多样的评价语言。如“读得真不错!”“大家听了都在佩服你念得好!”“这个句子你读得多好呀！请你再读一遍，大家仔细听听!”“老师都被你读得感动了。”“你念得比老师还要棒!”“到目前为止，你是念得最出色的一个!”“老师觉得，你长大肯定能当一个播音员!”……

三要幽默风趣。著名教育家斯维特洛夫说过：“教育家最主要的也是第一位的助手是幽默。”课堂上，教师风趣幽默的评价语言更是不可或缺的，它可以调节师生的情绪，打破课堂沉闷的局面，营造出一种轻松愉快、和谐融洽的教学氛围，让学生能以愉悦的心情去主动地学习，从而使课堂生花、为教学增色。

[参考案例 8] 语文《海底世界》

教学《海底世界》时，教师让学生读课文中写海底小动物“窃窃私语”的文字，一个学生用非常平直、响亮的声音大声朗读，教师笑着悄悄地说：“噢，你那么读，小动物们会被吓跑的。”学生觉得老师善意的评价很幽默，同时也知道自己该怎么做了。

[参考案例 9] 语文《林海》

一位教师上《林海》一课，当研究大兴安岭为什么美得不空洞时，有位模样英俊的男孩讲得头头是道，最后他说：“所以大兴安岭美得不空洞。”教师马上接口道：“你也美得并不空洞呀，不光人长得帅，还肯动脑筋，你的名字是不是叫小兴安岭?”顿时课堂里一片笑声，这个学生也高兴地笑了。

这样的评价是根据特定的教学进程随机引发的，不仅有很大的激励作用，而且巧妙地把“空洞”一词的含义进行了延展，使评价成为教学内容的有机组成部分。

四要情真意切。“感人心者，莫先乎情。”教师的评价语言必须是发自内心的，对学生的评价一定要真诚而亲切，这样的课堂评价才会唤起学生的倾情投入，使课堂上真情涌动。

[参考案例 10] 造句“惊讶”

一位教师在课堂上让学生用“惊讶”一词造句。

生：老师，我造的句子是：“孙悟空被压在山下五百多年还没有死，我感到很惊讶。”

师：这个句子造得好，不过，你是怎么知道这事的?

生：我是看电视才知道的。

师：看来，你很爱看电视是不是？

生：那当然，我常常要看到十点多才睡觉。

师：那可不好，看电视看得太晚，一是耽误睡眠，影响第二天学习；二是损害视力，小朋友看电视要有选择，选择适合我们看的节目。说真的，我听了这位同学说看电视常常要看到晚上十点多钟，感到十分惊讶。

以上评价情真意切，饱含了教师对学生的关怀，学生听后怎能不为之动容呢？教师评价学生的语言只有做到诚心、诚实、诚意，才能取得学生对教师的信赖。“精诚所至，金石为开”，教师真诚的语言所产生的效果是无法估量的。

教师充满魅力的课堂评价语言，虽不是蜜，但可以粘住学生；虽不是磁，但可以吸引学生。在课堂中，它让我们看到的是学生一张张阳光灿烂的脸，听到的是欢声笑语，体悟到的是学生的个性飞扬。如果把课堂教学比作诗，那么课堂评价语言就是流动着的韵律；如果把课堂教学比作乐，那么课堂评价语言就是跳动着的音符。老师们，让我们不断丰富自己的课堂评价语言，用评价语去唤醒学生学习的自信，去点燃学生热爱学习的火种。

综上所述，面对聪明学生的一些行为表现，在教学时，聪明教师的做法是通过自己的行为改进，把学生教聪明。其中一种教师的行为改进就是在教学中，要对学生的学习表现作出适当而有效的评价，让学生既有反应，又不反感，从而激励学生更好地学习，那么教师就应该注意评价的方式方法。对此，教师可以参考以下研究路线：

评价的方式	评价的类型	评价的原则	评价的注意点
语言评价 神情评价 动作评价	即时评价 延迟评价 多元评价 跟踪评价 无痕评价	思想性原则 机智性原则 艺术性原则 独特性原则 激励性原则 时代性原则	评价语言要具有趣味 评价语言要准确到位 评价语言要注重引导 评价语言要关注情感

教师：销声匿迹，让学生在无声无影中竖起耳朵

聪明学生具有非常敏锐的听力，当眼睛“看不见”或耳朵听不见”时，耳朵的功能反而更强大——

在生活中，什么事情最让人感到好奇？无疑，一反常态的事情更容易引起人的特别注意，激起人一探究竟的强烈欲望。什么东西最让人感到宝贵？无疑，曾经拥有的东西更容易让人念念不忘。例如，当不让你听时，你就更想要听见；当不让你看时，你就更想要看见。

在教学中，当学生看惯了教师的教学之后，突然有一次“看不见”（匿迹）时，学生普遍会感到不习惯，继而在好奇中更想看，开发其他感官（如耳朵的功能）积极参与教学，从其他渠道获取教学信息。同样，当学生听惯了教师的教学之后，突然有一次“听不见”（销声）时，学生也普遍会感到不习惯，继而在好奇中更想听，调动听觉器官的最大功能搜集语言声息。在这种教学的“艰难”历练下，学生的听觉将更加灵敏，“听”课水平将会更高，“听”课效果将会更好。

一、让学生在“看不见”中竖起耳朵

曾经看过一部意大利影片《听见天堂》，这是由真人真事改编的电影——

影片中男孩米克虽然出生于乡村，但他从小就梦想成为一流的电影大师，只因他是那么的热爱电影。然而上帝跟他开了一个最残酷的玩笑，他在玩弄一只来复枪时不幸走火，从此他只能淹没在巨大的黑暗当中。这一

度令米克感到沮丧万分，仿佛活着已没有了动力。然而盲校一位老师的一番话让米克豁然开朗：为什么音乐家在演奏时会闭上眼睛，因为那样音符会蜕变，变得更有力量。于是，米克选择了用耳朵代替眼睛，去记录他生活的点点滴滴。这时，我们才发现，原来，不仅可以看见天堂，还可以听见天堂……结局是小男孩成了意大利电影界最著名的声音剪切师。

《音乐之声》中玛丽亚说，上帝为你关上一扇门的时候一定会为你打开一扇窗。是啊，在生活中，我们常常会发现盲人的耳朵特别灵敏、聋人的眼睛特别锐利；我们还常常会发现断腿人的手特别灵活、断臂人的脚特别能干。也就是说，当人缺少了一种功能的时候，肌体往往会把相应的生存本领投注在另一种功能上，来弥补或代替已经残缺的功能。

在学校教育中，当学生多种感官参与学习活动后，学习效果会更好。我们都知道，人所感受的外界信息，80%以上是来自视觉。在教学中，如果我们把学生的视觉器官——“眼睛”关上，“上帝”是否会把学生的另一扇“知识窗”——“耳朵”打得更开，把原本看的能量转换到听之中，从而听得更好、学得更好？实践证明，答案是肯定的。

有一首流行歌曲《我悄悄地蒙上你的眼睛》中唱道：“（男）你悄悄地蒙上我的眼睛/要我猜猜你是谁/从 mary 到 sunny 和 ivory/就是不喊你的名字；（女）我悄悄地蒙上你的眼睛/让你猜猜我是谁/从 mary 到 sunny 和 ivory/却始终没有我的名字……”歌曲的情景是让恋人的一方通过听声音来想象与辨别出另一方，这种蒙眼游戏促使听者不得不专心倾听，然后在心中揣摩和勾勒出主人公。在教学中，有时教师对合适的教学内容也可以采用蒙上学生眼睛的方法，让学生在看不见中只能竖起耳朵更加专心致志地“听”讲（听别人的讲话），从而听出一些名堂来。

[参考案例 1] 数学“平移”

教学“平移”课中——

师：谁能说说电子游戏“俄罗斯方块”是怎么玩的？（学生上台操作）现在把游戏增加难度——

（教师用红领巾蒙上一名学生的眼睛）

生：啊？要蒙上眼睛啊！

师：睁着眼睛什么都看得一清二楚，有什么好玩的？蒙上眼睛才有意思呢，我们在下面指挥他！（游戏开始）

生：那边——那边！哎呀，不是！

生：转，变形，快变形！那边！那边！又错了！

生：哪边呀？你们又不说清楚！

生：左——左——左。唉，对了，对了！停！过了过了！（大家费了九牛二虎之力，但还是以失败告终）

师：请同学们想一想，我们该怎样提示，说清楚什么才能让这位同学准确地将方块平移到合适的位置？（学生热烈地讨论起来）

从上述案例可以看出，闭眼，能够让学生更“看中”知识。游戏中需要向不同方向平移两次或者多次，操作者因蒙眼看不见而只能凭借听力来调整行为，导致思维与提示者的语言形成了冲突，这种冲突成为学生顺利理解“平移要明确方向和距离”的良好铺垫，从而可以更顺利地导入新知。

[参考案例 2] 数学“3 的倍数”

教学“3 的倍数”时，我让学生闭上眼睛，用耳朵来听老师在计数器上拨出的数是否是 3 的倍数。我强调，要专心听计数器上有几颗珠子落下的声音。我一个一个地拨下 6 颗珠子，2 颗放十位上，4 颗放个位上，然后把计数器藏到讲桌下面，再让学生睁开眼睛交流听到的信息。

生：我听到有 6 颗珠子落下的声音，是 6 吧，它是 3 的倍数。

生：我也听到有 6 颗珠子落下的声音，也可能是 60 或 600 吧，反正都是 3 的倍数。

生：我觉得还可能是 15 或 51，反正也是 3 的倍数。

生：也可能是 411 或 2400，那也是 3 的倍数。

生：还可能是 111111 或 303000 吧，那也是 3 的倍数。

生：不可能是六位数的，因为老师的计数器的最高位是千位。

此时，学生的答案越来越多：1005、4101、33、3003、3300、1113、2220……学生在交流中逐渐得出，只要各个数位上的数字之和是 6 的数都有可能，当然这些数也都是 3 的倍数。

从上述案例可以看出，闭眼，能够让学生更“看重”知识。试想一下，如果学生看着计数器来练习，看到的就只有“24”这个数。而闭上眼睛，学生显然“看”到了更多。

顺着这个思路，联想到教学中的另一个问题，那就是现在教学中经常出现让学生动手操作的情况，通过操作了解或发现知识或结论产生的过程。然而，并不是什么知识内容都是让学生动手教学效果会更好，有时让学生进行“看不见”的表象操作，反而能够让学生“看得见”知识更深更远的内容。

例如，有一道题目：“把一张纸撕成四片，以后每次都把其中的一片纸撕成四片，5 次后是多少片？10 次呢？”结果一题做完，教室里满地是白花花的纸片，这种现象真的是在“做”题吗？如果我们老师在题目中加上这样的延伸问题：“100 次后呢？”就会逼迫学生放弃用手去撕 100 次后再数多少片的麻烦做法，而自觉选择想象与推理的快捷方法，从而把原来更多依靠“看得见”的低级操作活动升格为更多凭借“看不见”的高级思维活动来解决问题的学习层次，这种境界才算是在“解”题。

上述做法的结果是通过学生的“看不见”引导学生“想得出”，大大激发了学生开动脑筋的热情，这个话题虽然有点偏离本文主题，但还是值得大家思考的。如果再进一步联想，我们还可以发现由“看不见”而迫使学生学得更好的许多例子，如下面的案例是学生“看不见”迫使学生“猜得准”，在“跟着感觉走”的游戏中快乐轻松地掌握了知识。

[参考案例 3] 写写写，猜猜猜

为了激发孩子认字写字的兴趣，近来跟孩子们玩“写写写，猜猜猜”的游戏，效果很不错。

游戏规则：一孩子背对着另一孩子（前后两人处于同一方向），后面的孩子抬起右手，伸出食指，在前面孩子的背上写字，边写边说笔画、笔顺。“作业本”认真感觉，多次练习后，后面的孩子随意写字，前面的孩子猜字。也可以让“作业本”闭上眼睛，同伴用手指在他的手心上写字，鼓励孩子猜出是什么字。

这种游戏具有挑战性，孩子喜欢玩。为了降低猜字的难度，先让孩子猜一些笔画比较少的字，猜字前先让孩子把要猜的那些字认读几遍，帮他们圈定一个范围，这样他们会猜得更准确，提高他们参与的兴趣。“兴趣是最好的老师”，有了兴趣，变“要我学”为“我要学”，变“要我记”为“我要记”，何愁生字教学不会有趣、高效呢？

我鼓励孩子们利用课余时间玩“写写写，猜猜猜”的游戏，告诉他们除了跟同伴玩，还可以找老师一起玩，跟爸爸妈妈一起玩。家庭作业，我也把以往抄写生字的书面作业改成跟家人玩“写写写，猜猜猜”的游戏，孩子们欢呼雀跃。

早读课上，我用几分钟时间听写头一天课堂上所学的生字新词，从反馈的情况来看，效果真的不错。一些孩子还告诉我，玩“写写写，猜猜猜”的游戏很有趣！

二、让学生在“听不见”中竖起耳朵

在生活中，我们都有这样的常识，当一个人难以听到别人说话的时候，他反而更加会有想听到的强烈欲望；当一个人身处嘈杂环境的时候，对感兴趣的话题，他反而会更加聚精会神地去听。有人做过一个实验，在一片嘈杂声中，当有人在小声地议论你的时候，尽管相隔一定距离，但你依然能够敏锐地感受到他们对你的关注，会情不自禁地向那个方向观望，这似乎是一种息息相通的心灵感应。科研人员解释说，这是因为当一个人的耳朵捕捉到关于自己的信息，尽管很微小，但心灵依然能够很微妙地感应到，从而使耳朵自觉地屏蔽与自己无关的其他声音，从而一门心思地收集关于自己的声音，由此一个人依然能够在嘈杂声中“听到”别人对自己的议论和评论。

同样的道理，在课堂教学中，在全班学生读书期间，如果有一个孩子开小差，此时教师只需轻轻地呼唤他的名字，尽管周围是一片读书声，但这位学生很有可能能够听到老师在呼唤自己的名字，从而引起注意，自觉收敛或改正自己的行为。教师这样的轻声呼唤，在不影响其他学生学习的前提下达到提醒当事学生注意的目的，不失为一种明智之举。万一此招不灵，学生并没有与教师息息相通，那么教师也可以这样告诉学生：“老师想对××同学说句悄悄话！”教师变“严厉呵斥”为“温馨提示”，最大限度地保护了学生的自尊心。

在生活中，我们经常玩“咬耳朵”的游戏。头一个人对第二个人“咬耳朵”，第二个人把听到的信息接着对第三个人“咬耳朵”，第三个人则继续把听到的信息传递给第四个人，直至最后一个人，把听到的内容公布出来，看原始信息在传递过程中失真了多少。在这个游戏过程中，我们会发现尽管“咬耳朵”时声音很轻很细，但听的人会竖起耳朵极力想听清楚，那样子比平常更“听话”。

例如，在英语教学中，教句型的时候，传统的方式是老师带读，解释意思，学生跟读，这种单一的形式比较枯燥乏味。其实，我们也可以用“传悄悄话”的游戏方式来教句型。先请若干个学生排好队，由老师传给第一个学生，第一个学生接着传给后面的学生，依此后传，最后一个学生则大声说出来，第一个学生再判断说得对不对，传递的过程有没有出现错误。这样既可以训练学生的听力，又可以让他们开口说英语。

小时候，我们常常附到同伴耳旁说悄悄话。有时怕别人听到，还用手挡着嘴巴，显得神秘兮兮的样子，听的人不时变换着表情，旁边的人看得一头雾水，只有说悄悄话的两人心领神会。生活中，只有关系比较好的人才会这么说着悄悄话。那么，教学中，和学生说悄悄话会不会显得与学生更亲近呢？这是不言自明的。在教学中，教师要善于和学生说悄悄话，这样往往能达到很好的效果。

例如，班里总会有那么几个不爱学习的调皮学生，点名批评或单独谈话，见效都不大，他们依然我行我素，甚至变本加厉。班主任老师不妨来个附耳低语，悄悄地说，效果也许更好。悄悄地说，会让人有这样的感觉：他是跟我好才悄悄说给我听的，不然他可以大声告诉所有的人。因而听悄悄话的人会对说悄悄话的人有着一种亲近感。亲其人，信其行。同样是批评的话，悄悄地说，效果就要好得多。

[参考案例 4] 会“咬耳朵”的老师

一位教师通过“悄悄话”鼓励学生回答课堂问题，照片中，我们看到那位被“耳提面命”的女孩心领神会的笑靥，看到同学羡慕、好奇和期待的眼神，看到那张开的小嘴和紧抿的双唇。

会“咬耳朵”的教师在学生的眼中是美丽的。虽然我们听不到教师的话语，但正是这种听不到给了其他学生好奇的吸引力。教师这种此时无声胜有声的说话技巧，比让学生明明白白地听更能增加被听学生受重视的光荣感，又能给旁听学生增添竖起耳朵欲听详情的神秘感，从而激发了其他学生听的兴趣。

刚刚进入小学一年级的学生在课堂中“叽叽喳喳”“我行我素”是常见的，但老师如何循循善诱，让学生及早形成良好的学习习惯，是一个迫切需要解决的问题。其中，说“悄悄话”在低年级的组织教学中有着一定的妙用。

在教师提问后，教师告诉学生“老师最愿意听悄悄话”，可以引导学生由动变静，从而培养学生独立思考的习惯。课堂上，往往教师的问题刚出口，孩子们的小手就一个个举得老高：“老师，我说!”“老师，我回答!”有的同学因为没有得到发言机会而把小嘴噘得老高，有的干脆抢先说出了答案，更有甚者跑下座位死死拉着老师不放（请求老师把回答问题的机会给他）……这都是学生爱表现但又缺乏冷静思考的表现。对此，教师可以告诉学生：“每当老师提问后，最希望大家安静地举起小手，给老师一个悄悄的回答!”教室里就会安静下来，教师依次对每个人的回答（悄悄话）侧耳倾听，再把学生中间典型的答案或问题说出来让全班分享或研究。

[参考案例5] 数学“认识时间”

对于只有感性基础的小学一年级孩子来说，“认识时间”这部分知识比较抽象，虽然在课前我和学生都做了精心的准备。我做了精致的教具，学生的学具更是异彩纷呈。可是在“学生认读钟面时刻”和“学生动手拨时刻”的几次反复之后，还有小部分学生掌握得不准确，无论我在上面怎么“启”，他们在下面就是不“发”，怎么办？我灵机一动，问孩子们：“你们想不想和老师一起做游戏?”孩子们顿时来了兴致。我抓住时机接着说：“我们做认识时刻的比赛，老师拨时刻，你们认记在心里，千万不要说出来给别人听见，然后到前面来在老师的耳边悄悄说给我一个人听，最后看谁认对的次数多谁就获胜，好不好?”“好!”教室里顿时沸腾。

接下来我用教具钟拨出9：32，孩子们眼睛瞪得大大的，纷纷举手。我组织他们排好队，每个人都神秘地把心中的答案在我耳边悄悄地告诉了我。唯恐别人听到，有的学生还用小手捂住了嘴巴。对于答对的孩子，我在他们的脑门上贴了一颗鲜红鲜红的“心”，他们仰着头走回座位，生怕“心”掉下来。对于那些没有答对的孩子，也在我的启发和指导下最后都说出了准确的答案。几轮下来，我看着全班一片“红脑门”，心里这个美呀!

另外，在课堂教学中，许多教师还常常因为学生回答问题的“一边倒”而感到头疼。在回答老师的提问时，当第一个学生回答后，特别是这个学生回答正确时，接下来被叫到的学生的回答都会与第一个学生大同小异，甚至一模一样，教师要想听到其他的声音就很难。这种连锁反应在教学中普遍存在，导致教师看不到更多学生的真实学习状态。对此，教师可以走到那些已经想好答案举手准备回答的学生那里，让他们分别凑近老师的耳朵，把想好的答案先悄悄地告诉老师。这样的回答方式，其他学生因为听不到，所以只能独立思考。教师由此更能听到每个学生的真实发言，做到心中有数，在正式反馈时，教师可以根据需要有选择地安排好或挑选好学生进行有针对性的回答。在这一师生之间说悄悄话的过程中，尽管其他学生听不到说的内容，但却能激发其欲知详情的强烈愿望，并希望自己也能够与老师说悄悄话，从而努力思考，积极举手。

学生在小组讨论时，常常会热闹非凡，你说我说大家说，很容易发生无心或无暇听见或听清别人发言的不良现象。对此，在开展小组讨论前，教师可以告诉学生："老师希望大家先悄悄地自言自语，说清自己的想法，然后再与同伴们交流！因为，在没有把自己的想法说给别人听之前，你的想法就是你的小秘密哟！"这样可以有效防止学生在"叽叽喳喳"的讨论中"人云亦云"。

小组合作学习中，还经常会出现个别学生游离于小组之外，不参与小组讨论的情况，造成小组合作表面繁荣、实质低效的问题，运用"悄悄话"的教学策略，可以有效促进小组合作的全员参与。

[参考案例 6] 悄悄地说话，悄悄地教化

我在课中布置完小组合作的任务后，观察小组合作的动态，记住小组讨论过程中游离在组外的学生。这时，我叫停了小组合作，开始进行小组合作的汇报。一年级的小家伙们总是喜欢新奇好玩的教学方式，我神秘地和大家说："今天的汇报用'悄悄话'告诉我，你们准备好了吗？"机灵的小家伙们瞪大了眼睛，手举得老高准备汇报全组讨论的内容。

而我这时叫了一个刚刚没有参与讨论的小家伙。他趴在我的耳边，悄悄地吱吱呜呜了半天也没有说出自己小组讨论的内容。我连忙趴到他的耳边告诉他："孩子，老师看到你的表现了，你下次可要和大家一起讨论哦！"

和这个孩子说过"悄悄话"后，我对全班同学说："我知道你们小组的讨论情况了，下面请你们小组的一位同学和大家说说你们小组讨论的结果吧！"我又叫了一个讨论时认真的孩子，由他把小组的讨论情况给大家进行汇报。

"悄悄话"不但可以让小组全员参与讨论得以落实，更可以培养学生认真倾听他人发言的习惯。当这种习惯养成的时候，小组合作学习就在真正意义上服务于我们的课堂教学。

为了融洽师生之间的关系，在课外，教师也可以告诉学生："把你的悄悄话告诉老师，好吗？"孩子们的喜怒哀乐虽说写在脸上，但来自各个家庭、各个方面的不同影响使他们的内心世界同样具有复杂的一面。在课外让学生跟老师说悄悄话，教师容易走进孩子们的内心，对学生了解愈多，师生在课堂上就会愈加默契。

“与学生说悄悄话”的教学策略还可以这样运用：教师不妨把原本由自己亲口讲的话不公开也不直接讲出来，而是采用说悄悄话的方式讲给一个你想让他露脸的学生听（如对一些胆子比较小的学生，想锻炼他的胆量，或对一些口才比较好的学生，想展现他的才能），让他们把刚才老师与自己耳语的内容复述出来，代替老师讲给同学听，学生对这种不常见的“兵教兵”的教学方式往往会感到新奇，学习也会更加投入。

［参考案例 7］患“咽喉炎”的老师

一位数学老师有一段时间患了咽喉炎，咳嗽得厉害。这天上数学课时，声音嘶哑，几乎说不清话，她只能轻声细语、断断续续地在教学的重点之处“艰难”讲解，其他地方尽量用板书或动作代替自己的说话。一节课下来，原本她担心自己说话声音沙哑和说话减少会让学生听不清楚和听不完全而影响学习效果，可结果她发现学生比以前更加安静，听得比以前更加认真、更加仔细，学习质量反而比以前更好。

上述教学案例中，教师“患病”后的教学效果反而比以前更好，其原因在于以下两点：一是教师的少教迫使学生自学，结果学生反而学得更多；二是教师的细语迫使学生静听，结果学生反而听得更细。教师作用力的弱化，使学生的能动性得到强化，这可以说是一种此消彼长的能量平衡在教学中的体现。

综上所述，面对聪明学生的一些行为表现，在教学时，聪明教师的做法是通过自己的行为改进，把学生教聪明。其中一种教师的行为改进就是在教学中，有时让学生“看不见”想看的内容或“听不见”想听的内容，让学生在欲知真情中产生强烈的学习欲望，从而叫醒学生的耳朵和打开学生的耳朵，利用听觉和提高听力来学习知识，学生学习渠道的“单一”造就学生学习心思的“专一”。对此，教师可以参考以下研究路线：

“耳朵学习”的功能	“耳朵学习”的功效
弥补视觉	在盲听中觉察知识
	在盲听中觉悟知识
强化听觉	在弱听中接收信息
	在弱听中接受信息

以“眼”知形，为“聪”之门

Ba Xue Sheng Jiao Cong Ming

眼——为“聪”之门。只有善于观察的学生，才能是聪明的学生。教师应把学生的眼睛擦亮，让他们“看”得更清更多、更会看，从而把学生教聪明。

教师：
魅力四射，让学生看到学习的美丽

聪明学生喜欢以师为范、以知为乐，常对教师的人品、性情评头论足，对知识的性质、性能品头论足——

曾经在杂志上看到一篇题为《山本旅馆的奇迹》的文章——

山本旅馆因馆址僻处一隅，自开业以来一直生“意清淡，门可罗雀。

一天，旅馆主人眼望着后面的荒山秃岭出神。是啊，人道是‘天时、地利、人和’，我这里首先是缺乏一块风水宝地，没有一个好的环境，怎样才能把顾客吸引过来呢?”望着，望着，主人有了主意……

不久，该城的大街小巷贴出了一份奇特的海报，落款是“山本旅馆启”。海报上写着：

“亲爱的旅客：您好！本旅馆附近还有常流的清泉，后山有大片空地，既宽阔又幽静，专门留作投宿旅客植树之用。您若有雅兴，欢迎前来种下小树一棵，本旅馆可委派专人给您拍照留念。树上还可挂上一块木牌，上面刻下您的尊姓大名和植树日期。这样，当您再度光临之时，定能看到您亲手栽下的小树业已枝繁叶茂，令人遐想不已。本店只收取树苗费两千日元，并将永久代管您植的树。”

很快地，山本旅馆不再为客源发愁了，为了植纪念树而投宿的顾客纷至沓来，热闹非凡。显然，在他们的心中，都有着一片难以忘却的郁郁绿洲。

山本旅馆的奇迹在于主人能够创设一种迎合人意的情境，种树绿化营造的环境美可能只是属于外在的情景，让人感到悦目；而“树上还可挂上一块木牌，上面刻下您的尊姓大名和植树日期”的纪念意义则可能营造了一种情感美，直抵人内在的心境——“在他们的心中，都有着一片难以忘却的郁郁绿洲”，让人感到赏心。一块不知名的地方由此充满了魅力，吸引人络绎不绝地前往，旅馆主人这种经营策略无疑是成功的。

物如此，人亦如此。随着社会的不断发展，魅力必定成为一个人重要的资源与资本。成为一个有魅力的人，是每个人在自身发展过程中必然追求的目标。培养一个有魅力的人，是每个父母和老师应尽的义务。

对教学而言，成功的教学策略无疑也应该是使我们的教学效果充满魅力，吸引学生全身心地投入学习。所以，人们在谈及课堂教学时，从“无效教学”“低效教学”“有效教学”“高效教学”“优化教学”中，又升华出“魅力教学”，并认为它是教学的最佳境界。

一、用知识本身的魅力吸引学生

在教学中，在课首，当学生刚接触知识时，教师一般会创设诸如猜谜语、讲故事、看动画、做游戏等趣味情境以及一些生活情境，让学生看到知识的美丽，从而快乐地走进知识的殿堂，它对快速地稳定学生情绪、建立正常的教学秩序、润滑地导入知识教学功不可没。然而，这样的情境创设也要注意时效性，其只能作为教学的外在调节手段，教师不能对其太迷信，沉溺其中而不能自拔。

[问题案例] 情境也有保鲜期吗?

现在有的教材在一个知识单元中使用大情境教学编排，如有一个计算单元的几节课的教学情境分别是：前天是“购书”情境、昨天是“分书”情境、今天是“借书”情境、明天又是“还书”情境……

案例中，让学生天天看“书”的教学情境只会让学生患上“读书”恐惧症。对此，教师在创设教学情境的时候，应该思考怎样让情境最具引力，从而让学生产生学习的最大动力。

由此可见，这种知识外在的美丽只能一时调动学生学习的兴趣，而要激发学生长久的学习动机，还需要教师挖掘知识内在的魅力，用知识问题勾住学生的思维，让学生在发现问题、研究问题、解决问题中品尝到成功的快乐，这样的学习才会让人回味无穷。问题是教学的核心，而问题的背后是人类的好奇心。设计问题时可由表及里，探寻蕴涵在知识中一些特殊的规律和现象，让学生为知识中的奇异而震惊，激发其好奇心。

[改进案例] 情境也需要保质

华应龙老师执教“多位数加减法练习课”——

师：三个不同的数字，组成最大数，再组成最小数，它们相减，按照这样的规则，一直算下去，得出的结果都是495，这个495有一个特别的词语来称呼它，叫做“数字黑洞”。谁知道黑洞是怎么回事？

生：能将它旁边的物体给吸进去。

生：在天空中，连光线都逃脱不了。

生：是个很大很大的洞。

师：它是宇宙中的一种天体，它的质量特别大，小的黑洞都是太阳质量的十几倍，大的是太阳质量的一百多亿倍。刚才我们说的是数字黑洞，我们选择的都是不同的数字，最后都被495吸进去了。现在你们又有什么新问题？

生：四个数字有数字黑洞吗？是什么呢？

生：五个数字呢？

生：两个数字呢？它们的黑洞究竟是什么？是不是还是495？

师：这些问题我们能解决吗？自己选一个，试试！

（学生兴高采烈地计算，不时有学生发出惊叫声）

……

“多位数加减法练习课”是一节普通的计算练习课，教师没有让学生追求熟能生巧，而是设计一个问题情境，从大自然中的黑洞现象引申到数学中的黑洞现象，学生由外在的学习兴趣逐步过渡到了内在的学习兴趣，在解决问题的过程中熟练多位数加减法的计算技能，并感受到了数字黑洞这一数学中的奇特现象。

说起数学的魅力，也许很多人都感受不到，总认为数学学习只是跟一些枯燥无味的数字、图形和算式打交道。其实数学是最富有魅力的学科：一个个简洁的定义、一道道绝妙的算式、一组组有趣的关系式、一幅幅严谨的知识网络图……它如同一个五彩缤纷的乐园，处处充满魅力。美国数学家克莱因曾对数学美作过这样的描述：“音乐能激发或抚慰情怀，绘画使人赏心悦目，诗歌能动人心弦，哲学使人获得智慧，但数学却能提供以上的一切，给人快乐。”但是，数学知识这种潜在的、含蓄的魅力是不会自发地起作用的。数学教学的艺术正是要千方百计地挖掘它的魅力、渲染它的魅力、体验它的魅力。

[参考案例1] 数学“轴对称图形”

“轴对称图形”课的结尾，伴随着美妙的音乐，师生一同欣赏“桂林山水”的美景图。教师娓娓而谈：“同学们，今天这节课，我们一起走进了‘轴对称图形’的世界。其实，大自然对于对称的创造，还远不止这些，仰望苍天，俯瞰大地，无处不在显示着对称的魅力！那花丛中翩翩起舞的蝴蝶、蜜蜂，那翱翔天际的大雁、白鸽，那横跨天空的彩虹，片片翻飞的落叶，以至于我们每一个人、每一张笑脸，都展现着对称的魅力。可以说，因为美，大自然才选择了对称，因为有了对称，大自然又增添了无尽的美！”

这段结束语，犹如一首优美的散文诗，不仅再一次让学生感受到对称之美、数学之美，而且富含哲理，给人以思想启迪。

当然，数学教材中关于美的素材还有很多。例如，数学中所蕴涵的丰富的文化气息，足以让数学课堂充满浓郁的人文魅力。在教学“东、南、西、北”一课时，介绍我国的伟大发明——指南针；教学“圆的周长”时，介绍祖冲之和圆周率；教学“小数的意义和读写法”时，介绍刘徽对“微数（也就是后来的小数）”的提出和使用……这些内容有的只是让学生了解，有的还可以让学生进行操作与探究，感受其思想与方法的奇妙。当然，很多东西都可细细品味，最终让学生感受到数学悠久的历史和撩人心弦的文化魅力。

审美教育是一种陶冶情操的教育，而语文学科又是最富有情感的学科，是审美教育的重要阵地。小学语文教材，或描绘雄伟壮丽、绚丽多姿的自然风光，或描摹美轮美奂、匠心独运的艺术作品，或反映丰富多彩、发人深省的社会生活，或刻画生动感人、机智高尚的人物形象……对此，教师可以在教学中这样挖掘美：

1. 直观演示感受美

审美，一个突出的特征就是它的直觉性。小学语文教材向我们“展示”了一幅幅美不胜收的自然画卷、一件件巧夺天工的艺术作品。教师可利用课文插图投影、多媒体等现代化教学手段将课文中抽象的视觉文字变为具体可感的审美形象，便于学生直观感受美，提高学生欣赏美的能力。

[参考案例 2] 语文《三亚落日》

教学《三亚落日》一课，可以创设“假想旅行”的情境，让学生在美的世界中陶冶美的情趣。海滨、沙滩、椰子树让学生感受到浓浓的热带风情，然后边欣赏悠扬恬静的乐曲，边观看夕阳滑落的视频。徜徉于如画的情境中，学生身临其境，领略到三亚落日的色彩美、形态美、意境美，真正体会到，在三亚“夕阳滑落的景象美妙绝伦，一点儿也不比日出逊色”，感受到祖国山河的壮丽。

2. 美读感悟鉴赏美

人的审美感官，主要是视觉和听觉。小学语文教材语言生动形象、凝练含蓄、韵律和谐，引导学生鉴赏这种美的基本形式应当是“美读”。叶圣陶说：“所谓美读，就是把作者的情感在读的时候传达出来，美读得其法，不但了解作者说些什么，而且与作者的心相通了，无论兴趣方面或受用方面都有莫大的收获。”可见有感情的朗读，能把无声的文字变成有声的语言，展现文学作品的语言美、意境美、人格美；能渲染气氛、激发情感，激发学生美的情趣、树立美的意识、增强美的感受。

[参考案例 3] 语文《姥姥的剪纸》

《姥姥的剪纸》是一篇用浓浓思念之情谱写的诗篇，是一曲充满绵绵亲情的颂歌，条分缕析只会破坏文章的整体美感，“美读”才是最有效的教学方法。学生通过反复吟诵，体会字里行间的意蕴和情感，获得丰富的美感，从中得到美的感染和熏陶，达到了审美教育的目的。最后，再以课文内容的诗歌变式朗读——

一头老牛
定定地站着
出神地望着
一只
欢蹦着
远去的小兔子
连接他们的
是
一片开阔的草地

这不仅让学生产生情感共鸣，深入领悟课文的情感美，更进一步让学生感受到诗歌的韵律美、绘画美、建筑美。

3. 移情体验追求美

审美的又一重要特征是情感体验。这不是一种短暂的快感，而是人的内心世界中完整而复杂的动态过程。语文美育也要靠感情的“渗透”和陶冶来实现。学生在审美过程中首先感受形象美，进而感受情感美，这是审美能力的进一步提高。小学语文教材中描写了众多的优秀人物，如唯才是举的祁黄羊、忍辱负重的司马迁、身残志坚的霍金、至仁至义的聂荣臻等，这些美好的人物形象往往能唤起学生对美的追求，从而产生蓬勃向上的热情和追求正义的感情。在语文教学中，教师应该引导学生抓住重点词句，揣摩他们的言行，深入他们的内心，从而感知人物的形象与心灵。

[参考案例 4] **语文《钱学森》**

《钱学森》一文通过写钱学森冲破阻挠，坚持归国，体现他的拳拳爱国心、殷殷报国志。教学时可以让学生抓住人物语言，与钱爷爷进行心灵交流，让学生感受到课文中表现出的丰富的情感。移情想象钱学森在美国享受的优越的条件、优厚的待遇、唾手可得的成功，以及美国政府是如何千方百计阻挠他归国的，再想象当时祖国刚解放，搞科学研究的重重困难，但面对敌人的威逼利诱，他矢志不渝，两相对比，使学生在强烈的情感体验中，产生情感的共鸣，激发他们对崇高人格的追求。

4. 合理想象创造美

审美的第三个特征就是想象。审美想象是审美移情的深刻化。教师可根据课文的语言符号，唤起和调动学生已有的表象，让学生展开合理想象，在头脑中再创造作者所描绘的形象，可采用表演、绘画、续写、仿写等多种表达方式进行表达美和创造美的训练。

[参考案例 5] **语文《渔歌子·西塞山前白鹭飞》**

教学《渔歌子·西塞山前白鹭飞》，教师可以让学生根据古诗所描绘的情境，展开丰富的想象，用自己的语言描述微风拂面、细雨如丝的美好情景，再独立去作一幅画。这样，不仅可以使学生更加深入地体会诗中所描绘的秀丽的水乡春景，感受渔家生活的情趣，而且通过绘画表达出对色彩美、形象美的理解，体验到创造美的乐趣。

在语文教学中，教师应当重视渗透审美教育，充分挖掘教材的思想意境美、艺术形象美、语言结构美，让语文教学不仅启智、启德，也能启美，让学生在美的享受中获取知识、陶冶情操、净化心灵、升华人格。

教师除了让学生看到知识的美丽之外，还应该让学生看到知识的力量——知识所具有的很大的包容性和很强的概括性，这种知识的魅力更能让学生感到惊心动魄、刻骨铭心。

[参考案例 6] **数学“有理数的乘方”**

讲述“有理数的乘方”之前，我先讲述这样一个故事：相传古代印度国王奖赏他的宰相达依尔（据说是国际象棋发明者），问他需要什么。达依尔回答说："只要在国际象棋棋盘的第一格里放一粒麦子，在第二格放二粒，在第三格放四粒，以后按这个比例每一格加一倍，一直放满64个格（国际象棋是8×8=64格）。我只要这些麦子好啦。"国王以为这要求并不高，于是就欣然答应了，岂知全印度的粮食产量也没有那么多。学生听了觉得不可思议。我接着说："今天我们学习了'有理数的乘方'，就会知道'乘方'的威力了！"至此，悬念情境就创设成了。

上述案例中，教师巧妙地抓住学生的好奇心，利用知识的巨大力量成功地在课首创设了一个悬念情境，让学生产生了强烈的学习心向。"悬念"作为一种学习心理机制，是学生对所学对象感到疑惑不解而又想解决它时产生的一种心理状态。它对大脑皮层有强烈而持续的刺激作用，使人一时既猜不透、想不通，又丢不开、放不下。实践证明，学生在学习中产生的这种心理需求具有巨大的潜在能量，它能激发学生的学习动机和兴趣、想象力和思维能力。因此在教学中适时地创设"悬念"，会使学生产生不断探索、追求知识的心理需求。悬念设置于课头，可以激发学生的求知欲，使他们产生非知不可之感；悬念设置于课尾，则具有唤起"欲知后事如何"的魅力。

[参考案例7] 数学"解决问题的策略"

在准备四年级上册"解决问题的策略"一课时，我着重思考一个问题：怎样在本节课的结尾部分提升一下，形成最后一个高潮？

例题是："王大叔用18根1米长的栅栏围成一个长方形羊圈，有多少种不同的围法？"这题承载的任务是让学生认识一一列举策略，学会有序列举。学生在找到隐含条件"一条长加一条宽等于9米"之后能通过列表或其他形式有序列举出4种围法。

在课的最后，我将例题中的"18根1米长的栅栏"换成"50根1米长的栅栏"，其他条件和问题不变，即"王大叔用50根1米长的栅栏围成一个长方形羊圈，有多少种不同的围法？"此题一出，学生惊呼："50根！意思是数据太大，怎么算呀？"同学们惊呼过后渐渐平静下来。我问："你们打算用什么策略解决？"学生回答用列举的策略，同时也说出了疑虑："难道要把不同的围法都一一列举出来吗？那也太多了吧。"我紧接着说了一句："是呀，都要列举出来吗？"

一段生成智慧的时间过去了，很多学生找到了答案。他们说，从题目中可以知道，一条长加一条宽等于25米，按顺序列举，第一种是长24米、宽1米的长方形；第二种是长23米、宽2米的长方形；第三种是长22米、宽3米的长方形；第四种是长21米、宽4米的长方形；接下去还有很多种，但是我们不用一种一种列出来，只要找到最后一种，是长13米、宽12米的长方形。再看宽，是1米到12米，所以共有12种不同的围法。

学生在解决这个问题之后都有一种强烈的成功感。我问他们："如果不是用50根栅栏，而是用100根栅栏围，你们还感到难吗?"学生异口同声地说："不难!"回答很自信!

这道提高题只是将例题中的"18"换成"50"，却收到了很好的效果，因为这样的改题首先具有较强的冲击力，它立刻让学生处于欲言不能的"愤""悱"状态；其次显现了知识的概括性，让学生真正学到了解决问题的根本方法。问题解决了，规律找到了，学生对一一列举策略的价值认识更深了。

二、用教师自身的魅力吸引学生

美国诗人普拉斯对魅力作了这样的解释："魅力有一种能使人开颜、消怒，并且悦人和迷人的神秘品质，它不像水龙头那样随开随关、突然迸发，它像根丝巧妙地编织在性格里。它闪闪发光、光明灿烂、经久不灭。"它是一个以人为主要对象的用语，笑的魅力、声音的魅力、眼神的魅力、身体的魅力、性格的魅力……人的魅力无所不在。

苏联著名教育家苏霍姆林斯基曾举过这样一个例子：有位年轻的校长去听一位老师上几何课，他的思想完全沉浸在这位老师精湛的艺术教学中，以至于当这位老师问学生"你们谁能回答这个问题"的时候，这位校长全然忘记了自己是来听课的，竟举手说："我!"苏霍姆林斯基称赞说："这才是最具艺术魅力的老师。"

教师的人格魅力是教师个人修养及教师素质的外在表现，是教师的教育机智不可缺少的要素之一。它是一种无形的教育力量，所产生的吸引力和感染力对学生的影响是巨大且深远的，甚至还会影响学生的一生。教师的人格魅力主要表现在学识、能力、性情、品德、处世等方面。美国著名教育家保罗·韦第博士花40年时间收集了9万名学生的信件，概括出一名优秀教师人格魅力的12个方面：友善的态度、尊重、耐性、兴趣广泛、良好的仪表、公正、幽默感、良好的品行、对个人的关注、坦率、宽容、有方法。由此，一个教师具备多少人格魅力、是否发挥得好，直接影响着教学效果的好坏。对此，教师应该这样打造自己的魅力：

1. 让学生看到教师的品质美

教师是学生心中的偶像和榜样，教师崇高的思想道德品质对学生思想道德的形成起着重要的作用。学高为师，身正为范。当教师身体力行、展现自身的高尚品质时，学生由此产生喜欢、钦佩、崇拜等情绪，这时魅力也就产生了。

[参考案例 8] 语文《梅兰芳学艺》

于永正老师在教学《梅兰芳学艺》时，选一个读懂课文的女孩汇报自己对关键词语“盯着”“注视”的理解。小女孩站在讲台前的凳子上，于老师左手轻扶着她的后背，不顾年龄比较大以及自身的“形象”，用右手高擎起话筒做鸽子飞翔状，背着语文中的句子“他常常紧盯着空中飞翔的鸽子”。小女孩漂亮的大眼睛随着于老师的话筒滴溜溜地转。于老师说，这就叫“紧盯”。接着于老师将话筒放低，又做鱼儿在水中游的样子，小女孩瞪大眼睛，十分专注地看着白发苍苍的于老师。于老师说，这就叫“注视”，小女孩非常感动。

2. 让学生看到教师的形象美

教师的一言一行均是教师内在素养的外在体现，会对学生产生潜移默化的作用。教师不仅要“言传”，更要“身教”。例如，某教师在执教“分数的认识”时，刚板书，就随手拿起一块巧克力进行平均分，对于教师此种不文明的举动，学生们都表现得很茫然，教师课堂魅力指数直线下降。

[参考案例 9] 长发里飘出的文字

一天早晨，我披着长发、踩着铃声走进教室。

“哇!”学生们一见到我，异口同声地惊叫了起来。

“老师，你今天好漂亮啊!”

“不会吧？狡猾的小家伙，口是心非了吧?”我怀疑地笑对他们，“说说原因，给老师点自信。”

“老师你披头散发的，好漂亮!”一个学生说道。

“‘披头散发’不好，像电视剧里的梅超风似的。老师的头发很柔顺，一点都不乱，应该说‘披肩长发’。”另一个女生说。

“好!”我听了心里美滋滋的，“狠狠地”表扬了她。

“像电视里飘柔洗发水的广告，好飘逸啊!”

“老师的头发像我妈妈夏天穿的丝绸，好光滑，我真想摸摸。”

这正是很好的说话材料。于是，我让学生以“老师的头发”为题，说一说“老师的头发”。我仔细地引领指导，学生在反复的比较、细致的观察中，语言越来越丰富，表达也越来越有个性。有的说：“你的头发，黑黑的、亮亮的，像一幅泼墨的山水画。”有的说：“老师，柳树姑娘的头发就是像你这样儿的，长长的、飘飘的。”……

“你们说得真好，老师真的觉得自己的头发很美很美，说明你们喜欢老师呀。现在，就用你们的文字，借助老师的头发，把你们对老师的喜欢写出来吧!”学生兴趣盎然，纷纷积极写起来。

3. 让学生看到教师的博学美

渊博的学识是教师人格魅力的重要基础。教师的渊博不仅体现在知识，还要体现在方法，教师要引发学生乐于接受新知识，善于学习新知识，即作为一个教师来说，首先应当是一个文化教师。学生在教师的引领下步入美妙的知识殿堂，感受知识之美，发现知识之广，体验知识之用。

[参考案例 10] 评书与历史教学

历史上常常有惊人的巧合之处。人教版《中国历史》教材隐含的“惊人的巧合”至少有以下数处：

(1) 既有“三国归晋”（魏晋时期，魏、蜀、吴三国分立被西晋统一），也有“三国分晋”（战国初年，晋国分解为魏、赵、韩三国）。

(2) 汉文帝和隋文帝都崇尚节俭。其巧合之处有二：一是他们都是“文帝”，二是对夫人或妃子都有明确要求。人教版《中国历史》：“（汉）文帝穿的衣服质地比较粗糙，他宠爱的夫人，也不能穿拖地的长裙，帏帐上不许绣花。”“隋文帝提倡节俭。以身作则，平日衣食简朴，后妃也不许穿华丽衣服。”

(3) 汉、唐是我国历史上两段长治久安的、最为强盛的历史时期。但为汉、唐奠定大一统、大繁荣基础的两个王朝——秦和隋却都是短命王朝，这两个短命王朝有很多相似之处：都是帝传两代而亡，都因农民起义而瓦解，第二世皇帝都暴虐无道，且都被奸臣谋害，但同时都修建了一处长存后世的伟大工程——长城和大运河。

(4) 隋炀帝和唐太宗即位：两人都是王朝的第二世皇帝，都不是以长子身份继承皇位。他们继承皇位采取的都是杀兄、弑父（逼父）手段。但联系到《隋唐演义》这部小说，发现后人对他们的评价截然相反：隋炀帝是一个地道的“暴君”，而唐太宗则完全是一个“开明圣主”。

传统评书中有“无巧不成书”之说，意思是没有巧合就不能称为评书；反过来理解就是，评书之所以引人入胜，就在于说书者常常设置了一些巧合之处。在历史教学中，教师如能像评书作者一样注重“用巧”，必将有利于构建生动有趣、引人入胜的教学语言文本。这需要教师不仅具有渊博的历史知识，还要有渊博的文艺知识。

4. 让学生看到教师的艺术美

教学是一门科学，更是一门艺术。教师高超的教学艺术，不仅能够让学生学得更有趣，更乐意受接受知识，而且能够让学生学得更有劲，更满意地接受知识。

[参考案例 11] 语文《瀑布》

一位教师教学叶圣陶先生的《瀑布》，教学“山路忽然一转，啊！望见了瀑布的全身”这一句群时，先让学生转过身去，看着后面读课文，待读到“山路忽然一转”时，再转过身来，与此同时教师忽然在大屏幕上展开一幅色彩鲜艳的黄果树瀑布图。全班同学如临其境，惊喜之情油然而生：“啊！望见了瀑布的全身！”在这里，在山路忽然一转看到瀑布的惊讶，与学生诵读时忽然看到彩图的惊喜，巧妙地融合在一起，令人拍案叫绝。

5. 让学生看到教师的个性美

每个人都有个性，这是一个人区别于另一个人的标志。教师的个性表现同样能够给自己带来独特的魅力，也能给自己的教学带来独特的魅力。

[参考案例 12] 个性教师和他的“另类”课堂

刘文典在西南联大讲《月赋》，有一次，课讲到一半，就忽然宣布说，今天提前下课，课改在下周三晚饭后 7：30 继续上课。原来，那天正是阴历的五月十五，他要在月光下讲《月赋》一篇。刘先生够潇洒浪漫吧？

有学生后来追忆：届时，在校园里的月光下摆下一圈座位，他老人家坐在中间，当着一轮皓月大讲《月赋》，如《世说新语》中的魏晋人物，颇有名士风度。若是在今天，随便调课，会不会被冠以“打乱正常教学秩序”的“罪名”？

魅力，是教学的价值追求。美国教育家杜威说：“给孩子一个什么样的教育，就意味着给孩子一个什么样的生活！”让课堂充满魅力吧，让课堂充盈幸福吧，这是教学的价值诉求，也是教育的应有之义。“教学是师生生命中一段不可复制的段落。”让我们倾心打造自身魅力，用心经营魅力课堂。

综上所述，面对聪明学生的一些行为表现，在教学时，聪明教师的做法是通过自己的行为改进，把学生教聪明。其中一种教师的行为改进就是在教学中，教师应该充分发挥自身魅力，施展教学的才华，用自己的思想品质、言行举止、教学艺术感染学生，同时努力发挥知识的魅力，精心包装知识、拓展知识、深化知识，用知识的生活性、包容性、伸展性塑造学生。此时，教师可以参考以下研究路线：

魅力教学的表现形式			魅力教学的表现效果
人格魅力	形象品质美	焕发活泼神采	营造学习氛围
	技巧艺术美	设计活力方案	引起学习冲突
知识魅力	生活应用美	创设活动情境	激发学习兴趣
	思想方法美	挖掘活性内容	稳定学习动机

教师：
未雨绸缪，让学生在预览知识中预知

聪明学生常常不甘寂寞，会先于教师课堂教学翻看书本、预习知识，看懂和看会一些基本的知识——

课改后的教材图文并茂，打开教科书，扑面而来的是一幅幅形象生动的图画（照片图、线条图、漫画图、卡通图等），再配上生动有趣的学习内容，仿佛是一本生动有趣的科普读物和故事读物，引领孩子们步入知识的殿堂，不仅让孩子们感受自然之美、知识之美，同时启发了他们的心智，激起他们联翩的遐想。所以很多孩子喜欢看课本，而且家长们也愿意引领孩子提前看书。我们不能打击他们这种可贵的“亲书”行为，而应鼓励他们预习教材。

预习是指教师在新课讲授前让学生预先阅读教材，了解有关新知识，并独立地进行思考，探索和获取新知识的一种学习方式。在新课程理念下，预习不再是单纯为掌握知识和技能而设置的学习活动，而是为了让每一个孩子发展得更好。

我们无法阻止学生从其他途径获得“先知”，如家长传授、书中采撷、生活经验、媒体传播等。然而，先知也未必能先觉，更不代表先知者对重点问题理解得深刻全面，先知者甚至还会陷入某一知识点的迷雾中。所以从某种角度看，预习更能激起学生的探究欲望，更需要教师的引领。

一、正确为学生预习作用估价

学生预习与否，课堂教学效果是不一样的，预习会深刻影响教学的走势和教师的作用。预习后的课堂，挑战着传统教学机制，教学将难以“循规”，更需要教学的活性；预习后的课堂，也挑战着教师的教学机智，教师将难以“蹈矩”，更需要教学的灵性。

[问题案例 1] 有些学生未教先知，教师能够回避吗？

一位老师在执教“认识分数”一课时，让学生在活动中体验了“平均分”并得出“一半”后，出现了如下的师生对话——

师：“一半”还可以怎么表示？

生：用$\frac{1}{2}$表示。

生：$\frac{1}{2}$中的“1”是分子，“2”是分母，“—”是分数线。

师：这个你都知道了，你真厉害。

然而，在接下来的教学中，老师并没有把部分学生已经认识分数作为教学资源，又回到课前预设的教学思路上。

显然，上课开始，部分学生就知道了分子、分母、分数线，无疑给老师出了一个难题。教师一下子不知道怎么应对，只好说“这个你都知道了，你真厉害”，教师表面上看似冷静，实际上，这句话的背后透露的是教师心里的矛盾：“我该怎么办，学生会了，我还要教吗？不教，其他学生会吗？教，会不会是多此一举呢？”针对这一情况，如果学生真的“先知”，就相互交流即可，不用再花时间去“教”了。既然学生已经知道，又何必再重复，还不如顺水推舟，直接进行下一环节的教学。如果只有极少数学生“先知”，那就要花时间组织相应的教学活动。

[问题案例 2] 有些学生未教先知，教师还能依旧吗？

小强很聪明，思维也很灵活，但课堂的大部分时间他都低着头干自己的事，对课堂漠不关心，有时甚至会分散周围同学的注意力。当提问他时，他却能回答得八九不离十，而且还会骄傲地说：“我假期在辅导班已经学过了，我都会了！”但课堂上反复强调的重点内容，他却总是马马虎虎、丢三落四，最终的考试成绩也不理想。

小强之所以对课堂教学失去兴趣，是因为他在课堂上没有得到老师的关注。教师应有一双慧眼，把像小强这样的先知先觉者变为优质的课堂教学资源，适时地引领他走上讲台成为课堂教学的小老师，引导他把“骄傲”转变为“学习兴趣的源泉”，从而达到小强个体与班级整体在学习效率上的共赢。

不过，上述案例的解决方法只能一时应急，从长远看，教师应该尽量缩短小学生之间的知识差距和行为差距，让他们尽量能够同步学习。我们都知道，课堂教学中，教师最怕学生的认知基础参差不齐，本来学生的知识水平和智力水平就不尽相同，现在又加上有的学生事先预习，而有的学生事先没有预习，这人为地拉大了学生之间认识知识的差距，这种差距让教师感到左右为难也就在所难免。解决的办法不外乎两种：一是让学生都不预习，二是让学生都预习。当然，我们提倡后者，因为这才符合“学生是学习的主人”的教学理念，并且学会自学是人之生存之道。

[改进案例] 预习后的课堂变成了已知展示会和未知发布会

在教学“年月日”时，我进行了如下设计——

课前先请学生自主查找整理有关“年月日”的知识，对已经理解的内容打上“√”，对不理解的内容则打上“?”。

从学生的实际情况来看，“一年的月份数、每月的天数、一年的总天数”等基本知识大多数孩子已经了解，获取知识的途径也很广泛：查找日历、询问父母、学习书本、网络查找等。而他们对“2月天数变化的原因”有进一步了解的愿望。

因此，我将教学的重心放在“引导学生尝试从不同的角度思考问题”上，像“记忆大小月的方法”“计算全年的天数”“判断平年闰年的方法”等，通过互动交流、比较分析的过程引导学生巧妙记忆、灵活计算。

当学生达到相关知识目标时，我继续引发学生思考：为什么在国际上通用24时计时法？为什么闰年是四年一闰、百年不闰、四百年又闰？历法规定为什么这么烦乱？历法是否可进行变革？你有什么不同的方案？通过师生交流，我们一致认定用24时计时法，避免了表述的歧义，是数学精确性的表现，四年一闰、百年不闰、四百年又闰是人们面对变化的世界采取不断调整的策略，显示的是古人的智慧。

教师引导学生对历法规定的思考及方案设计，旨在激发学生的兴趣，此时的时间教学已不止于演算，不止于平年与闰年的方法判断，不止于知识了，而是透过知识让学生敬仰人类的智慧，并在敬仰中进行创新思考，实现智慧的提升。

爱因斯坦说：“你能不能观察到眼前的现象，不仅仅取决于你的肉眼，还要取决于你用怎样的思维，思维决定你到底能观察到什么。”上述案例中的做法，与其说是教师思考的深度撑起教学的高度，不如说是课前预习让学生有了发现新问题和思考新问题的时间和抓手。

预习有利于培养学生的创新精神与实践能力，但要想让预习后的课堂更精彩，教师必须充分利用学生的预习成果改变课堂教学模式。对此，学生预习后教师基本教学策略是：学生“说得清”的，教师就“倾听”；学生“道不明”的，教师就“点拨”；学生“讲不透的”的，教师就“补充”。

二、合理为学生预习方法提价

教师在布置作业时总不忘加上一句：“回家把明天要学的内容预习一下。”这句话几乎成了许多教师的“口头禅”，但学生知道如何预习吗？小学生年龄小、能力有限，预习时往往不知从何下手，许多学生把预习简单理解成看课本，学习时走马观花、一目十行，难以深入教材独立思考和主动探索新知，也有些学生把书后的习题做一遍便认为是大功告成了。把预习当成了枯燥的任务来完成，久而久之学生对学习的兴趣会减退。

1. 科学地组织预习

在教学中，教师要教给学生科学的预习方法，使学生能合理地选择和运用恰当的方法有效地进行预习，这样才能取得良好的预习效果，才能为新知的学习打下坚实的基础。通过预习方法的指导、训练，可以使学生学会预习，并逐步形成“展卷而自能通解，执笔而自能合度”的能力。

一是开设预习指导课。教师要有步骤、分阶段地进行预习方法的辅导，必要时可开设预习指导课，在课堂上选取有代表性的内容，创设课前预习的情境，一步一步地指导学生，让每一个学生掌握预习方法。开始训练时，要突出教师的主导作用。教师可以在课堂教学中安排适量的时间，让学生在教师的指导下进行预习，要给学生提出明确的预习要求、步骤，教给学生具体的预习方法。

[参考案例1] 数学“认识图形”

学习“认识图形”前，我要求学生这样预习：(1) 阅读课本，把你认为重要的语句用直线画下来。多读几遍，看看是否理解，在不懂的地方做上标记。(2) 找一找身边的正方形和长方形，摸一摸、看一看，看看有什么发现，记下来。(3) 课本上提出的讨论题，与同学说一说。(4)“做一做”你会吗？请试着做一做。(5) 再一次看书，说说这节内容重点学习的什么，想想还有什么疑难之处，记下来。

到了高一点的年级，就可以把预习活动“置之课外”了，但每课时前要给学生以“预习提示”，指导学生按预习提示，结合已学到的方法进行预习。可以采用四个步骤来设计预习题：做什么——怎样做——为什么这样做——还有什么不明白的地方。这样一路走下去，到了高年级，学生就可以独立进行预习了。

二是设计预习导学单。预习导学单是指引和指导学生更好地进行预习活动的线路图和行程图，它既有一些常规性的预习要求，又有一些针对性的问题思考。从一定意义上看，预习导学单就是一种学案。

[参考案例 2] 教学“认识方程”

教师在学生认识完等式、不等式和明确课题后，用多媒体出示以下内容：

(1) 独立学习

填——把例 2 的 4 个式子填完整。

画——在 4 个式子中，是等式的在它后面画勾。

圈——把课本对“方程的定义”圈出来。

写——试着在自己本子上写出 2 个方程。

(2) 小组交流

第一，校对答案是否正确。

第二，讨论“等式和方程有什么关系”，例如，等式一定是方程吗？方程一定是等式吗？

上述案例中，“学导式”教学的核心思想是“以学定教”，它强调“学在前，导在后”，即要让学生先学习，而后教师再根据学情组织教学。如何实现先学？一是课前预习，二是课内自习。自习其实也是一种预习，此处显然属于后者。那么如何导学？设计并提供“自主学习单”是重要手段。“自主学习单”作用很大，它包括导读、导思、导议三部分，既有个人学习，又有合作学习；问题设计精巧、要求明确、操作性强，对学生初次构建知识体系、自学、自省等多方面能力的提高均有重要作用。

预习时要以“问题”为主线，科学地组织预习。预习过程由“问题”始，又以“问题”终。学生依据教师提出的问题或提示而展开自学，通过思考教师的问题、借助旧知与经验而获得对新知的初步理解，同时又向教师提出预习过程中的疑问、不解或新想法、新见解。预习问题是学生预习自学时的基本“凭借”，预习问题设计得当是取得良好预习效果的关键。好的预习问题具有引导学生自学、启迪学生思维的作用。

但预习作业绝不能落入依葫芦画瓢的窠臼，一味重视模仿性做题。结合具体的预习内容，可以以“读”为主，或以“想”为主，或以“试”为重点，或侧重于“问”。预习的形式要多样化，要找准学生的能力点，瞄准学生的兴趣点，切实使学生在预习时“动”起来。具体来说，学生预习时应该注意以下几个要点：

“先读书，划批注”是预习的第一步。课本是学习知识的依据，读课本的过程就是一个感知新知识的过程。读的时候要逐字、逐词、逐句地认真阅读，可边读边画、边读边写；可以把重点字词、重点概念、关键语句、疑难处、学会的、不会的分别用圆点、直线、双直线、波浪线、问号等不同的符号做上标记；也可以把自己的理解、体会或独特见解写在书上的空白处。

“有缺陷，及时补”是第二步。它指学生在阅读课本的过程中，如果发现新知识的“前衍部分”有不明白、不清楚之处，就要及时复习，把与新知相关的基础打好，为学习新知扫清障碍。

“多用脑，勤动手”是第三步。它是学习的一大法宝，在预习过程中，要在充分理解的基础上识记，千万不要死记定律、硬背公式。遇到定律、公式时，可以自己先推导一遍，需要实验的就动手做实验，需要实践的就动手去操作，通过亲身体验知识的形成过程，深化对概念、公式的理解，这样更利于掌握新知。

“试练习，找疑处”可以算作预习的最后一步。课本中的“想想做做”“练一练”安排的都是与例题同步的模仿练习，完成以上任务后，可以让学生尝试着做练习。学生通过试做，可以检查自己对新知识的理解程度和掌握程度，内化新知，然后回顾整个预习过程，归纳出新知识的重点，找出自己不理解、有疑问的地方，以便听课时重点解决。

“读”（读书）、“想”（思考老师提出的问题）、“试”（仿练、试做）、“问”（学生提出问题或新见解）是小学预习的基本形式，相应的，教师必须练就“理”（梳理学生的已知）、“抓”（抓取学生的未知）、“挖”（挖掘学生的潜能）、“扩”（扩充学生的储备）等本领，来调控预习后的课堂教学。

2. 数学预习的具体方法

预习除了让学生看书这种常见的做法之外，教师还可以开发其他活动形式组织和指导学生预习，从而避免预习形式的单调枯燥，多渠道和多层次激发学生的预习兴趣，下面举例说明：

一是先说后学，初建模型。

[参考案例 3] 数学“认识百分数”

在教学“认识百分数”一课时，我先出示电脑下载一个文件的进程图。(电脑动态出示)

已完成 50%

师：从图中你们知道了什么？你们是怎么理解“已完成 50%”的？

生：也就是完成了这个文件的一半。

师：一半可以用我们学过的什么数表示？

出示：(　)是(　)的$\frac{1}{2}$。

师：这句话你们还会怎样表述？

出示：(　)是(　)的 50%。

(教师继续出示下列课件)

师：这时这个文件下载完了吗？

已完成 85%

师：现在已完成了多少？你们是怎么理解 85%的？如果全部完成应该用多少表示？还差多少就全部完成了？

相机出示：(　)是(　)的 85%，(　)是(　)的 15%。

师：仔细观察这些数都是什么数？(板书课题：认识百分数)

师：在生活中你们见过百分数吗？

练习：说一说你对下列各百分数的理解。

(1) 我们班有 50%的同学会游泳。

(2) 一瓶饮料的 60%是苹果汁、40%是葡萄汁。

(3) 一件羊毛衫的羊毛含量是 100%。

问：你们在生活中还见过哪些百分数？

学生汇报课前收集的资料，并要求其说说各自对百分数的理解。

百分数是学生在学习分数意义之后的又一概念，而在学习这一内容之前，学生在日常生活中已经预知了一些百分数，所以直接出示学生非常熟悉的“已完成 50%”的文件下载进程条，可以让学生借助“$\frac{1}{2}$”和“一半”初步感知50%的意义。这样的切入，既能帮助学生复习旧知，借助已有的知识经验，尝试解决新问题、探究新知识，使新旧知识浑然一体，也能为学生抽象新的数学概念提供一个“模型”。同时通过数次的“说”，让学生初步发现百分数意义的一般结构：表示（ ）是（ ）的百分之几。这为学生牢固掌握百分数意义打下了坚实的基础。

二是先做后学，探究特征。

[参考案例4] 数学“长方体特征”

教学“长方体特征”一课时，我先要求学生根据老师课前提供的一些小棒（有接头）搭建成不同的长方体模型，经历动手操作的过程，学生很容易探究“棱”的特征——相对的棱的长度相等。再从提供的长方形和正方形的纸片中，精选实际有用的材料，做成长方体纸盒，这时学生便能很快地发现“面”的特征——相对面的面积相等。

在交流和展示中，我们还欣喜地发现部分学生选择了两个一样大的正方形和四个相同长方形制成的特殊长方体，这时学生又发现，长方体可能也有两个相对的面是正方形，这样的长方体其余的4个面都是相等的长方形。毫无疑问，这一难点在学生动手操作中，已经得到了有效的突破。

无论是一般的还是特殊的长方体，学生在“做”的过程中，都必须经过认真的选材。而筛选材料的过程，实际上就是学生思考和探究的过程。预先经历过这一“用”的过程，学生不仅能够独立探究长方体的特征，而且还能从本质上加以认识和掌握它。预习之后再教，在课上学生能够有话可说、有据可依、有法可循，表现更好。

又如学习“时、分、秒的认识”之前，让学生先自制一个钟面模型供上课用，远比带现成的钟好。因为学生在制作钟面模型的过程中，通过自己思考或询问家长，已经认真地自学了一次，课堂效果能不好吗?

三是先画后学，感悟内涵。

[参考案例5] 数学“圆的认识”

在教“圆的认识”一课时，我先让学生选择自己喜欢的工具画圆，再通过“按要求画不同的圆”引领学生自主探究圆的特征。

师：从你们课前准备的材料中选择自己喜欢的工具画一个圆。

交流后，追问：有没有选择直尺画圆的？为什么都不选择尺子画圆呢？你们最喜欢用什么工具画圆？

（通过适度的提问和亲身体验，学生立刻感受圆的边是曲线的，圆规

是常用的画圆工具）

师：你们能用圆规任意画一个圆吗？你们能画一个比它大一点的圆吗？你们能再画一个比第一个圆小许多的圆吗？你们能画两个离它远一点的圆吗？

师：用圆规画圆你们感觉怎样？

生：很漂亮。

生：很方便。

师：确实，用圆规画圆很方便。那么你们是用什么办法让圆一会儿变大一会儿又变小的呢？画圆时除了要考虑圆的大小，还要考虑什么？圆的位置又是怎样确定的呢？

师：你们能不能想办法使全班同学画的圆都一样大？

……

以上画圆的过程，既满足了学生“玩中学”的愿望，又让学生在多次的操作中掌握了画圆的技巧，自我感悟画圆的方法。同时随着画圆要求的不断提高，学生不难发现，圆规针尖固定的一点决定圆的位置，圆规两脚之间的距离决定圆的大小。有了上面画圆的铺垫，引导学生进一步探究圆的特征便水到渠成。

学生的学习，从某种程度上说就是不断运用已有的知识经验解决问题，在“用”的过程中获得新的经验。上述列举的三种先“用”后学的预习形式，既给学生探究新知提供机会，又能让学生初步感受到新知在生活中的作用。在“用”的过程中遇到困难，“逼”着学生想办法解决，而寻找办法的过程就是学生自主探究新知和预习新知的过程。

在数学教学中，教师最好也能够让学生像语文学习一样，把预习当做每天必做的功课，从而养成预习习惯，这种习惯可以让学生受益终生。

3. 语文习作的预习方法

在语文教学中，教师更多的是在阅读教学中要求学生预习课文，其实，在习作教学中，课前预习和课前指导也很重要，习作教学的课前预习相对而言，周期性更长，连贯性更强。

长期以来，习作教学一直难以走出高耗低效的困境，根源在于教师们大多只顾在作文课上下工夫，而忽视了作文课前不可或缺的奠基性指导环节。因为学生写作是认识世界、吸收内化相关信息之后进行创造性表述的过程。而这些信息的获取和方法的习得，不是单靠作文课就能完成的。鉴于此，语文教师要牢固树立大作文教学观，积极营造自由、开放、和谐的习作教学氛围，切实淡化作文课堂界限，努力摆脱“课”的限制和“教”的束缚，灵活巧妙地把习作指导延伸到课前，引导学生事先轻松获取习作之所需，为写作奠定良好的基础。

传统的习作教学，教师总是在作文课上才告诉学生要写什么作文。面对突然而至的习作任务，学生往往会手忙脚乱、晕头转向。因为他们没有充分的习作心理准备，没有足够的习作素材储备，要顺利完成习作任务、取得理想的习作效果，学生普遍感到困难。

教育心理学研究表明，学生的一切学习活动，只有适时而为，才能取得最佳效果。为此，教师要大胆打破习作教学的陈规，提前亮题，让学生整体把握习作目标，预先做好写作准备。

一是让学生预先了解习作内容。每学期一开始，教师就可以引导学生翻阅本册教材每个单元中的习作题目，让他们初步明确本学期的习作任务和每次习作的基本要求，了解学期作文训练的连贯性和梯度性。随后，师生共同制订全学期习作训练计划，对每次习作的内容、方式等进行整体规划和科学安排，使学生对本学期的习作目标和训练途径了然于胸。

[参考案例 6] 语文习作

新学期伊始，学生拿到人教版五年级下册语文课本时，我引导学生边了解本学期的习作内容，边共同填写表格：

组别	习作内容	写作时间	准备工作
第一组	给远方的小学生写信	第三周	想想要写给谁、写什么内容，准备信笺和信封。
第二组	看图作文	第五周	查找有关足球赛的信息，并做好记录。
第三组	写发言稿	第七周	酝酿发言的内容，列好发言提纲。
第四组	写一件令你感动的事	第九周	选一件令你感动、使你难忘的事讲给同学听。
第五组	缩写《草船借箭》等课文	第十一周	把要缩写的课文多读几遍，把主要内容画一画。
第六组	写一个特点鲜明的人	第十三周	确定要写的人物，回顾他（她）的特点。
第七组	不限定内容、范围	第十五周	选定想写的内容，想想要用哪些表达方法。

学生填写表格后，就基本明确了本学期教材安排的习作任务，并能据此适时做好习作前的有关准备工作。

二是让学生预先明确习作重点。在每单元各组课文学习之前引导学生浏览本组课文和习作题目，明确本组习作的训练重点，让他们初步了解本组教材“读”与“写”训练的特点与联系，以便在学习课文时有的放矢地分析、领悟文章的写法，从中习得写作所需的基本方法。

[参考案例 7] 语文习作

学习人教版四年级上册第四组课文前，引导学生浏览课文内容和“语文园地四”的习作题目，使他们懂得本组四篇课文都是描写动物的文章，本次习作是写一种自己喜欢的动物。在课文教学时，引导学生认真分析文章是怎样抓住动物的特点来写的，之后进一步指导他们仿照课文的写作方法，把自己喜欢的一种动物写下来。

三是让学生预先准备习作材料。教师要灵活设计导写提纲，借助提纲作业指导学生做好习作前的准备工作。

[参考案例 8] 语文习作

在学习人教版四年级下册第七组课文（本组习作训练是写“我佩服的一个人”）时，可设计以下导写提纲：①课文分别是从哪些方面来写人物的？②你所佩服的一个人是谁？他（她）的什么地方值得你佩服？③编拟写作提纲。④提出需要讨论、交流的问题。

这样预先亮题，预先布置习作任务，让学生边学习课文边完成提纲作业，同时准备写作材料，他们就有了充分的学习写法、积累素材、尝试练笔的时间，写作时就胸有成竹、得心应手了。

课前预习或课中预习是教师“教”与学生“学”之间的一座桥梁，把预习引进课堂，指导学生有效地进行预习，使其逐步养成预习的习惯，就如同让学生在学习之桥上“自驾游”，在自己的努力、同学的交流和老师的帮助下到达知识的彼岸。预习是一种超前性的学习，是学习过程中必不可少的一个环节，它同样能培养学生的学习兴趣、思维能力和探索精神，能演绎课堂教学的另一番精彩。

综上所述，面对聪明学生的一些行为表现，在教学时，聪明教师的做法是通过自己的行为改进，把学生教聪明。其中一种教师的行为改进就是在教学时，允许和提倡学生预习知识，设计预习方案和开展预习活动，指导学生更好地预习，并把学生的预习效果和预习成果积极纳入预设的教学方案中，或强调、或补充、或修改，使之更适合学情。对此，教师可以参考以下研究路线：

预习的理念	预习的特征	预习的课堂
教是为了不教 学是为了自学	内容预报 目标预期 情感预热 课本预阅 材料预备 能力预测 困难预计	学生“说得清”的，教师就作“点焊”。 学生“道不明”的，教师就作“点拨”。 学生“看不到”的，教师就作“点补”。

教师：

空白技术，让学生在“看不见”中擦亮眼睛

聪明学生应该具备透过模糊看到准确、透过一点看到全面、透过现象看到本质的眼力和眼光——

曾经在杂志上看到这样一篇文章——

一天，他在广告栏里看到一张小小的广告，上面只写着“www”，然后是个很怪的数学符号。他觉得很有意思，就用这个网址上网一看，只有一道未解的数学题，他花了半小时把这道并不容易的题目解出以后，突然弹出一张表格，请他填写。谷歌的门就这样向他打开了。

要能在乱七八糟的广告堆中注意不起眼的广告，需要一个人敏锐的视觉。视觉敏锐度是人眼分辨物体细节的能力。在临床医学上，视觉敏锐度称为视力。视力因人而异，但是在眼睛适应的状况下，加大背景亮度或加强亮度对比能提高视觉灵敏度。

在教学中，教师如果精选一些轮廓鲜明、色度对比明显的材料，可以增强学生的视觉敏锐度、视觉观察力和视觉辨别能力，开发学生的想象力和意象思维能力。

其中，学生的洞察力是敏锐视力的深层表现。洞察力是一个心理学概念，指心灵对事物本质的穿透力、感受力，通俗地讲，洞察力就是透过现象看本质、变无意识为有意识的能力。就这层意义而言，洞察力就是“开心眼”。

知识教学讲究清楚明白地呈现，追求一览无余的通畅，便于学生观其形、明其里、察其实，然而，事物总是具有两面性，有时我们需要“反其道而行之”——“犹抱琵琶半遮面”地适度“遮掩”。这正如美学上所说

的那样："曲径通幽"比一览无余更能激起人们对美好事物产生积极的情感体验，更能让人们接近事物的内在本质。

一、让学生在"看不见"中看得更清

在教学中，我们有时会发现，有些教学材料完整出示或明确出示，反而会降低学生的思维力度，因为学生在平时已经见惯了这种完完全全、清清楚楚的呈现方式，久而久之就会产生熟视无睹的"近视眼"。所以，有时教师不妨让完整的材料变得不完整，让明确的材料变得不明确，反而能够吸引学生的注意力，从而让学生更明白、更透彻地理解知识。

［问题案例 1］学生为什么想不到教师需要的算式？

苏教版一年级数学"加法和减法"单元中，有一道图文结合的实际问题——

很显然，本题的列式应该为 8－4＝4。然而，在观察图画并倾听老师读完文字说明后，班上有半数以上的学生列出的算式是 4＋4＝8。

为什么会是这种结果？究其原因，减法所得结果在图中是可见的，也就是说由"已经浇了 4 盆"，很容易从图中找出"没有浇的"另外 4 盆，有点类似于"数的分与合"。因此，学生把 8 的分与合的知识迁移至此也就不奇怪了。我们可以假想学生的思路历程：4 和 4 合成 8（或 8 可以分成 4 和 4）——4＋4＝8——还有 4 盆没有浇。

［改进案例 1］"遮"出了对学情的准确把握

鉴于此，教师对情境图进行了处理：对"已经浇的"和"没有浇的""遮掩"其一，让学生结合总数"8 盆"与"已经浇了 4 盆"，去想"还有几盆没有浇"。从课堂效果看，虽然还有少数学生仍然迁移了数的分与合的旧知，由加法去想，但是大部分学生感受到了减法的意义，而且悟到了类似的问题可以直接用总数减去一部分数。（实际上，这类减法问题较之

于求剩余的减法问题更难以让学生接受）

让学生对着这幅加法思路非常明显的情境图提出减法问题，既不现实，也与学生的正常思路相悖。学生年龄太小，对问题的感受强度明显弱于对图画信息的感知程度，他们还比较习惯于从图画中直接寻找信息。图中的两个部分都是可见的简单现实，即使是成人，也不会“视而不见”，何况是孩子呢？“舍近求远”地用减法去求这“显而易见”的某一部分数，显然是在为难他们。

教师对情境图的加工处理简单而有效：把可见的条件适度“遮掩”，放入“暗箱”，引导学生调动思维（而不是纯粹的视觉），逐步围绕所求问题选择正确的算法。

［问题案例 2］怎样让教学更“富有”？

苏教版课程标准实验教科书数学三年级上册“认识分数”，教材有这样一道练习题：先填一填，再读一读。（如图 1）

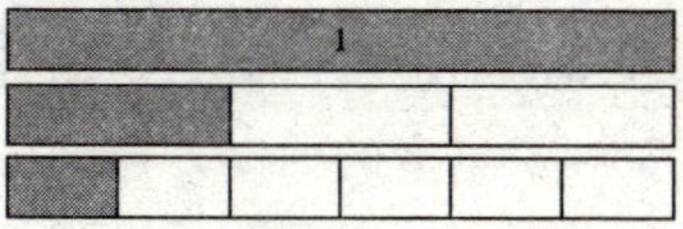

（图 1）

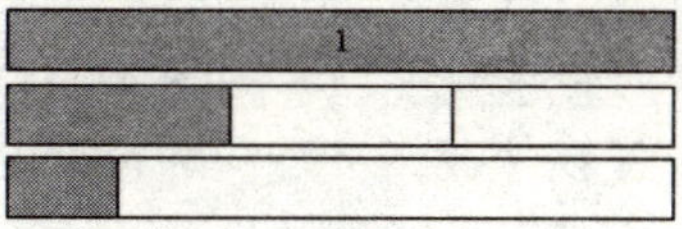

（图 2）

［改进案例 2］多一处“空白”，多一份想象

备课时，我建议执教教师思考：如果把最后一次操作中阴影部分后面的分格线隐成空白（如图 2），让学生填写阴影部分表示的分数，最后教师再添加问题“照这样分下去，想象一下，你还能得到哪些分数”。这样添加会产生怎样的教学效果？

实际教学中，由于最后一张图例中阴影部分后面已经没有了明确的分格线，学生失去了直接的参考，一些学生只能凭直觉想象阴影部分面积在整体中所占的比例来估想分数，另一些学生则能根据阴影部分面积是上面表示“$\frac{1}{3}$”的阴影部分面积的一半来判断和推想分数，然后教师用电脑验证学生的猜想。最后，学生轻松地运用发现的规律想象出后续分数。

教学中，增加教材的“空白”也是一种教学艺术。学生为了能填补这个认知“空白”，就会千方百计地去寻求解决悬念的方法，也就可能会比原来“直白”的教材表述得到更多的收获，如看得更广一些、想得更深一些、做得更多一些。教学的“空白”，给了学生自由呼吸的“空间”和

“空气”。

[参考案例 1] 数学“分数初步认识”

“分数初步认识”的建构性理解活动设计：发给学生图形，问学生能否用分数表示黑色部分；如果要用分数表示黑色部分有什么办法。

事实上黑色部分占整个图形的$\frac{1}{4}$，但没有像教材那样把平均分的现实明显表示出来。按照学生对分数意义的表面理解，没有把整个图形明显地平均分，是不能用分数表示的。如果学生回答能用$\frac{1}{2}$表示，则表示学生连“事实性水平”也未达到。所以这个活动的设计一方面是进一步引导学生把握分数的实质，另一方面是着重引导学生经历“综合应用与创造”的过程，把看似不可能完成的任务，通过分析猜想、折叠验证，变为表达的可能，进而达到对分数认识的建构性理解水平。

由于教材编排的需要，概念的内涵与外延都是以“常态”的外在形态呈现，尽管教师在“常态”的情况之下安排了丰富的活动，但指向真正理解概念的途径还是比较单调的，有时还会出现“欲速则不达”的情况。因此，我们在充分考虑到概念的表象建立和概念的归纳抽象后，还应尽量地打破学生的认知平衡，实施对概念本质属性的二度开发，变“不可能”状态为“可能”形态，那样，学生建构概念就有了比较真实的“过程”。

空白处理不仅能够检测出学生的实际学习水平，而且还能帮助学生更好地理解知识和掌握知识。具体而言，这种教学功能体现在以下“遮”出来的精彩：

1. 可以“遮”出对过程的充分体验

[参考案例 2] 数学“除法的初步认识”

（学生分成若干小组，每个小组准备了一个装有 10 多根小棒的不透明布袋和三个筐）

师：（提着装有小棒的口袋）现在，请同学们把这些小棒放到 3 个筐中，每个筐里的小棒要同样多。

师：想想看，每次拿出几根？

生：3 根。

师：为什么？

生：因为有 3 个筐，一个筐中放 1 根。

生：这样3个筐里的小棒就一样多了。

生：每次都这样拿，最后才能保证3个筐里的小棒同样多。

众所周知，“平均分”的概念是建立在操作基础上的。很显然，这个概念的获得不可能一蹴而就，必须通过若干次“同样多”分法的外部体验，逐渐形成表象。实际上，只有看不到总数的时候，学生才能严格地按照“平均分”的要求去操作，这也是与除法的“原始意义”“■－3－3－3－3”的算法相对应的。更妙的是，如果最后剩余物不够平均分了，那就为“有余数的除法”埋下了绝好的伏笔。

2. 可以“遮”出对难点的成功化解

[参考案例3] 数学“两位数减两位数的退位减法”

两位数减两位数的退位减法有两个难点：一是个位不够减，需要从十位借1作十，与个位上原先的数合起来再减；二是十位上的数因为“退位”的缘故，已经发生了变化，学生却因体验不深而忽略。以“63－45”为例，虽说有小棒操作与计数器演示，但是抽象成纯数字的竖式之后，还是有学生错把个位算成了“5－3”或“10－5”，也有学生仍然对十位上被“借”1的事实视而不见，十位上的差就被多算了“1”。

教师先是借助小棒和学生一道弄明白了“个位不够减，需要从十位退1”的算理，然后，出示十位被遮住的竖式：

$$\begin{array}{r} \square\ 3 \\ -\ 4\ 5 \\ \hline \end{array}$$

生：这题不好算啊！十位上的数是几呢？

师：那我们就先解决个位上的问题，再来揭开十位上的“谜”。

（学生事先经历了一组这样的竖式个位上的计算，对“退一作十”有了比较深刻的体验，比较顺利地说出差的个位上是13－5=8）

师：（揭去题目中“遮”在被减数十位上的卡片）现在，请把这道题做完。

……

遮住“十位”，确保学生能够把精力聚焦于个位，根据个位上数的特点解决“是否退位”的问题，再由此推及十位上数的运算，学生思路清晰且有条理，同时，对“从个位算起”的运算顺序也起到了强化作用。

我们还可以拓展一下，不仅仅把被减数的十位遮住，减数的十位甚至被减数的个位都可以“遮一遮”，这时题目就变成了具有逆推性的还原问题，题目的思维含量更高，更具有挑战性。

实践证明，难点集中，$1+1>2$；反之，巧妙地“遮一遮”，将难点各个击破，则 $2-1<1$。

3. 可以“遮”出对本质的深入探究

［参考案例 4］ **数学“统计”**

出示：某班有男生■人，平均身高 140 厘米；女生■人，平均身高 142 厘米。全班学生平均身高是多少厘米？

学生尝试解答，交流中引起争议，大致有以下三种意见：

A：$(140+142)\div 2=141$（厘米）。

B：缺少条件，不能解答。

C：全班学生平均身高在 140～142 厘米之间，但是不能确定。

经过讨论，全班逐渐形成一致意见——C。

接着，教师出示思考题，将学生思维引向“纵深地带”：

（1） 为什么选 C？

（2） 补充什么条件就能求出全班学生的平均身高？

（3） 在什么条件下，A 也是正确的？你能举例证明吗？

如果告知具体的人数，学生会毫不费力地求出全班学生的平均身高，但显然会淡化对“平均数”本质意义的深刻理解。“遮”住了具体的人数，学生对平均数的体验才变得实实在在，由原来的“套公式”计算，变成了现在的结合实际主动探究。

此外，除了上述把静态的教学对象进行“挖空”处理之外，我们还可以像下面案例那样把教学材料动态处理，在“置空”中让学生更加注意教师意中的教学对象，从而导入教学。

［参考案例 5］ **数学“三角形的认识”**

“三角形的认识”课首，我设计了一个“考眼力”的游戏活动：多媒体呈现一个长方形、一个正方形、一个平行四边形、两个三角形、一个圆等平面图形。第一次，画面停留几秒后隐去，我提问：“这些图形中什么图形的个数最多？”学生回忆后回答：“三角形个数最多。”第二次，画面刷新后再次隐去，我提问：“这次少了什么图形？”学生回忆后回答：“少了三角形。”

案例中，学生在第一学段已经初步认识了三角形等平面图形，在四年级对三角形的后继教学中，为了更好地衔接前后知识，教师独具匠心，巧妙地创设了一个“考眼力”的游戏活动，让学生在比较性想象中浮现三角形的表象，比较自然地勾连了旧知，又延续了新知。这种“即现即逝”的用眼技巧，突出了对学习对象的引入功能。

[参考案例6] 数学“用字母表示数”

师：这是一个神奇的数学魔盒。（课件出示数学魔盒）你从左边任意放进一个数，经过魔盒的加工马上可以吐出另外一个数。

（学生个个跃跃欲试）

生：我想放进5。

（教师输入5，伴随着神奇的乐声，魔盒吐出了10。顿时小手如林）

生：我放进去20。

（有学生小声猜测：40。魔盒吐出40，引起一片欢腾。几乎全班起立举手）

生：我想放进去1000。

（更多学生大声说：2000。魔盒吐出2000，又是一片欢腾）

生：1.5。

（在魔盒吐出答案之前，几乎全体学生喊出来：3）

师：好像已经有人发现了魔盒的秘密。

生：出来的数是进去数的2倍。

（教师引导学生验证并用算式表示结果：5×2，20×2，1000×2，1.5×2）

师：同学们，如果我们接着玩下去，出来的数和进去的数还会符合这样的关系吗？那你们能不能用一个式子概括出这种关系？

（同桌交流，小组讨论后汇报）

生：$a\times2$。a代表的是放进去的数，$a\times2$表示出来的数，因为出来的数是进去数的2倍。

师：说得真好，$a\times2$这个式子不但可以表示出来的数，还能看出出来的数是进去的数的2倍。

（随着神奇的音乐，魔盒被缓缓打开，里面赫然装着$a\times2$）

师：（小结）在这儿，我们看到进去的数在变，出来的数也在变，但$a\times2$所表示的关系却始终不变。正如科学家开普勒所说——数学是研究千变万化中不变的关系。

“用字母表示数”是学生由“自然语言”向“代数语言”过渡的起始课。让学生理解含有字母的式子既可以表示数量间的关系，也可以表示一个结果，是本课教学的难点。

“数学魔盒”能同时承载数学的抽象和儿童的“游戏冲动”，让孩子学得既轻松有趣又不脱离本质，魔盒机关的“看不见”反而让学生对其中的变化本质看得更清楚，学生发现并揭示魔盒秘密的过程其实就是数学模型构建的过程。

[参考案例 7] 过后即逝的板书

一所穷山村里的学校，有一天上课时，老师发现没了粉笔，来不及买。这位老师当时灵机一动，就用手指蘸着杯子中的清水在黑板上写字，讲解题目。因为黑板上留下的水迹很快会消失，学生也就看不见之前写在黑板上的内容，所以不得不随时记录或即时记忆。一节课结束，重要的知识都已经留在了学生的笔记上和脑海中，学生也不再像以前那样在课后才整理知识，慢慢地消化知识。结果，老师发现用水板书的教学效果要远胜于以前，于是就不再买粉笔，而坚持用水代替粉笔来板书进行教学。日久天长，这个学校学生的记忆能力练习得非强，山里飞出了比以前更多的“金凤凰”。

上述故事中，教学质量的提高竟然是因为教师在教学时用清水代替粉笔进行板书！这让学生在很短的时间内因为水迹的消失而看不见板书内容，就迫使学生必须集中注意，专心致志地记录和记忆板书内容，从而提高了教学的即时效果，最终成就了学生的一生。

这种“遮”的教学技术还可以像下面案例那样用一张纸的正反面，让男女学生分别睁眼和闭眼看到同一张纸的不同的面的情况，在独特的视觉效果中导入知识教学，这样的效应别有一番风味。

[参考案例 8] 教学“面积单位”

教学“面积单位”时，我出示了一张长方形纸，先让女生闭上眼睛后男生观察画有（6×3）18 个方格的纸的一面，然后让男生闭上眼睛后女生观察画有（4×2）8 个方格的纸的另一面。男生和女生在汇报这个长方形的面积时，结果不一样。我趁机展示长方形纸的两面，学生恍然大悟，随之隆重推出统一的面积单位成了学生“心的呼唤”。

案例中，教师利用长方形纸的两面，人为制造了男生与女生看到的“相同的事物不同的结果”的现象，之后产生“两面派”的局面。教师在学生各执一词的争执中魔术般地揭示谜底，使学生明晰问题的症结所在，全体“表决通过”教师提出的“统一大业”。这种“半闭半开”的用眼技巧，起到了“抛砖引玉”的作用。

二、让学生在“看不见”中看得更多

曾经在杂志上看到一篇题为《你也能写一本书》的文章——

国外有一家出版公司要出一本超级畅销书。为了让这本书一炮打响，他们请来策划专家出谋划策。专家出了这样一个主意：出一本书，书的名字就叫《你也能写一本书》。这本书除了封面扉页之外，里面既不印字，也不印图，全是白纸。购书者只要把自己想写的书写在上面，然后寄回公司，公司将会派专人认真审阅，并从中选出几部最佳作品出版。此举一出，举国轰动。几十万册“书”很快销售一空，为公司赢得了丰厚的利润。

对教育而言，这不失为一则寓言：看不见内容却能让人看得更多，让人充分发挥想象力和创造力，自己去写，自己去想，自己去做。

在教学中，我们发现小学生对概念的本质属性的把握和理解常常会顾此失彼，缺乏系统性和关联性。有时，我们如果巧妙地隐去教学材料中部分要素，可以促使学生去思考，在力求教学材料的完整和明确中自觉梳理和解读所学知识。

[参考案例 9] 数学“小数的大小比较”

人教版教材“小数的大小比较”列表给出了 4 个学生的跳远成绩，并要求给他们排出名次，从中得出小数的大小比较方法。我在教学时，把教材中提供的表格作了如下改动——

姓名	成绩/米
小明	3.05
小红	2.84
小莉	2.[redacted]
小军	2.[redacted]

师：在学校刚刚结束的运动会跳远比赛中，（出示表格）由于记录员的失误，在成绩单上滴上了墨水。从这份模糊的成绩单上，你能获取什么信息？

生：小明是第 1 名。

师：说说你的理由。

生：整数部分大，这个小数就大。

师：你的意思是说先比较小数的整数部分。如果告诉你小莉是第 2 名，她的成绩可能是多少？

生：可能是 2.85。

生：可能是 2.88。

（学生说出了一个个数据）

师：大家能不能把问题想得更全面点。

生：小莉的成绩可能是比 2.85 大、比 3.05 小的两位小数。

生：不对，应该在 2.85 和 2.99 之间，不可能是 3 点多。

师：能说说为什么吗？

生：整数部分已经告诉我们了，小莉的成绩是 2 点多，直接看小数的十分位和百分位。十分位只能是大于或等于 8，百分位要大于 4。

师：同学们同意吗？（教室里响起了掌声）来，我们移去上面的墨水，看看小莉的成绩。

（电脑显示：小莉的成绩是 2.88）

师：刚才大家的思考很有条理性，先比较的是整数部分，然后比较小数的十分位和百分位，还给出了一个范围值。但是裁判老师给出了一个信息：小军应该是第 2 名，小军的成绩可能是多少呢？

（没有学生一个个说具体答案了，大家纷纷说出了一个范围值：在 2.89 和 2.99 之间的任意一个两位小数。在同学们异口同声的回答中，我移去了上面的墨水，出示完整的表格，其中小军的成绩是 2.93）

师：现在你能排出他们的名次吗？动笔做做看。

师：通过我们的比较，你能说说怎样比较小数的大小吗？

本节课，教师对教材提供的表格进行了简单的处理，通过墨水的一"滴"一"移"，把教材提供的情境用活了，把学生拉入比赛的场地，他们的思维被激活了。小莉到底是第几名？跳了多远呢？学生带着这些问题去思考，从而感受到所学的知识是现实的、有意义的、富有挑战性的。本节课，教师引导学生自主构建了知识的模型——先比较整数部分，再依次比较小数部分。这个模型的建立不是老师"教"的，是学生在解决问题的过程中，在交流、思辨、验证的过程中自主建立的。学生经历了知识的形成过程，这样获得的知识会更牢固、更深刻。

除了上述对教学材料的同一部位进行空白处理，让学生由此自悟欲学的知识方法之外，教师还可以对教学材料的不同部位进行空白处理，让学生由此自理复习已学的知识要点。

[参考案例 10] 数学“方程的意义”

“方程的意义”教学时，在初步建立方程的概念后，教师出示一组题：(1) 8＋■＝15，(2) x÷■＝12，(3) 12×y■23.5，(4) F－■。

师：这 4 道题里的■盖住了一个数，或一个字母，或一个符号，你能猜猜哪道题是方程吗？

生 1：我能猜出第（2）题一定是方程，第（4）题一定不是方程。

师：哦，你为什么这么肯定呢？

生 1：因为（2）里■盖住的不管是“数”还是“字母”，它都含有了未知数，而且它还是一个等式，所以肯定是方程。（4）不是等式，所以一定不是方程。

生 2：我觉得（1）不是方程。因为■盖住的肯定是 7，只有 8＋7 的和等于 15。

生 3：我觉得“生 2”说得不完全对。■盖住的可能是 7，也可能是未知数，不过这个未知数的值是 7。所以，我觉得（1）可能是方程，也可能不是方程。

生 4：我同意“生 3”的想法。我还觉得（3）可能是方程，也可能不是方程。如果■盖住的是“等于号”，就是方程；如果盖住的是“＜”“＞”或加、减等运算符号，就不是方程。

师：大家说得很好。通过猜想和论证，我们发现，如果是方程需要，满足怎样的条件？

生 5：要是方程，必须同时满足“含有未知数”和“等式”两个条件。

如果出现诸如“5x＝18”等“看得见”的问题，让学生加以判断，这样呈现的信息不仅单一，而且缺乏挑战和趣味，更容易使学生形成套概念答问题的习惯，对把握概念的实质和智力活动无益。

但如果出示像“x÷■＝32”等“看不见”的问题，让学生进行猜想、论证，那效果就不一样了。首先，学生的兴趣会大增；其次，学生会在头脑中积极搜索相关概念的所有信息进行梳理、整合，然后作出合理判断，在相互交流中，对自己的思维方法及成果进行调整和完善。在此过程中，智力活动显得充盈而丰富。

除了上述在文字材料上进行空白处理之外，我们还可以像下面案例那样在实物材料上进行空白处理。

[参考案例 11] 数学“分数的意义”

如图，露出的部分是整体的一部分，猜一猜整体是什么样的，然后画出来。

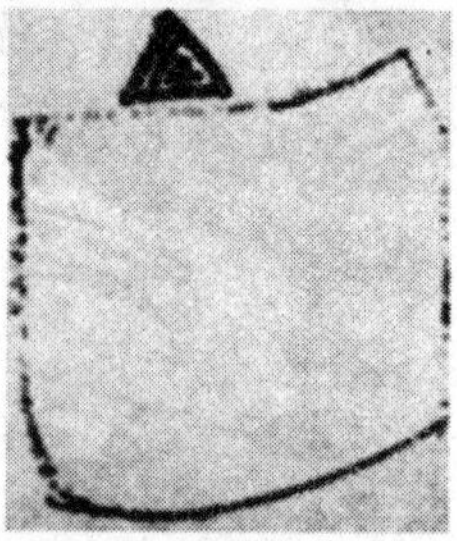

学生先想后画，教师同时指名学生在黑板上画。（黑板上的学生作品如下图）

师：猜一猜老师画的整体是什么样子。老师画得对吗？（如图）

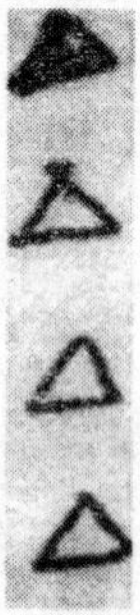

大部分学生沉默，有一学生脱口说：“不对。因为老师的 4 个三角形没有连着。”

师：（看着发言学生的同桌）你说呢？（该生没有回应。）此时教师就结合学生的座位情况启发道：你是这一排的几分之几？

生：六分之一。

师：你们并没有连着。（稍停顿）此题关键是另外 3 个是同样的三角形。

四两拨千斤，老师巧妙地解决了学生的困惑。

生：老师，你把 4 个三角形圈起来就好啦！

师圈起来 4 个三角形，又画上等分线。(如图)

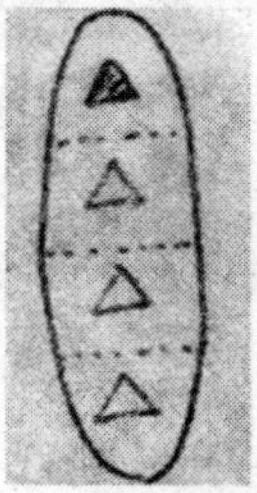

上述案例中的变式练习突出了知识的本质，由部分猜想整体的样子，加深了学生对分数本质的体验——部分与整体的关系。动手实践验证了猜想，多样化的整体图开阔了学生的视野，加强了直观表征和表象表征。

许多教学材料经过教师的空白处理，可以促使学生在“看不见”中看得更多，有利于学生发散思维的训练。然而，有些材料的呈现，在学生思绪万千中，答案并不总是千变万化的，此时教师别忘了让学生思维发散后及时聚焦，在“看不见”中看见隐藏在后面的结果。

[参考案例 12] 数学“三角形的认识”

教学“三角形的认识”时，教师们经常设计这样的环节：用纸遮住一个三角形，使其露出一角，让学生判断这是一个什么三角形。学生通过分析探讨，得出：如果露出的是直角（或钝角），那么这个三角形就一定是直角（或钝角）三角形；如果露出的是锐角，那么就无法判定这个三角形是什么三角形了。这样的设计，提高了学生学习的兴趣，使他们在“猜一猜”中深刻认识到三类三角形角的特征，效果显著。

但这一环节能否再往更深的层次去考虑，再向前迈一步呢？一节研究课让我深受启发。

在学生判断只露一个角的三角形是什么三角形后，老师出示露出两个锐角的三角形（如图），让学生判断这是个什么三角形。学生首先是根据三角形的三个角的特征来考虑，他们认为，每类三角形都有两个锐角，所以无法判定这个三角形属于哪一类。

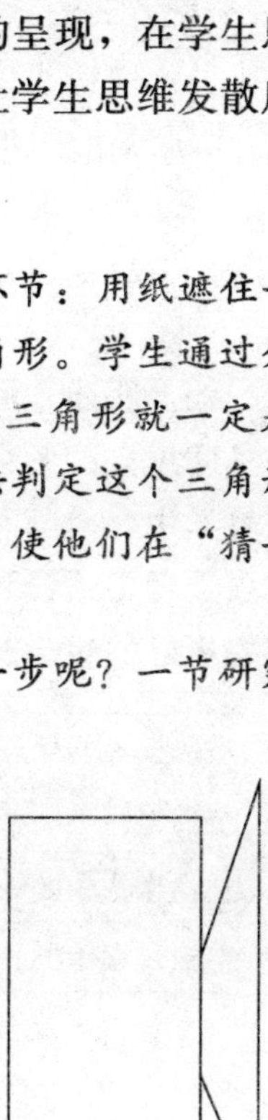

老师对学生的这种分析给予肯定，并启发他们继续观察，看能否判定是哪类三角形。这时学生的思路不再

拘于“三角形三个角的特征”上，而是结合具体的图形观察、思考。立刻有一些同学判定它是一个钝角三角形，把遮住的那个角的两条边延伸就能发现它是个什么角了。

在教学中，要更多地让学生去寻找解决问题的途径，运用多种感官去参与学习、体验知识。我们如果能像教例中的执教者一样，往深层次去考虑，在原来较成功的教学设计的基础上，向前再迈出一步，挖掘出培养学生能力的素材来，就能更上一层楼，站得高、看得远。教学的进步有时往往只在于你进了那么一步。

开发教材资源的途径很多，其中，“小处着眼、大处着想”，充实和放大、做强和搞活教材细节，就是一种应该倡导的研究视点。也就是说，在新课程理念下的“钻研教材”不是只要领会教材的编排意图，而是还要创造性地使用教材：教师能够透过一个“点”，串联一条“线”，凸现一个“面”，赋予教材细节更深的知识内涵和更广的发展空间，使之能够生发“以小见大”的效力。以关注教材细节处理的“微格”艺术来圈点教学，理应是一项切实可行的课堂教学的评价内容。

眼睛是心灵的窗户。在教学中，教师不妨对提供的视觉对象进行趣味性的、动态化的、挑战性的、立体化的技术处理，让学生在不放松自己的眼睛、不局限自己的眼睛中，能有所作为，从而把眼睛擦亮。

综上所述，面对聪明学生的一些行为表现，在教学时，聪明教师的做法是通过自己的行为改进，把学生教聪明。其中一种教师的行为改进就是在教学中，教师有时不必把教学材料完整呈现或完全呈现，而是适当进行空白处理，这样可能促使学生在“看不见”中看得更清、看得更多，从而获得更好的教学效果。此时，教师可以参考以下研究路线：

空白技术的处理方法	空白技术的处理效果	空白技术的处理目标
空白整体中的一部分	增加神秘效果	训练学生的判断能力
空白事物中的一方面	增加冲突效果	训练学生的质疑能力
空白过程中的一时段	增加紧张效果	训练学生的记忆能力

教师：
拓展融合，延伸学生的视线

聪明学生不愿意孤陋寡闻，当面对一件事物、一篇文章、一道题目时，常常会产生超越教材、超越学科、超越知识的联想——

教师都希望自己的学生具有宽广的知识面和深刻的洞察力，而要达到这样的目标，除了学生的主动追求之外，也离不开教师的积极努力。新课程强调教师是课程资源的开发者，因此教学中需要教师对教材进行创造加工。教师要在深刻领会教材的编写意图、发挥教材功能的基础上，根据教材内容的特点、学生的接受程度、心理需求和实际情况变通教材，在教学中创造性地使用教材，对教学内容进行有效的拓展和融合，使学生因知识的拓展融合而有所收获，更好地在教学中发挥教师的引领作用。

一、对内搞活，实现知识的举一反三

曾经在杂志上看到一篇题为《你不只一种用途》的文章——

一位名叫普洛罗夫的捷克籍法学博士对美国圣·贝纳特学院毕业的学生做了一个问卷调查，内容为“圣·贝纳特学院教会了你什么”。几年中，他共收到3756封回信，百分之七十多的学生回答说，知道了一支铅笔的用途。

这个答案让普洛罗夫博士感到很意外，也很费解，一支铅笔能有什么用途呢？竟让如此多的学生念念不忘。

带着这个疑问，普洛罗夫博士走访了纽约市最大的一位皮货商。这位

皮货商告诉他："贝纳特牧师教会了我们一支铅笔的用途。起初我以为铅笔只有一种用途，那就是写字，但后来在贝纳特牧师的引导下，我发现，原来铅笔有很多种用途。比如，用铅笔做生意，可以获得利润；用铅笔作礼物，可以送给朋友；用铅笔作尺子，可以用来画线；用铅笔作武器，可以用来自卫；把铅笔芯抽掉，可以吸管；削下的铅笔屑，可以装饰画；用铅笔段，可以做玩具的轮子；将铅笔芯磨成粉，可以做润滑剂……总之，一支铅笔可以有很多种用途，在不同的情况下，它会显现出不同的用途。其实，贝纳特牧师是为了让我们这些穷人的孩子明白，有手、有脚、有眼睛、有智慧的人，比一支铅笔更有用途，而且任何一种用途都可以使我们很好地生活下去。我以前是一个司机，后来下了岗，但现在我成了有名的皮货商。"

接下来普洛罗夫博士又走访了很多人，他发现，从圣·贝纳特学院出去的学生，无论是富裕还是贫穷，他们都拥有一颗乐观的心，都生活得很幸福，并且都能说出一支铅笔至少有20种用途。

……

面对数字"1"，有的人只能看到"一个""一只""一根"等一件事物，而有的人却能看到"一批""一群""一打"等一个整体。无疑，后者能够"看到"的更多，思维更广阔。在教学中，教师就应该培养学生广阔的学习视野，从而拥有广泛的知识面，而要做到这一点，教师就必须在平时的教学中，不能仅仅就事论事，而应该多由点及面，让学生看到与所学知识相关或相连的知识。

[问题案例1] 学生为什么看不到那儿?

期末考试刚刚结束，五年级数学试卷中有这样一题：一个梯形上底是6厘米，下底是8.2厘米，高是4.5厘米。如果在这个梯形中剪去一个最大的三角形，剩下部分的面积是多少平方厘米?

当初看到试卷时，我还暗自窃喜：这题刚在昨天讲过，学生肯定没问题。只是原来讲过的题是这样的：一个梯形上底是40厘米，下底是80厘米，高是60厘米，如果在这个梯形中剪去一个最大的三角形，剪去的面积是多少平方厘米?虽然讲过的题与考题并非完全一样，但会求其中最大三角形的面积，求剩下部分的面积应该没问题吧?批改完后查阅学生的考卷，我惊呆了：全班37人，竟有10人做错，这真是莫大的讽刺。是什么原因呢?我陷入了沉思之中。

我再次审阅卷子，发现学生主要有这样几种做法：（1）6×4.5÷2=13.5（平方厘米）。（2）先求梯形的面积：（8.2+6）×4.5÷2=31.95（平方厘米）；再求最大三角形的面积：8.2×4.5÷2=18.45（平方厘米）；再求剩下的面积：31.95−18.45=13.5（平方厘米）。（3）和方法（2）相同，但算错其中的某一步。（4）8.2×4.5÷2=18.45（平方厘米）。（5）（8.2+6）×4.5÷2÷2=15.975（平方厘米）。（6）（8.2−6）×4.5÷2=4.95（平方厘米）。各种做法统计如下：

做法	(1)	(2)	(3)	(4)	(5)	(6)
人数	14人	13人	4人	4人	1人	1人

面对实实在在的数据，执教者认真反思：为什么用第一种简便算法的仅有14人，学生解决这一题的知识障碍在哪里？作为老师，在教学时，尤其是第一次遭遇这一题时我是怎样引导学生分析解决的？存在的问题是什么？

学生错误的原因可能有：（1）学生对钝角三角形的高不熟悉。如图1，学生能很容易发现大三角形的底是8.2厘米，高是4.5厘米，却不容易看出小三角形6厘米这条底上的高也是4.5厘米，因为在教材中对钝角三角形最长边上的高画得比较多。书上没有讲短边上的高这样的问题，老师可能在教学中补充，但对于学生来说，理解在三角形外面的高还是有困难的。（2）做过的题对学生解决新题既有顺向迁移作用，也有思维定式的负面影响。因为学生昨天刚刚解决过求梯形中最大三角形面积的问题，这使他们面对新问题时，首先去搜寻与旧题的共同之处，这便是他们解题的突破口，也使得他们首先想到求最大三角形的面积。（3）逆向思维、转化思想对学生来说始终是一个难点。看到求剩下的面积，学生首先进行顺向思维，想到要用原来的面积去掉剪去的面积这是解决剩余问题的基本数量关系，也是学生非常熟悉的。（4）审题和解题的不良习惯也是造成错误的原因。如第四种做法，是学生受到旧题的干扰，不细心审题造成的；而出现第五和六种错误，学生若能在解题时画一画图，即使做不对，也不会出现类似的错误。

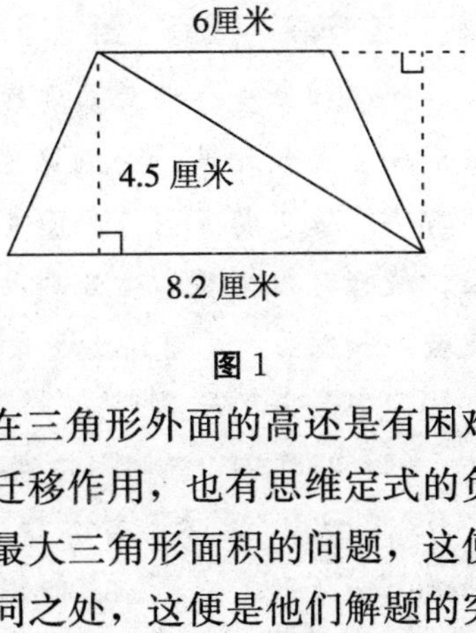

图1

这些错误能否在第一次教学时避免呢？在考前分析类似题时，教师只是就题论题，画图后连接梯形的一条对角线，也没有说明为什么这样连线可以得到梯形中最大的三角形，让学生找出最大三角形的底和高。这样，如果解一题只是会一题，那么学生的头脑中永远只是一个个知识点，永远将在题海中挣扎。如何在有限的时间内提高课堂效率？精讲精练、举一反三、教学生学会学习是每个教师做到轻负高效的第一步。就如上面这道题，教师若在教学时能按下面的方法做，也许情况会大不一样。

［改进案例］学生看到了方方面面

师：遇到这一类问题我们首先要做什么？（画图）

学生可能会出现如下画法：

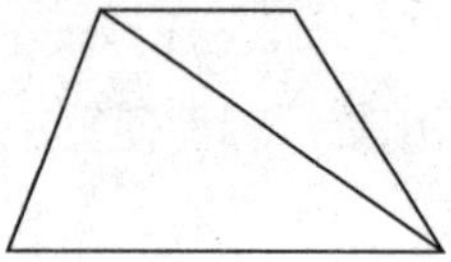

图 2

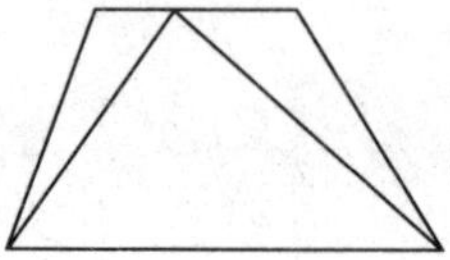

图 3

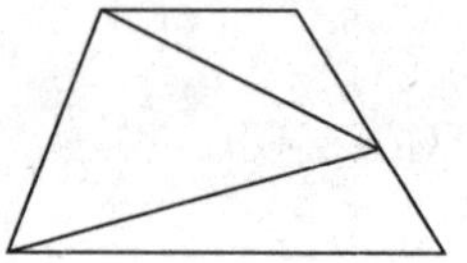

图 4

师：仔细比较这几种不同的剪法，到底怎么剪才能得到最大的三角形呢？

比较后学生会很容易发现，图 2 和图 3 得到的三角形其实面积相等，它们等底（下底）等高，但图 2 的剪法比较容易。图 2 和图 4 的比较可能会有一些困难，教师可以提醒学生分别画出同一条腰上的高，再比较。如图 5，说明只要连接梯形的对角线，就能得到梯形中最大的三角形。

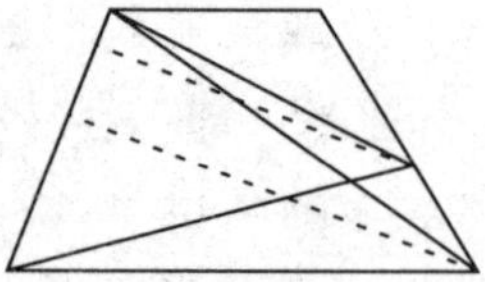

图 5

师：观察图 2，梯形中两个三角形大小一样吗？为什么？

（高相等，底不相等，说明梯形中最大三角形的面积和平行四边形中的最大三角形不一样，不能用梯形的面积除以 2）

师：怎样求最大三角形的面积？你还能提出什么问题？

（生可能会提出：剪去一个大三角形，剩下的面积是多少平方厘米？大三角形比小三角形大多少平方厘米）

师：怎么求剩下的面积？（说思路）其实就是求谁的面积？（注意比较学生方法中哪种最简便）

师：你能画一画，在图 6 中找出大三

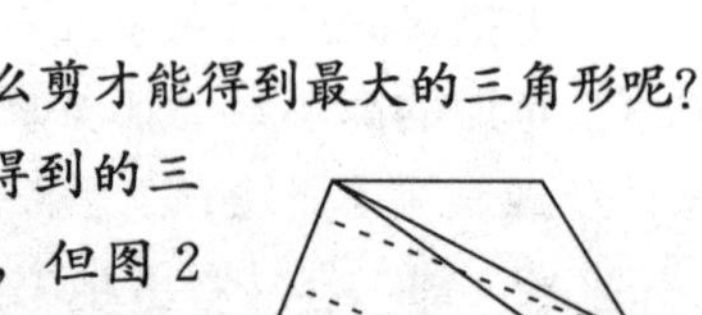

图 6

角形比小三角形面积多的部分吗？

师：这部分面积又怎么求呢？

（比较学生的方法哪种最简便）

教师如果能带着学生这样分析、理解，多思考学生解这一题时存在的困难，那他们就不仅仅是做了一题，他们对梯形中分出两个三角形的许多变化问题就能融会贯通，不至于稍有变化就手足无措。一个好教师不是教学生一道题的答案，更重要的是要有一双慧眼，发现学生思维深处存在的疑难；要有一颗慧心，教学生学会提问、学会思考、学会举一反三，将知识连成片、织成网，这才是教师要传授给学生的最重要的东西。

数学教学需要拓展融合，语文教学同样需要。在语文中，被选入课本的文章只不过是沧海一粟，鉴于此，开阔学生的视野、增加学生的文化积淀，是语文教学不可推卸的责任。教学中我们要从教学内容的“点”想开去，触类旁通、举一反三，拓宽学生的知识领域。

[问题案例 2] 老师的答案为什么只能有一种？

前不久，为六年级学生解答一道配套练习中的作业题时，感触颇多。这道题目是这样的：你答应小明一起去看电影，你应该及时去找他。题目的要求是：加上恰当的关联词，把两句话并成一句话。我和学生商量后这样解答：如果你答应小明一起去看电影，就应该及时去找他。因事实还没有发生，所以我把它看成是假设关系。

第二天，学生满脸怨悱地带着一个红叉回来，颇不信任地责怪我指导错了，说应该答成“既然你答应小明一起去看电影，就应该及时去找他”，回答成承接关系，把它看成是既成事实。

我一时语塞，仔细研究这道题目，发觉这道题目其实是道多解题。我就拟了以下几个答案，叫学生带去给老师看：（1）因为你答应小明一起去看电影，所以应该及时去找他。（因果关系，前因后果式）（2）之所以你应该及时去找他，是因为你答应小明一起去看电影。（因果关系，前果后因，语序也做了调整）（3）只要你答应小明一起去看电影，就应该及时去找他。（必要条件关系）只要语意能够成立还可以找一些答案。

学生回来，说老师说的答案只有“既然……就……”一个，听标准答案，还是听你的？我愕然！深深感到现在小学这种浓厚的应试教育观念，已严重地制约了学生的发展。

学校教育事关未来，教学应以发展学生思维能力为主要目标，培养开拓创新、独立思考的人才。但在实际教学中，教师却往往屈从于应试、屈服于分数，为了分数常常不经意地抡起大棒，轻易地斩断孩子们稚嫩的思维触角，扼杀孩子思维形式的多样性，迫使学生唯教科书、唯考试答案是从，而不敢越雷池一步。久而久之，很容易将孩子们本来很活跃的思维固化在应试教育的范畴中，强化了思维的惰性。有时老师埋怨孩子不肯动脑筋，实际上是老师的不当教育使学生形成了思维的依赖性。由此可见，教学的灵活才能造就学生思维的灵活。

在词语教学中，仅课文中学到的几个词语已远远不能满足学生的需要。因此在教学中就要融会贯通，将知识串联起来学习，起到事半功倍的效果。现在教材的编写也注重了这一点，像语文课本练习中的成语串就是一个很好的例子。除此之外，我们在教学词语时也可做到知识的串联。例如，《黄鹤楼送别》一文中我们学习到一个词语“饮誉天下”，教学时我们就可以引导学生说出还有哪些词语也表达了这一意思。学生就会同时学会“名扬天下”“誉满全球”“驰名中外”“举世闻名”等相关词语。学了“挠”这个字，我们还可以让学生联想到“浇、饶、绕”等相近字。

在古诗教学中，现在诵读中华经典诗文已成为一种趋势，要求学生广泛积累和背诵经典诗词。在教学中我们就可以教给学生由一首诗想开去，想到许多同类的其他诗词。例如，在教学五年级课本中的《游园不值》和《宿新市徐公店》这两首诗时，我们就可以问学生：你还知道哪些描写春天的诗？还有哪些写四季的诗？你还能想到哪些描写充满儿童情趣的诗？学习了杨万里的《晓出净慈寺送林子方》，要引导学生想到《饮湖上初晴后雨》等其他描写西湖和送别的诗。这样，学生就会把前面学过的与之相关的诗在头脑中重现一遍、归纳一遍，系统掌握，还能起到温故知新的效果。

在阅读教学中，我们小学阶段阅读课文的总量也不过三四百篇，才几十万字，这么有限的阅读材料，即使学生所有的课文都倒背如流了，也只是杯水车薪，根本满足不了学生的阅读需要。“教材无非是个例子”，我们的教材在选择上都有一定的目的性，都为表现一个主题，我们可以由此想开去。例如，学习了《海伦·凯勒》一文，我们要引导学生想到张海迪等人；学习了《司马迁发愤写史记》，想到屈原受逐而作《离骚》、孙子膑脚而作《兵法》；学习了《郑和远航》，要想到哥伦布发现新大陆、麦哲伦环球远航……在阅读教学中，不仅要引导学生想到，还要引导推荐学生去阅读与之相关的书籍。例如，学习了《赤壁之战》，我们可以设计这样的教学问题：你还知道有关三国的历史故事、成语故事、歇后语吗？《三国演义》是我国四大古典名著之一，你还知道其他三大名著及作者吗？大家回家去阅读有关书籍，如《三国演义》《新编成语故事》等，过几周我们举行读书汇报会。再比如，学习了《卖火柴的小女孩》一文后，我们可以这样拓展提问：《海的女儿》是出自《安徒生童话》还是《格林童话》？……一个个问题的提出，激发了学生阅读这些好书的兴趣，家长们也因此乐开了怀。

[参考案例 1] 语文《荷花》

一位教师在讲《荷花》这篇课文时，尝试把朱自清先生的《荷塘月色》中的有关内容融进朗读教学中，让朱自清的语言来丰富、提升课文的语言。在两篇文章的融合朗读中更好地实现"悟文品字"，让学生同时感受到叶圣陶、朱自清两位语言大师的语言魅力，为课文朗读注入活力元素。

男生读《荷花》中的句子	女生读《荷塘月色》中的相关句子
荷叶挨挨挤挤的，像个碧绿的大圆盘。	曲曲折折的荷塘上面，弥望的是田田的叶子。叶子出水很高，像亭亭的舞女的裙……叶子本是肩并肩密密地挨着……
白荷花在这些大圆盘之间冒出来，有的才展开两三片花瓣；有的花瓣全都展开了；有的还打着花骨朵，看起来饱胀得马上要破裂似的。	层层的叶子中间，零星地点缀着一些白花，有袅娜地开着的，有羞涩地打着朵儿的；正如一粒粒明珠，又如碧天里的星星，又如刚出浴的美人。

让学生用上《荷塘月色》里的"羞涩、袅娜"甚至自己的创造来形容课文描写的这些"才开的""全开的""没开的"不同姿态的荷花，荷花是不是更见风致了？这该是多么美妙的品味感悟啊！这种融合式的朗读可以使朗读从浅层次的状态转入美的意境中去，转入美的体悟中去。

二、对外开放，实现知识的移花接木

面对这样一道题目："树上有 10 只鸟，用枪打掉 1 只，树上还剩多少只鸟？"如果只是把它看做一道简单的数学题，那么许多人会用"10－1＝9"解答；而如果一个能够跳出数学学科且能联系生活实际的人，做这样一道简单的数学题时可能会想到“树上有 10 只鸟，用枪打掉 1 只，另外 9 只也跑了”这样与众不同的答案，你能说这个答案错吗？

如果是一个商人来看这样的题目，他们可能想到的是，经营任何一项事业，其实都是在经营人脉，每一位顾客在消费时的感受，会在自己的亲朋好友中互相传递，并且影响着他们。松下幸之助曾经说过：“为一个顾客衷心服务，你肯定会获得 100 位新的顾客。”同样道理，得罪了一个顾客，也即意味着得罪了一大批潜在的顾客。由数学想到人学，这种想象力是多么巧妙！

所以，我们在教学中不能总是简单地把知识抽筋剥皮，去掉知识在日常生活中各种各样的外衣，只剩下纯粹知识化的外壳，让学生进行专“心”学习和专“题”练习。殊不知，学生这样“孤陋寡闻”式的学习和练习，最终获得的只是“解决问题”的科学知识，而不是“问题解决”的学科知识。因为作为科学的知识更注重知识的抽象性，为解决高深问题作基础；而作为学科的知识更注重知识的具体性，为解决实际问题工具。

[原有题目]

人的体重与血液之比大约为 13∶1，身高与脚长之比大约为 7∶1，说说题目中各比的意义。

[改编题目]

一个小区发生了盗窃案，经过侦查，警方在案发现场发现罪犯的脚印，长 24 厘米，并且抓获 3 名嫌疑犯，3 人拒不承认。警方进一步了解，获得 3 人档案：

王某：体重 63 千克，身高 173 厘米，自行车修理工。

李某：体重 56 千克，身高 168 厘米，某厂临时工人。

张某：体重 69 千克，身高 165 厘米，无正当职业。

研究表明，人的体重与血液之比大约为 13∶1，身高与脚长之比大约为 7∶1。

根据以上资料，想一想，谁的嫌疑最大？

原题只是考查学生对题中两个比的意义的理解，而改编题加入了鲜活的生活情节，不仅视觉冲击力强、吸引学生的眼球，而且思维冲击力强、活络了学生的脑筋，它需要学生根据犯罪嫌疑人的脚长与案发现场的脚印长度的比率作出判断，还要联系自己的生活经验，结合三人的工作情况进行判断。这样，学生不再是为了做题而做题，而是赋予了其实用意义。

上述与生活联姻的做法在教学的各个环节中被教师运用。例如，一位教师在教学“乘法练习课”的课首，先让学生看“上海自来水来自海上”，这句话从前往后和从后往前读是一样的，这样一来就让学生感到很来劲，当学生兴趣正浓的时候，老师不失时机地把这种现象引入教学任务中来，出示12×42和24×21、31×26和62×13，先让学生估算一下这两组算式的结果是否相等，并说说自己估算的理由，估算后再让学生想办法验证一下，在计算证实刚才的估算后让学生再猜想其中有什么规律。

这样的练习课，教师同样追求一种教学目标的实现，但是不同的是教师没有让学生感到枯燥乏味，相反学生的学习热情是高涨的，这是因为在教师的眼里，学生是一种超越了知识、超越了书本上的习题的存在。如果用这样的眼光来看待教学是否有效，就不仅只是关注事实，更要关注价值了，而关注价值就需要关注学生的情感。

又如，一位教师在教学“年、月、日”课尾，设计了这样一道练习：

下面节日同在大月的一组是：

A. 劳动节　建军节　　B. 儿童节　国庆节

C. 元旦　教师节　　D. 妇女节　清明节

这一题不仅检测了学生对“年、月、日”的知识，特别是对一年中有哪几个月是大月的了解，还借助于全年中的一些重大节日这一背景，介绍了这些重大节日的由来，检测了学生对社会知识了解的程度。

知识在教学中虽然分科，但在生活中却是不分家、不分人，真实、平常的知识形态是具体的、原汁原味的而非抽象的、分类的，是广域的而非限定的。我们每一个人在处理日常事务时常常会综合运用各种知识方法，在追求专业发展时也常常会跨入其他知识领域，如杨振宁的古诗词功底非常深厚、爱因斯坦的小提琴拉得十分好。又如，写出了《战争与和平》《安娜·卡列尼娜》《复活》的文学大师列夫·托尔斯泰，就是一位水平颇高的数学爱好者，而且他还曾将数学问题与自己的小说《一个人需要很多土地吗》的创作结合起来，极其巧妙地运用数学知识，对贪婪的主人公进行了绝妙的讽刺——

主人公叫巴河姆，他遇到了一个奇特的卖地者：不论是谁，只要交1000卢布，就可以在一天之内，从草原上的起点出发，走到太阳落山，只要在天黑之前回到出发点，那么他所走过的路线所围住的土地，就是他的，如果没到出发点，就一点土地也得不到，1000卢布就白扔了。巴河姆交了1000卢布，天一亮就开始大步地走，他先沿一条直线走了10俄里，然后左拐弯90度，又走了相当一段距离，再次向左拐弯90度，走了2俄里，这时他发现天色已经不早，于是向着出发点狂奔起来，跑了15俄里之后，他终于赶在日落时刻一脚踩上了出发点，但这时巴河姆两腿一软，栽倒在地，口吐鲜血，一命呜呼了。

小说实际上出了一道并不难的几何题：巴河姆走的路线构成了一个上底为2、下底为10、斜腰为15（单位均为俄里）的直角梯形，这个梯形的周长是多少？面积又是多大呢？初中生应该会算，只是高需要求一下（运用勾股定理）。结果是，巴河姆如果不死，他可以得到约86.72平方公里（约合13万亩）的土地！这就是贪婪者的下场。

然而，托尔斯泰一个用意更加深刻而巧妙的“扣子”还隐藏着——如果你计算一下这个直角梯形的周长，会得到39.7俄里的结果，而按照俄里与公里的换算比率，这个距离恰好是42.195公里！这不正是一个马拉松的距离吗！当年古希腊那个士兵是从马拉松平原跑回雅典报捷，喊了一声“我们胜利了”然后累死的，现在巴河姆也是跑了这样一个距离后累死，文学大师的巧妙构思可见一斑。

如果你是一个爱动脑筋的读者，可能会想到，巴河姆如果不跑这个直角梯形，而是用别的什么路线，应该可少走很多路而同样得到这么大片的土地，还不至于累死。是的，同样的面积，用什么图形圈住，可以周长最小？这是变分法问题，属于高等数学了。类似的还有，用什么形状的容器可以容纳尽可能多的液体或气体？这都属于变分法。可以证明，能圈住最大面积而周长最小的图形是圆（球形容器可以容纳最大的体积，所以存天然气的罐子都是球形，可以节省钢材）。如果巴河姆走的是一个圆，那么圈住13万亩土地就只需走33公里左右，少走9公里，他完全不会累死。

上面举了一个文学中有数学的例子，只是想说明学校教学中的许多学科知识是可以彼此相通、彼此整合的。加强各学科知识之间的联系，教师不能仅仅拘泥于一种方式，而要从立体的、多维的角度把握教学内容与各学科之间的关联，注重知识的重组和综合运用，真正使学习成为学生益智、长知、陶冶情操的有趣活动。所以，教师要敢于打破学科间的壁垒，加强学科之间的联系，为学生进行问题解决提供广阔的文化背景，使学生从学科联系中吸收丰富的营养，促进学生的多元发展。

例如，一位老师教《长征》一文，这是毛泽东主席为庆贺红军二万五千里长征胜利写的一首七律诗。这位执教老师的语言富有激情，加上指导到位，因此学生学得兴趣盎然。不过，这堂课的闪光点还是教学中相关知识、能力的拓展。在听课教师看来，这哪是在学习诗歌，分明是在举行才艺表演。学生们有的尽情地讲述一个个感人的故事，有的饶有兴趣地唱起了《长征》改编的歌曲，有的拿起画笔画下了一幅幅有关长征故事的画面，有的则干脆背起了毛主席其他著名诗词，如《菩萨蛮·大柏地》《沁园春·雪》《卜算子·咏梅》，等等。我想，如果这位老师没有设计这相关知识、能力的拓展环节，这堂课又怎会如此精彩?

又如，有一位语文教师将莫比乌斯圈这一神奇的数学现象“搬”到了作文课堂上，并引导学生由“莫比乌斯圈”想开去；还将一个个有趣的科学实验搬到作文课堂中，引导学生谈谈大自然的奥秘……在这样的作文练习中，除学科知识内容之间的渗透外，还巧妙地进行其他知识的渗透，这会使学生在不知不觉中获得更多的知识，使之视野更开阔、思维更灵活自由，为全面提高学生素质打下良好的基础。

[参考案例 2] 作文《寻找妈妈的寻人启事》

作文课上，老师教完了应用文写作后，当场给学生们布置了一个题目：假设自己的妈妈丢了，请每一个人写一则寻人启事。老师还给每个同学发了一份寻人启事样本，大家可以照葫芦画瓢，但是，里面的内容必须根据自己母亲的真实情况撰写。

同学们似乎还没有反应过来，面对着寻人启事样本，一时都不知道该如何下笔。见同学们都没什么动静，老师说：“这样吧，我再讲一遍寻人启事的要点，大家一边听一边写。首先，写下丢失人的姓名。”

大家埋头在纸上写了自己妈妈的名字。

老师说，“性别。”

“女。”大家刷刷写下。

“丢失人年龄。”老师的话音刚落，班级里就炸开了锅。有人说，我妈好像 42 岁了吧。有人说，我妈妈从来没告诉过我她多大啊。有人说，我今年 14 岁，我妈妈该有 39 岁了吧？几十个同学，竟然没有一个人能够准确地说出自己妈妈的年龄。

老师摇摇头说：“年龄先空着吧。下面是最重要的部分，请写出丢失人的体貌特征。”

“我妈妈特别爱唠叨……”“我妈妈很勤快，每天都要洗很多衣服，还要做饭、搞卫生……”“我妈妈总是要管我，连电视都不让我看，说我浪费时间……”“我妈妈最疼我了，有什么好吃的都留给我……”大家七嘴八舌，似乎对自己的母亲很了解。老师打断了大家的话：“同学们说的，也许是你母亲的特点，但是，现在请大家写的是母亲的体貌特征。比如，脸上有颗痣、手背上有道伤疤、腰杆有点弯曲什么的。”

同学们停止了议论，歪着脑袋，努力回想着妈妈的形象。每天都见到的妈妈，到底有些什么体貌特征呢？脸上有没有长痣？好像是有的，但想不起来在哪儿了。妈妈干活时，经常会受伤，可是，哪儿留下过伤疤？倒真的没注意过啊。妈妈的腰杆这几年确实有点弯曲了，总是直不起来，可能是太累了的缘故吧？可是，好像每个人的母亲都是这样的啊，这也算是体貌特征吗？同学们勉强写下了几个特征，既像是自己母亲的，又不太像。

老师说：“请同学们再写下，今天，妈妈穿的是什么衣服和鞋子。如果妈妈真的丢了，那么，最后离开家时穿的衣服，将是很重要的鉴别辨认依据。”

班级里再次炸开了锅。穿着干净、漂亮衣服的同学们，叽叽喳喳地议论开了。哪个同学早上新穿了一双运动鞋，大家立即注意到了；最喜欢的那个电影明星喜欢穿什么样式、什么牌子的衣服、大家总是一清二楚……可是，早上和自己一起出门，甚至骑着车子将自己送到学校门口的妈妈，穿着什么颜色的衣服，什么样式的，却真的没有留意，从来也没有留意。

作文课彻底失败了，一个简单的寻人启事，竟然没有一个学生写得完整、准确。最后老师面色凝重地对大家说：“不是寻人启事难写，是大家对自己的妈妈根本就不关注、不了解啊！”

这样的作文课不再是“平躺”在书本里的一篇篇供学生仿照写作方法的例文，而是“屹立”于学生身边的真实生活的写照，对身边熟视无睹的人或事，通过这节作文课教师的有意安排，让学生对自己的妈妈感到既熟悉又陌生，从而设身处地地反思妈妈对自己的态度和自己对妈妈的态度，在反差中幡然醒悟。似乎这节作文课学生没有完成作文，在知识目标上似乎是失败的，但在情感目标上无疑是成功的，这样的作文课不仅仅是一节“作文”课，更是一节“做人”课。

其实，教学中的知识拓展与融合所带给学生的教益绝不仅仅这些，如可以成为学生积累知识的良好渠道，可以提高学生的竞争意识，可以培养学生收集、整理知识，使知识系统化的能力，等等。

综上所述，面对聪明学生的一些行为表现，在教学时，聪明教师的做法是通过自己的行为改进，把学生教聪明。其中一种教师的行为改进就是在教学中，教师不能孤立和封闭地看待教学内容，而应该通过知识的拓展融合，让学生看到知识更多的面貌，从而增加教学的容量。此时，教师可以参考以下研究路线：

知识拓展融合的方法	知识拓展融合的目标	知识拓展融合的节点
由外而内	实现不同领域知识的交接	在需蓄势处拓展 在需释疑处拓展 在需深化处拓展 在需升华处拓展 在需激趣处拓展 在需积累处拓展
由点到面	实现不同板块知识的焊接	
由此及彼	实现不同学科知识的嫁接	

教师：火眼金睛，让学生做一回“纠客”

聪明学生眼光敏锐、思维敏捷，喜欢给同学的学习甚至老师的教学挑刺，以此展现自己的风采——

曾经在杂志上看到一篇题为《时尚“纠客”》的文章——

赵云正在长坂坡恶战，天空中忽然出现一架直升机；曹操送给关羽的赤兔马身上惊现英文编号；刘备去参加会盟时，竟说出了一千多年后顾炎武的名言“天下兴亡，匹夫有责”。电视剧新《三国》首播后，网友马上提出一大堆问题。为消除这些“硬伤”，大导演高希希在第二轮播出前，不惜花费800万元对该剧进行修改。有人说如果早些请来赵雪把关，就不会出现这些“雷人”的镜头了！

赵雪是谁？她从事着一种新鲜的职业——每天喝着咖啡，看着尚未对外公映的影视剧，就能轻松拿到2万元以上的月薪。她有一个时尚的职业称号——“纠客”，专门给刚制作完的电影、电视剧“挑刺”，找出其中的穿帮镜头。从此，赵雪从看电影中找到另一种乐趣——纠错！

在教学中，其实学生也有着喜欢给同学和老师挑刺的强烈兴趣，特别是能够给教师指出错误，学生尤其会感到兴奋。因为平时只有教师指出学生的错误，学生只有改错的义务。

实际上，教师也经常会出错，因为教师常常需要一心多用，既要顾自己的教学进度，又要看学生的学习反应，还要想应对学生的最佳方法，于是也就常常会说错话、写错字、算错题、做错事，此时其实就给了学生给老师指错的机会，而一旦允许学生给教师指错，期间学生会伴有一种“报复”后畅快的心理愉悦感，这是平常总被教师指错而造成的心理压抑一时释放的正常心理反应，教师不必为此大惊小怪，担心学生真的在报复自己。相反，教师应该为学生在给自己指错过程中活跃的状态和良好的表现而感到高兴。

一、无意出现的错误，允许学生纠正

曾经在杂志上看到一篇题为《成功的秘密》的文章——

“先生，您成功的秘诀是什么?”记者问一名银行行长。

“正确决定。”行长回答。

“那么，您如何作出正确的决定?”记者又问。

“经验。”行长回答。

“那么，您是如何得到经验呢?”记者又问。

“错误决定。”行长回答。

由此可见，出现错误不可怕，可怕的是不能正视错误。在教学中，有人说，教室是出错的地方。首先，教师对学生的出错应该以平常心看待；其次，教师对自己的出错也应该以平常心看待。教师不是全才，也有自己不了解的知识，甚至有时还不如学生知道的多；教师也不是完人，有时也会出错。此时，教师可以让学生做“纠客”，发现教师的错误，并勇敢指出来。教师不能怕难为情而故意遮掩自己的错误或阻止学生指错，而应该诚恳地承认错误、虚心地接受错误、认真地改正错误，为学生树立有错就改的榜样。

1. 允许学生纠正教师未知的错误

[问题案例 1] 这样的解法错误吗?

批改家庭作业时，我发现“怎样简便就怎样算”中的一道题，学生出现了三种解法：

①$4.2\div0.3+4.2\div0.7$

$=4.2\div(0.3+0.7)$

$=4.2\div1$

$=4.2$

②$4.2\div0.3+4.2\div0.7$

$=4.2\div(0.3\times0.7)$

$=4.2\div0.21$

$=20$

③4.2÷0.3＋4.2÷0.7

＝14＋6

＝20

我很纳闷，根据这道题的特点，只能按顺序计算，前两种解法适用的运算律显然是不对的，怎么会出现如此离奇的错误呢？新授课后，我特意预留了10分钟，在黑板上出示这三种解法，准备组织学生集体讨论纠错，以便加深印象——

师：请你观察本题的特点，对这些解法作出自己的判断。

生：这道题不可以进行简算，解法③是对的。

生：除法中没有分配律，解法①是错的。

生：解法②的结果也是20，但计算过程好像有点看不懂。

师：看来大家对解法①和解法③的判断一致，对解法②还存在争议。刚才有同学说解法②的过程有点看不懂，我们还在哪里见过类似的解法呢？

生：在除法计算中连续除以两个数等于除以这两个数的积，用字母可以表示为$a÷b÷c=a÷(b×c)$。

生：可那是连续除，最后求得的是商。但这里最后求的是两个商的和，情况是不一样的，怎么能张冠李戴呢？

生：那为什么最终结果却是对的呢？

生：会不会是巧合啊？

师：会不会是巧合暂时还难下定论，但我们完全可以检验一下。

学生举例验证。

我轻松地预想结果很快就会水落石出的。谁知第一个学生汇报的检验结果就让我芒刺在背——

4.2÷0.4＋4.2÷0.6

＝10.5＋7

＝17.5

4.2÷0.4＋4.2÷0.6

＝4.2÷（0.4×0.6）

＝4.2÷0.24

＝17.5

孩子们的眼神一片迷茫：运算律明明用得不对，结果怎么又会一样呢？

我快速地检查了一下算式，计算并没有出错呀！我只好硬着头皮让其他学生继续汇报。学生分别汇报了 4.2÷0.5＋4.2÷0.5、4.2÷0.2＋4.2÷0.8 等算式的检验结果，结果仍然一样！

此时，我才意识到这肯定不是一种偶然，其间一定隐藏着一种规律……

上述案例中出现的问题，其中的道理我们不妨设被除数为 n，一个除数为 a，另一个除数为（$1-a$），那么：

$$\begin{aligned}&n\div a+n\div(1-a)\\=&n\times\frac{1}{a}+n\times\frac{1}{1-a}\\=&n\times\frac{1-a+a}{a(1-a)}\\=&n\times\frac{1}{a(1-a)}\\=&n\div[a(1-a)]\end{aligned}$$

通过演算，我们不难发现其中的秘密。这类算式与被除数无关，而只要两个除数的和为 1，上面的算法都是成立的。问题找到了，那怎样让学生摆脱认识的误区呢？他们刚学小数的四则运算，对他们讲分数运算显然不合时宜，合适的策略仍然是在举例中发现问题的本质。

［改进案例］彷徨歧路处，教学相长时

师：刚才同学们通过已有的检验，发现解法②颇有道理。但你们注意到没有，算式中的两个除数似乎是有规律的。

生：对。这两个除数相加的和都是 1。如果和不是 1，恐怕就不能这样算了。

师：你真善于观察，也敢于猜想！大家再举例试一试。

生：老师，我发现反例了。4.2÷3＋4.2÷0.7，如果按顺序计算正确结果是 7.4，而按照解法②的顺序计算，结果却是 2。

师：这些反例的发现说明了什么问题？

生：解法②只适用于两个除数相加的和是 1 的情况。

生：运算律要适用于所有情况，解法②显然不具有普遍性，所以应该算是一种巧合。

上述案例中，教师和学生一起研究解法②，经历了尝试错误——出乎意料——寻机突破——成功纠错——分享收获的一波三折的过程。与其说教师给学生纠错，不如说是学生给教师纠错，纠了教师自以为是的错。

教师如果坚持用不唯书、不唯上、只唯实的批判精神统驭教学全程，注意尊重已知而不囿于已知，研究学生而不轻慢学生，放手而不放任，希望有所超越而又不奢望毕其功于一役，时时刻刻牢记我们与学生一样都是"在路上"，这样的教学就会驶入良性循环的高速路。学生在习得基础知识、基本技能的同时，才能获得可持续发展的精神力量，这对他们未来的发展是大有裨益的。师生互教互学，彼此将形成一个真正的"学习共同体"，共同对整个成长负责。

2. 鼓励学生纠正教师已知的错误

[问题案例 2] 教学，需要吹毛求疵吗？

课上，一个学生看着老师的板书举起了小手，老师以为他争取回答问题，就叫了他。谁知那个孩子指着黑板说道："老师，你这个'冒'字写错了。"老师看了看书，不好意思地说："对不起，老师把字写错了，我把它改过来。谢谢你。"于是，老师把那个字擦掉重新写了一下。但是，老师还是写错了。我以为学生会继续告诉老师，不过，一时没有学生指出，课堂教学继续进行。

不多久，一只小手又高高举起，老师请他发表自己的意见。那个学生说道："老师，那个'冒'字你还是写错了。"老师看了看，边改正边说："不要吹毛求疵了，我们还是快点来学习吧。"听课的老师都有些惊讶。

难道学生指出老师的错误就是吹毛求疵吗？难道学生吹毛求疵错了吗？我们经常说"把错误当做资源"，难道这错误仅仅是学生的错误吗？面对教师的错误，我们又该如何对待呢？

其实当时教师完全可以把自己的错误当做教学的资源，他可以这样说："同学们，你们看，老师小时候没有看清这个字的写法，习以为常，结果错了又错。可见，一旦不好的习惯形成，要改过来是比较困难的。所以，你们一定要养成好习惯啊！那我们来看看这个字，该怎样记住？"引导学生观察，使学生明白，这个"冒"字上面是个扁扁的"日"，下面是个瘦长的"目"。教师还可以引导："帽子的帽会写吗？你们想想，一个人戴上帽子后，看上去头就比身子大了。"这样，学生在教师的自我改错中也对"冒"字印象更加深刻。

由此可见，教学需要学生对自己吹毛求疵。这样的吹毛求疵，可以培养学生大胆质疑、勇于创新的能力；这样的吹毛求疵，可以使我们的教学更完美；这样的吹毛求疵，可以进一步提高教师教学的智慧与艺术。

二、有意制造的错误，引导学生纠正

在课堂教学中常常看到这种情形：课前教师作了大量的预设，加之教师有如抽丝剥茧般的诱导，使得整堂课环环相扣，如行云流水一般没有丝毫停滞；学生在教师的点拨下，层层剥笋般地学习知识，教学过程顺畅无阻、一气呵成。这样的课表面看来完美无瑕，然而这种无瑕的教学就完美吗？至少其中时间上的“无缺”压缩了学生的自主空间，压制了学生的自主活动。另外，过程中的“无错”说明教学没有跌宕、没有坎坷、没有起伏，知识缺乏挑战性，学生缺乏战斗力。

新课程理念要求，教师要给学生提供探索与交流的时间和空间，让学生做学习的主人，亲自参与知识的建构过程。如果在课堂上过分地强调教师的导向作用，实则剥夺了学生自主学习的空间。教学机智不应只体现在充满智慧的循循善诱上，教师有时也应该做出“似懂非懂”的模样，故意“装糊涂”来诱发学生的好胜心和求知欲，从而把发现问题、发展能力的机会留给学生，教师自己则是“隐身”其中的组织者、引导者、合作者。因此，作为教师，不仅要具备“敏感”的教学智慧，更应该具有教学的“钝感”。

“钝感”不等于迟钝，它其实是一种大智，是课堂教学的一种别样机智。“钝感力”一词是日本作家渡边淳一发明的，意为“迟钝的力量”。课堂教学中的“钝感”是指教师依据教学情节，“隐退”教师指导者的角色地位，在教学过程中故意犯错误，使学生疑窦丛生，主动帮助教师“纠正错误”，从而完成对知识的建构。教师的“犯错”“不懂”“糊涂”，其真正意图在于本身不作过多的自我表露，而是引导学生主动探究。

1. 巧用钝感教学，激发学生学习

积极的情感体验，是学生主动参与探究性学习的基础。明代学者王阳明说：“今教童子，必使其趋向鼓舞，心中喜悦，则其进自不能已。”小学生具有极强的好胜心和求知欲，因此教师在课堂教学中不应该醉心于以自我表露来呈现问题的正确答案。教师“和盘托出”“倾囊相授”的做法实际上是剥夺了学生自我建构知识的空间。教师如果能把握住时机，适时导演出“这个问题连老师都不会”的一幕，则学生必然内心波澜涌动，探究兴趣和热情一下子被激发出来，为他们的主动参与课堂奠定了积极的情感基础。

［参考案例1］数学“认识分米和毫米”

一位教师教学“认识分米和毫米”一课时，进行了颇具匠心的教学设计，故设错例激发了学生强烈的纠错情感。

教师首先出示了一篇错用长度单位的日记：“清晨，我从2厘米的床上起来，拿起13米长的牙刷，挤出1米长的牙膏刷牙。吃完饭，走了90厘米远的路来到学校参加升旗仪式，看到鲜艳的五星红旗飘扬在15厘米高的旗杆上，我心里真高兴呀！回到教室，打开长24米、宽17米的数学书开始学习。”

学生看后捧腹大笑，教师故作惊讶：“老师写错了吗？错在哪里啊？你们帮老师改改行吗？”说到能帮老师改错，学生十分乐意，积极学习的情感一下子被调动起来，取得了良好的学习效果。

2. 巧用钝感教学，有效进行设疑激思

古语有云：“学起于思，思源于疑。”心理学研究表明，积极的思想、独立的活动是问题出现后才开始的。没有诱因，就没有问题的产生和发现。课堂上教师有的放矢地故设错误，可让学生疑由心生，为学生提供了讨论合作的空间，从而把错误的生成变成有效的教学资源，让错误呈现出异样的美丽。这样的“故弄玄虚”远比教师直截了当地揭示问题的本质效果好，不仅有效地促进了学生的积极思维，而且强化了学生对知识的理解。正如伟大教育家卢梭所说：“你要记住的是，不能你告诉他应当学什么东西，要由他自己希望学什么东西和研究什么东西。而你呢，则设法使他了解那些东西，巧妙地使他产生学习的愿望，向他提供满足他愿望的方法。”

［参考案例2］数学“平行四边形的面积”

教学“平行四边形的面积”一课时，我采用以下钝感机智来开展教学。我先向学生介绍了平行四边形容易变形的特点，引导学生把平行四边形框架拉成长方形框架。然后我故设疑阵，让学生用学过的知识来推导平行四边形的面积计算公式。当学生发现框架的四条边长度没有发生变化时，我故意说道：“既然平行四边形的四条边与这个长方形相等，那么平行四边形的面积也应该是长乘以宽。”接着，让学生计算出它的面积。就在学生将信将疑时，我不失时机地引导学生动手操作，让学生把平行四边形沿着一条高剪开，再将所剪出的三角形拼到另一边成为一个长方形，然后我让学生再计算长方形的面积。

结果，学生中炸开了锅："为什么计算的结果不一样?""一个图形的面积怎么可能有两个答案?"学生的质疑情绪高涨，我借机引导学生进一步认识：把平行四边形框架拉成长方形时，形状发生了变化，面积也变化了，平行四边形的高才是三角形的高呢！从而推导出"平行四边形的面积＝底×高"。教师的钝感，强化了学生的认识，促进了课堂的有效生成。

3. 巧用钝感教学，促进师生互动交流

师生互动交流、平等对话是新课程理念下倡导的一种教学方式。然而"师道尊严"的传统思想却一直束缚着学生，使得学生在教师面前不敢陈述自己的意见。教师如果以"知识的拥有者"的身份自居，课堂上过多地沉浸于自我表露以体现自己的"博学多才"时，你的"知识权威性"很容易给学生造成心理威胁，让学生认为只有教师的看法才是正确的，自己的想法多说无益，会闹笑话。这样，课堂就丧失了师生互动交流的平台。因此，教师在与学生互动交流时，要富有童真，"蹲下身子"和学生平等对话，才不会拉开两者之间的距离。教师的钝感教学，无疑为师生的互动交流架起一座桥梁。

[参考案例 3] 数学"圆锥的体积计算"

"圆锥的体积计算"一课教学时，我让学生分组试验：在空圆锥容器里装满沙子，然后倒入空圆柱体容器中，看看几次正好装满——

生：我们将空圆锥容器里装满沙子，然后倒入空圆柱容器中，三次正好倒满，说明圆锥的体积是圆柱体积的三分之一。

生：我们将空圆锥容器里装满沙子，然后倒入空圆柱容器中，四次正好装满。我们认为圆锥的体积是圆柱体积的四分之一。

师：答案怎么会各不相同呢？老师也来试试吧！奇怪，老师怎么用两次正好装满，圆锥的体积是圆柱体积的二分之一。怎么回事呢？难道书上的结论是错误的吗?

经过师生的互动交流，学生这时候才恍然大悟，原来老师制造了一个小小的"错误"，故意选用了一些高和底不相等的圆柱、圆锥容器。只有在等底等高的情况下，圆锥的体积才是圆柱体积的三分之一。

4. 巧用钝感教学，引导学生深入理解

有时，教师可以故意写错关键字词，让学生做一回"纠客"，由此引发学生热烈的讨论，为学生创设平等、民主、和谐的课堂氛围，使学生敞开心扉、畅所欲言，与教师进行真诚对话。最后在生本、生生、师生的不断交流碰撞中，使学生的个性得以张扬，使教学出现金石相击、火花迸射的精彩。

[参考案例 4] 语文《山行》

一位教师教学杜牧的《山行》这首诗，板书时将“白云生处有人家”的“生”故意写成了“深”，学生发现了这个错误并要求教师改正过来。这使一些思维活跃的学生受到了启示，随即便有学生提出：“白云生处”是指“山的深处”，这里为什么用“生机”的“生”而不用“深浅”的“深”呢？这一问题有利于引导学生更深入地理解诗意、感悟诗情，于是教师便抛开了预设的教案，索性组织学生讨论：这里为什么用“生”而不用“深”？

学生各抒己见，赞同用“深”的学生说：“有白云缭绕的地方，山一定很高，是深山老林，该用‘深’。”有的还引用了另一句诗来说明：“‘只在此山中，云深不知处’与这里的‘白云生处’意思是一样的，都说明山很高。”赞同用“生”的学生有的说：“用‘深’太死板了，白云缭绕，白云在升腾、在飘浮，好像有生命力一样。”有的说：“‘有人家’让人想到炊烟袅袅、鸡鸣犬吠，虽然是深山，但也充满生机，没有一点儿死寂的迹象。”还有的说：“作者看到深秋山林的景色那么美。霜叶比二月花更红、更艳，春天是生机勃勃，此时的秋天在作者眼里也是生机勃勃的。”“诗人笔下的秋景充满着生机，真可谓是秋天里的春天。”……

5. 巧用钝感教学，防止知识相互混淆

对于一些形近或意近的知识，学生常常容易发生混淆，为了引起学生的注意，强化学生的认识，教师有时也可以故意出错，使学生“吃一堑，长一智”，使学生在做“纠客”中记忆深刻。

[参考案例 5] 数学“分数实际问题”

教学“分数实际问题”时，我给学生留了这样一道题：取一根绳子，先截去它的$\frac{1}{2}$，再接上$\frac{1}{2}$米，绳子长了还是短了，或者和原来一样长？为了引起学生的注意，我故意加重语气说：“先截去$\frac{1}{2}$，再接上$\frac{1}{2}$米，长度应该没变，你们说对吗？”学生异口同声地回答：“对。”见他们中了我的圈套，我不露痕迹地继续引导：“那我们就找根绳子来试一试，或通过举例来算一算，看看我们的想法是否正确。”果然，没过多久，教室里就响起了一片质疑声：“老师，我们上当啦！”“老师，你骗人！”教师的故意出错，换来的是学生对问题的深刻理解与体验，这样的故意出错，值！

当然，学生除了可以像以上一些案例中那样纠正教师教学中出现的“错误”之外，还可以纠正同学甚至教材的表达中的“错误”，对此，教师可以相机引导学生进行讨论甚至辩论。

[参考案例6] 数学“比的基本性质”

在教学“比的基本性质”一课时，我引导学生对“分数、除法、比”三者概念进行分析和比较，初步了解相互间的联系和区别。通过复习分数的基本性质和除法的商不变性质，完成填空题“$4\div(\quad)=\frac{(\quad)}{20}=12:(\quad)$”，促使学生产生联想。再启发学生进一步思考：比的基本性质是什么？就这样以旧引新、循序渐进，让学生在感知理解的基础上，积累比较丰富的表象，进而产生丰富的想象，很快理解了“比的基本性质”这一概念。

此时，一位学生大声嘀咕起来：“我知道了，比与除法和分数的基本性质完全相同。”“是吗？”在这细节处，我及时组织学生再一次进行比较和讨论。讨论的场面很热烈，学生的思维很活跃。有的说，比的前项相当于分数的分子、除法中的被除数，比的后项相当于分数的分母、除法中的除数；有的说，分数、除法、比三者的基本性质内容大致相同，只是说法不一，基本性质中分数是分数的大小不变、除法是商不变、比是比值不变；也有的说、分数是一个数，除法是一道算式，比是表示一种关系；还有的说，分数的分母、除法中的除数不能为零，而比的后项可以是零。

对于最后一种说法，我有意“啊”了一声，引起了全班学生的注意，并立即产生了一场辩论。有的学生用教材中的概念进行辨析，有的学生从三者间的关系进行论理……说得那位同学面红耳赤，但他却不服输，站起来大声质问：“奥运会上我国乒乓球选手以3∶0战胜韩国选手夺得冠军，这个比的后项不是零吗？”“你真棒！敢于向课本挑战，用生活中的数学来举例说明问题，真了不起！”我及时对这位同学进行了表扬。就在大多数同学困惑之时，我又提出：“比赛场上出示的‘3∶0’，这里的‘0’表示什么？这样的‘比’和我们所学的‘比’有什么区别？”经过讲解和举例，学生彻底弄清楚了生活中的数学与课本知识的联系和区别，从更深层次上理解和把握了比的基本性质。

综上所述，面对聪明学生的一些行为表现，在教学时，聪明教师的做法是通过自己的行为改进，把学生教聪明。其中一种教师的行为改进就是在教学时，面对自己出现的错误，不必心虚、刻意遮掩，而是虚心听取学生的指错，另外还可以在知识的一些关键处故意制造错误，让学生在给教师指错中引起注意或引发主意。对此，教师可以参考以下研究路线：

出错的表现	指错的对象	对错的反应
说错话 写错字 算错题 用错法 做错事	给自己指错 给同学指错 给老师指错 给教材指错 给生活指错	找错 论错 改错 用错 防错

以“口”知思，为“聪”之本

Ba Xue Sheng Jiao Cong Ming

口——为“聪”之本。只有把知识内化后能够清晰表达的学生，才能是聪明的学生。教师应该用心倾听，让学生敢于说、把话说完、做学习的“勇士”，从而把学生教聪明。

教师：

学情调查，让学生先吐为快

聪明学生自己获取知识信息常常会跑在教师教学的前面，而这常常是教师备课时的盲点——

曾经看过这样一个故事——

数学老师问七岁的阿拉乌：“如果我给你一个苹果，语文老师给你一个苹果，体育老师给你一个苹果，你一共有几个苹果？”阿拉乌想了一会儿，十分有把握地答道：“四个！”

数学老师非常沮丧，她原以为这么简单的问题，是不会有人答错的。她想，或许是阿拉乌没有听清楚，于是她又缓慢而清楚地重复问了这个问题：“如果我给你一个苹果，语文老师给你一个苹果，体育老师给你一个苹果，你一共有几个苹果？”这一次，阿拉乌听得非常认真。

听完后，他郑重地扳着手指，将这个问题算了又算，最后有些迟疑不定地答道：“四个。”

数学老师非常失望，但她是一个非常有耐心的人，她想起阿拉乌喜欢吃草莓，于是她想，如果用草莓代替苹果，或许会让阿拉乌的注意力更集中一些。她又微笑着问阿拉乌：“如果我给你一颗草莓，语文老师给你一颗草莓，体育老师给你一颗草莓，你一共有几颗草莓呢？”

数学老师说完看着阿拉乌，她显得比阿拉乌还要紧张。阿拉乌这回很快答道：“三颗。”

数学老师开心地笑了，她的教学方法获得了成功。她循序渐进，又一次问道：“如果我给你一个苹果，语文老师给你一个苹果，体育老师给你一个苹果，你一共有几个苹果？”

阿拉乌这次回答得更快：“四个！”

数学老师惊讶得张大了嘴巴。“怎么回事，阿拉乌?!”她失去耐心了，声音中流露出不快。

阿拉乌小声答道：“因为我的口袋里已经有一个苹果了。”

从上述故事中我们不难发现，数学教师的尴尬在于事先并不知道学生已经拥有了什么，在这里，指的是已经拥有的苹果。引用到知识教学中，教师如果事先不知道学生已经拥有了什么（在这里，指的是已经拥有的知识），那么在实际教学过程中或许也会出现类似的尴尬。

对于“什么是一堂好课”的追问，我们已经从唯“本”（教教材所有的内容）、唯“我”（教教者所长的内容）、唯“他”（教教参所定的内容）走向以学生为本。新课程改革要求教师转变教学方式，树立以学生为主体的教学观念，从学生的发展需要出发，改进教学方式和教学手段。陶行知先生曾说：“教什么和怎么教，绝不是凭空可以规定的。他们都包含‘人’的问题，人不同，则教的东西、教的方法、教的分量、教的次序都跟着不同了。”因此，学校要求教师在考虑教学内容、教学策略的时候，以学生为本、以学生的学为本，做到“从教师走向学生”。那么，以学生为本的教学的起点在哪里呢？我认为，应该从教师备课先备人开始。

一、重视学生的先知先觉

如果把备课比喻成“裁缝做衣服”，那么研究学生就是“量尺寸”。现实的情形是许多教师已经注重课堂教学设计的人情化，但尽管如此，课堂教学实施中依然存在教师的教与学生的学不同步、不合拍的情况。究其原因，我们不难发现，教师在课前备课时所考虑的学生的“人情”往往是教师凭经验假设的，时间不同，场合不同，学情就可能不同，教师照搬以往对学情的经验就有可能成为“假”设，与现在学生的实际有着比较大的出入。

要真正了解自己学生的学情，是不能想当然的，教师必须走到学生中间，通过事先的调查，才能掌握学生的学习心态和学习动态，才能确定出为所教学生所“心想”的教学内容，才能制订出为所教学生所“事成”的教学方法。然而，许多教师备课时怕麻烦，只是简单地把自己想象成学生，自唱自演，形成一份教学设计，以学生为本的教学思想在此就沦为空谈。于是，在现实课堂教学中，常常会发生一些教与学之间的摩擦现象或脱钩现象，让教师措手不及或不知所措。

[问题案例] **学生为何听得头头是倒?**

一位教师在教学“分数乘整数”时，为了帮助学生理解分数乘整数的计算方法，他从培养学生迁移能力的角度设计教学：首先，通过复习整数乘法的意义，引出分数乘整数的意义；其次，通过计算几个相同分数的和的方法引出分数乘整数的计算；最后，通过教师的细致讲解使学生理解、掌握算法。

在给六（1）班上课的过程中，老师发现很多学生对这一内容没什么兴趣，对老师的讲解个个听得无精打采，课堂气氛沉闷。下课后，他找了五六个不同层次的学生了解情况，得知班里有许多学生已经知道了分数乘整数的计算方法，觉得没什么可学的，对老师的讲解缺乏兴趣。但是，也有个别学生由于课前对这一知识几乎一无所知，接受能力又比较弱，在听完老师的讲解后还是“一知半解”，对“分数乘整数的计算方法”始终讲不出个所以然来。

上述案例之所以出现“很多学生对这一内容没什么兴趣，对老师的讲解个个听得无精打采，课堂气氛沉闷”，其根本原因是教师在教学设计时纯粹闭门造车，虽然可能有时会想到学生，但更多的是凭借以往对学生的认识和心理学上的一般规律，对学生的“超常”行为，如“许多学生已经知道了分数乘整数的计算方法”，没有亲自调查。其实，学生的这种“超常”行为，在聪明的学生身上是经常发生的，有经验的教师应该考虑到这一点，在没有进行学情调研的情况下，预备另一份教案以应接学生的超前性预知。

言为心声，我们要知道学生已经有什么、还想要什么，仅仅靠教师自己暗自揣测是不行的，不同年龄的人、不同经验的人、不同个性的人、不同品质的人面对相同的事物，想到的就可能不同，而我们要知道每个人的心理活动，最简单有效的办法就是让他说出来。

知己知彼，才能百战不殆。而要真正明白学生的心理，最好的办法还是教师在备课前接触学生，通过询问或提问的方式，让学生说出自己的所有及所思，从而了解学生的学习基础和学习需求，之后设计的教学才能具有针对性，备课才能真正备到学生心里去，这样的教案才是真正意义上的学案。

在上述“分数乘整数”的教学案例中，当执教教师通过课后访谈了解学生的真实情况后，在接下来的六（2）班课堂上，就及时调整了教学策略，想方设法调动不同层次学生参与学习的兴趣。

［改进案例］学生如此说得头头是道

在通过创设情境引出“$\frac{3}{10}\times3$”之后，教师就先让学生讨论“$\frac{3}{10}\times3$表示什么意思”，结合具体情境，引导学生理解了分数乘整数的意义。接着，教师提出问题让学生先独立思考：“如何计算$\frac{3}{10}\times3$？你能试着总结一下分数乘整数的计算方法吗？你觉得同学在计算时可能会出现什么样的错误？你能讲明白正确算法的道理吗？”同时，还要求学生把自己的想法写下来。

教师在巡视时重点关注班里的几个“学困生”，对他们适时进行了提示和点拨，全班交流时，学生发言踊跃，积极阐述自己的算法。有的学生抓住分数乘整数的意义，从而将分数乘整数与分数加法的计算方法联系起来思考；有的学生利用分数单位的个数进行计算；有的从反面阐述了分母不能与整数相乘的道理——“如果$\frac{3}{10}$的分子和分母都乘3，根据分数的基本性质，结果还应该是$\frac{3}{10}$，不是3个$\frac{3}{10}$”；还有的学生转化成小数进行计算。另外，有一个学生提出与众不同的想法：“我想给大家举个例子来说明。老师拿来10支粉笔，每天用去$\frac{3}{10}$，也就是3支，三天用去9支，也就是用去这些粉笔的$\frac{9}{10}$。”……

从上述案例中我们不难看出，让学生对自己的已知已会的先吐为快的做法还有利于改变传统教学“教师讲的多，学生说的少”的顽习，对学生已知已会的，教师就可以少讲甚至不讲，或让学生（特别是一些“学优生”）讲给老师或同学（特别是一部分“学困生”）听，知识让学生讲出来远比由教师讲出来效果好得多，因为此时学生会有一种主体感和主动权，并且教师还能听到学生各种不同的想法。

二、摸清学生的先知先觉

对于诸如学生超越教师预料的先知先觉，如果教师像上述案例那样后知后觉，教学就会很被动，长此以往，教学就会陷入学生越来越不想听的恶性循环。所以，积极的做法就是教师在备课前多进行学情调查，读懂学生，用事实指导备课，备出符合学生心意的教学设计。

"学情"是学生在学习过程中所表现出来的不同能力差异和特点的具体情况。因此，学情调查不仅要调查学生的学习起点，还要调查学生的学习风格、学习速度、自主行为能力、能力倾向、兴趣点、学习动机、情感态度的性格表现、情绪的性格表现、意志的性格表现等。

1. 设计好调查问卷

许多教师认为学情调查好操作，只要设计一份调查问卷即可。其实，调查问卷受到很多因素的限制，主要集中在：(1) 怎样设计科学、合理的调查问卷，调查问卷的内容是否符合不同层次学生的认知水平；(2) 参与实验的学生能否全身心地投入实验，能否很好地适应实验的要求；(3) 教师是否具备不断完善调查问卷并将分析结果有效地运用于教学设计的能力。

课前学情调查问卷的设计。一方面，问卷设计要紧密围绕三维目标；另一方面，问卷不同于预习提纲，不能仅从教师的角度来设计，还应站在学生的角度，要贴近学生实际来创设问题情境，根据学生的认知能力和心理特点来设计问题，问卷设计得是否合理直接关系到获取信息的广度、深度和准确性。

[参考案例 1] 数学"分数的初步认识"

在教学"分数的初步认识"一课前，我一直在思考：三年级的学生对分数的概念会有哪些前期认识？他们的学习现状怎样？如何确立教学的起点，制订适合本班学生的教学目标？基于这样的想法，在学生学习"分数的初步认识"之前，我对两个班 60 名学生做了课前测试——

问题 1：2 个人吃一个西瓜，该怎样分？用你自己的方式表示出来。

作业分析：在批阅学生的作业时，我发现大部分学生有平均分的意识，能用文字说明自己的想法，画图表示$\frac{1}{2}$。虽然有的学生不会用分数表示一半，但有相当多的学生已经会写$\frac{1}{2}$，并能用$\frac{1}{2}$表示一半。由此可见，学生对这部分知识的了解和认识参差不齐。

问题 2：你知道分数吗？如果知道，写一个你知道的分数，并试着描述它表示的意义。

作业分析：从学生的作业来看，几乎所有学生都知道分数，但不会用数学语言正确描述，能借助图形描述分数意义，一些学生不能正确书写分数。

课前调研所获得的丰富的、真实的信息，为我进行教学设计、确定知识与技能的教学目标提供了重要的资源。为此，我重新调整了已确定的知识与技能目标——

原定目标：初步理解分数的意义，认识分数各组成部分的名称，正确读、写分数。

修改后的目标：结合具体情境初步理解分数的意义，了解分数各组成部分的名称，能用数学语言正确表述分数的意义，正确读、写分数。

确定合理有效的教学目标的一个重要方面，就是要关注学生已有的知识与新学知识之间的联系，了解学生的学习经验对新知的学习会产生什么样的影响。问卷调查，教师通过仔细分析调研数据，找准了学生学习的起点，教学设计时就能有的放矢，从而设计好教学目标以及达到目标的学习路径。

教学最重要的就是知道学生已经知道了什么、学习时会有怎样的困惑。学生的懂，多半是生活经验型的，教师应让学生看到数学的本质，如数学的思想、方法等。前测是读懂学生会与不会的有效方法，重视前测，可以把教材分析得更透彻，可以设计出更合理的教学方案，可以走进学生思维的更深处。

2. 选择好调查对象

设计好问卷后，选择哪些学生以及如何指导学生进行问卷的回答呢？可以像上述参考案例 1 那样选择全班学生进行调查，也可以像下面参考案例 2 那样从班中选择具有不同生活背景和不同知识基础的学生进行问卷调查。同时，如果学生重视这件事，和老师的关系也很融洽，可以讲清要求让学生回家完成答卷；如果学生不重视，最好直接在课堂上让学生完成问卷。

在日常教学实践中，很难做到每节课之前都对学生进行问卷调研，而个别访谈的形式就比较灵活，容易突出重点，简便、易于操作，更适合常态教学使用。个别访谈时需注意：第一，要在非正式场合下进行，便于了解到真实信息；第二，要针对学习重点、难点设计问题，问题不宜过多；第三，要尽量关注不同层次的学生，比如，每次访谈可以找 4～6 个学生，一个好的、一个差的，还有几个中等生，从而实现“以点带面”“统揽全局”，保证访谈获取的信息能够真实反映各层次学生的需要。

[参考案例 2] 数学“三角形三边的关系”

一位教师为了了解学生的认知基础，就设计了几个问题，在课前选择了不同层次的6个学生，分别进行访谈。

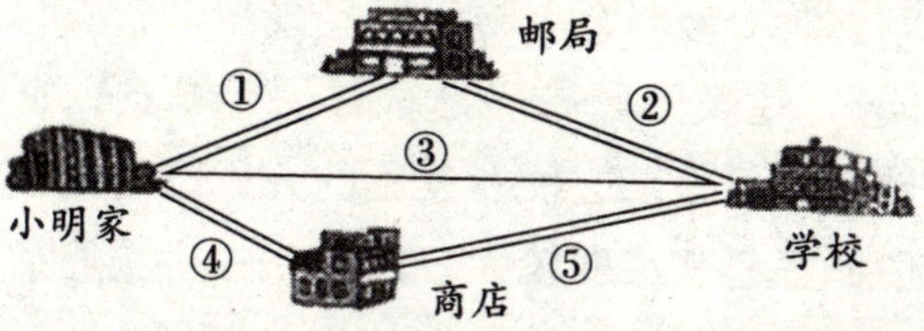

（1）如果你是小明，（如图）要从家到学校，打算走哪条路？为什么？

参与访谈的学生一致选择③号路线，理由是“这样走最近”。

（2）你是怎么知道这样走最近的？

学生有以下几种想法：

想法一：这样直着走路线最短，两点之间线段最短。

想法二：看出来的，还可以测量长度，再比较。

想法三：把①和②接起来，一端和③对齐，另一端一定超过③，④和⑤理由相同。

想法四：感觉①比③的一半长，②也比③的一半长，合起来一定比③长。

（3）关于三角形你都知道些什么？

三角形有三个顶点、三条边、三个角，具有稳定性，是由三条线段围成的图形，三角形内角和是180度。

（4）看看三角形的三条边，你知道些什么？

三条边是三条线段，能测量出长度；三条线段加起来，是三角形的周长。

分析：

（1）学生借助已有的生活经验和学习经验，能够正确判断从小明家到学校的最短路线，并能说出①与②、④与⑤比③长的理由，但这些理由并非我们所期望的“因为三角形的两边之和大于第三边”。这就要求教师要基于学生真实的起点找准学生的“真问题”，精心创设“认知冲突”，让学生在挑战性问题的驱动下积极主动地探索“三角形三边的关系”。

（2）学生对于三角形边的感知，只是停留在关注三条线段各自长度上，会计算周长，但没有比较边与边之间关系的意识。这缘于学生自从接触三角形以来，都是针对已有的三角形进行学习和研究的，从未涉及“两边之和小于第三边的三条线段不能围成三角形”这一陌生领域。“如何将学生的原有认知由关注三条线段各自长度，引导到关注两边之和与第三边的关系上来”就成为教学设计的一个重要着力点。

刚开始设计问卷时，教师常会将问题呈现得非常直白，如“长方形与正方形有什么不同”，这类问题确实是教材的重难点，有必要在课前了解学生相关的知识储备。但是以这种专业化的方式呈现问题，假如答题前不让学生预习，学生回答起来难度较大；假如让学生预习后回答，学生回答起来也有一定的难度，不利于激发学生的学习兴趣。所以，我们不妨借鉴上述参考案例 2 中那样设计一些问题情境，让学生身临其境，便于回答出和回答好问题。

3. 使用好调查结果

备课之前的学情调查，可以为教师的备课提供有力的参考，对与教材或教参中的“学情分析”发生冲突的，教师完全可以根据自己班级学生的学情调查进行修改，从而促使教师的教学设计更切合自己所教学生的实际情况。

[参考案例 3] 数学“乘加解决的实际问题”

在教学用乘加解决的问题，教材上所列算式是 3×4+6 或 6+3×4，一位教师在课前了解到学生并不认可 6+3×4 这种列式，认为这样列式是错误的。针对这一学情，教师设计了这样的对策：在 6+3×4 中 3×4 的下面画出横线并用字母 a 表示，6+3×4 变为 $6+a$，学生知道 $a+6=6+a$，于是认可了在解决问题时 6+3×4 这样列式也是正确的。

上述案例中，教师正是基于课前的学情调查，从而发现了学生学习的难点，尽管这一难点与教材和教参上所指出的难点不尽吻合，但这恰恰是自己班级学生认识上实实在在存在的难点，于是教师果断改变自己的教学设计，把重点放在突破这一学生学习的难点问题上。

例如，有一位语文老师有一个习惯，每次备课喜欢邀请一些学生参与，以准确抓住每节课的“课眼”。学生参与她的备课，让她经常从学生的角度去看学习内容的已知、未知、难易程度；站在学生的角度，设想教学的多种可能性，课上对学生进行有针对性的点拨与引导，使课堂有张有弛、跌宕起伏，使学生真正成为学习的主人。

我们常说要研究学生，而研究学生，教师不能总是纸上谈兵，应该赋予学生参与权，让学生有权利参与备课以及之后教学的全过程，这样教师才能真正了解学生的知识水平、思想情趣，感受学生对参与教学的渴望，才能找准学生的学习起点，才能设计出符合学生需求、适合学生最近发展区的课堂教学。

然而，进行课前调查虽然是了解学生起点的一种有效的办法，但每节课前做调查，显然不切实际。有一种起点源自问题，通常我们可以采用先听后讲的方式。上课伊始，可以用1～2分钟时间做个简短交流："关于这些内容，你已经知道了什么?""对于今天学习的内容，你有什么问题要问?""你想要研究哪些问题?"从学生的谈话中了解学习起点，做到心中有数、有的放矢。或者进行尝试练习，课的开始设计尝试练习，根据练习的反馈情况，找准教学起点。

[参考案例4] 数学"三角形的认识"

在"三角形的认识"一课中，教师就直接提出了一个问题，让学生尝试回答，在学生的回答中设定教学起点——

(1) 同学们，在以前的学习中我们已经初步了解了三角形，请你判断下面图形中哪些是三角形？并简要说一说理由。

① ② ③ ④ ⑤ ⑥ ⑦ ⑧

(2) 汇报。讨论：图①为什么不是三角形？（它有一条边不是线段）图③⑤⑦的三条边都是由三条线段组成，为什么它们都不是三角形？（相邻线段的端点没有相连）

(3) 你认为图⑧能看成一个三角形吗？为什么？

(4) 你认为怎样判断一个图形是不是三角形呢？(强调："线段""围成")

从以上论述可以看出，聪明学生的自学常常会跑在教师教学的前面，此时，教师就应该及时调整自己的教学策略，重视学生的先知先觉。教师此时需要做的是让学生尽情说出自己的已知已会，继而通过追问等方式，提出一些深层次的问题，引导学生继续学习，因为学生的知道往往只是知道"是什么"，未必知道"为什么"。反过来说，如果教师能够重视学生的先知先觉，也就能无形中引导学生在平时的生活中能够有意识地关注一些学习信息，甚至会引导学生主动预习知识，这种良好的行为习惯无疑可以促使学生对知识信息变得更为敏感。

综上所述，面对聪明学生的一些行为表现，在教学时，聪明教师的做法是通过自己的行为改进，把学生教聪明。其中一种教师的行为改进就是在备课时，不仅要备教材和备教师，更要备学生，以此决定教法。在备学生时所进行的学情调查，教师可以参考以下研究路线：

学情调查的途径	学情调查的内容	学情调查的形式	学情调查的功用
学生问卷 学生访谈 学生加盟	已有什么 可做什么 还要什么	先聊后教 先考后教 先学后教	了解学生的知识基础、生活经验，确定知识技能目标。 了解学生认知结构的发展情况，确定过程与方法目标。 了解学生的兴趣点，确定情感、态度与价值观目标。

教师：
用心倾听，让学生把话说完

聪明学生说话也并不是一开始就说得那么正确和流利，还常常会说出一些让教师意想不到的话——

曾经在杂志上看到这样一则故事——

美国知名主持人林克莱特有一天访问一名小朋友，问他说："你长大后想要当什么呀？"小朋友天真地回答："嗯……我要当飞机驾驶员！"林克莱特接着问："如果有一天，你的飞机飞到太平洋上空所有引擎都熄火了，你会怎么办？"小朋友想了想："我会先告诉坐在飞机上的人绑好安全带，然后我挂上我的降落伞跳出去。"当在场的观众笑得东倒西歪时，林克莱特继续注视着这孩子，想看他是不是自作聪明的家伙。

没想到，在大家的哄堂大笑中，这个孩子委屈的热泪夺眶而出。于是林克莱特问他说："为什么你要这么做？"孩子的答案透露了他真挚的想法："我要去拿燃料，我还要回来！"

这就是"听的艺术"。一是听话不要听一半，二是不要把自己的意思投射到别人所说的话中去。要学会倾听，用心听，虚心听。

倾听是对话的前提和基础，学会倾听是师生应当共同关注的事。对于教师而言，倾听能力是体现其专业能力的重要指标之一。

倾听就是静静地、耐心地、认真地听，不急不躁、不打断、不忙于下结论性判断，它是弥散的、渗透的，适用于教学的全过程。在某种意义上说，教学的过程就是倾听和探究的过程。倾听的方式折射出教育理念，表现出教师的教育品质。其一是尊重，以学生发展为本，从尊重学生开始。其二是信任，教师耐心、专注地倾听学生，是宽容、是信任，也是一种乐观的期待。其三是虚心，教师通过倾听学生的诉说，透着把自己当做受教育者的理念。在倾听时，总是伴随着观察、辨别、判断、选择，无不闪现着教师的教育敏感、教育机智和教育艺术的光彩。

教师的倾听首先应该是一种主动的听。这种主动性在倾听与精神生命的发展之间建立起实质性的联系。倾听面对的是人的生命存在，任务是领悟被听者。教师通过倾听去参与学生的成长、参与创造学生的声音。更多学者提出教学即倾听。作为一种能动行为，倾听是听者对言说者的作用，核心是思考且在过程中对说者能够积极应答。其实，教师和学生就是在倾听与倾诉中建立了融洽的师生关系，生发了教育的意义。

一、教师不能粗暴地打断学生的发言

[问题案例 1] 学生是胡闹吗?

在学习了表面积和体积计算后，一位教师出示了这样一道练习：一个长方体，长 10 厘米，宽和高都是 5 厘米，求这个长方体的表面积。

学生很快就写出（5×10+5×5+10×5）×2、5×10×2+5×5×2+10×5×2 和 5×10×4+5×5×2 三种解法，教师一一给予肯定。当教师准备结束这一题的讲解时，发现一个学生手举起来又放下，一副欲言又止的样子，就问："××同学，你还有什么问题?"

生：老师，我还有一种算法，算法是 5×10×5。

"错了！错了！"同学们纷纷表示反对，他列的是求长方体体积的算式。教室里立刻爆发出一阵哄堂大笑。

老师面带怒气地说："胡闹！坐下！"

课后，我问："你能把你的想法说给我听一听吗?"

那个学生拿起一个长方体学具，指着说："长方体的一个侧面积是 5×10，我把它当做 2 个 5×5，那么 4 个侧面就是 8 个 5×5 再加上上下两个底面积 2 个 5×5，这样这个长方体的表面积一共就有 10 个 5×5，即 5×5×10。"

教师只顾按照自己的思路进行教学，没有考虑孩子独特的学习方式，没有倾听孩子的心语，扼杀了孩子的创意。成人话语遮蔽了学生话语，群体思维遮蔽了个体思维。由此，我们可以发现有许多数学问题是站在成人的角度提出来并加以思考的，它超越了学生的认知水平，脱离了学生的审美趣味，表面上是学生在学数学，实际上却是遗忘了学生，导致学习主体被遮蔽！可悲的是，这些“遮蔽”有时是那样地理直气壮和冠冕堂皇。

上述案例是学生清楚地知道自己的方法是正确的，只是教师没看到它是正确的，所以无端地打断学生的发言，导致学生的创造性方法白白地流失。而下面的案例是学生对自己的发言是否正确不很清楚，迫切需要教师的指导，然而，遗憾的是并没有听到教师的指导，反而听到了教师的指责，学生感到很伤心。

[问题案例 2] 学生是不认真吗？

一位教师教学三年级下册“量一量”这节课时，有这样一个片段——

师：（出示长方形与正方形）怎样比较这两个平面图形的大小呢？

生：把这两个图形重叠起来。

师：（演示后）大家看，用重叠的方法很难比较面积大小。下面同桌合作，利用身边的材料，想办法动手比一比。

（学生操作后交流）

生 1：我们把透明的方格纸放在这两个平面图形上，数一数可以发现正方形有 9 格，长方形有 8 格，所以正方形的面积大。

生 2：我们是把这两个图形重叠在一起，再把多出来的部分剪下来放在一起，结论也是正方形的面积大。

师：这是一种剪拼方法。你很聪明，这种方法在以后的学习中用处可大了……

（正当教师为学生的精彩表现感到欣慰时，第三个学生打断了教师的话）

生 3：老师，我还有一种方法，我是用尺子量的。

（教师一愣，急忙打断了学生的回答，并提高音量）

师：用尺子测量的是长度，我们现在比较的是面积，希望你以后上课要认真听讲。

下课后，我找到这个同学，问他的想法。这个同学说：“老师要求用自己喜欢的方法比较两个图形面积的大小，我想到的方法就是测量。我认为图形的周长越长，它的面积越大。图形的面积与周长难道没有关系吗？老师没有让我接着说，我也不知道为什么。”

当我问他对这件事的看法时，没想到孩子这样说：“希望下次发言的时候，老师能耐心听我把话说完。”

这个案例中，生 3 的方法在老师看来，已经偏离了预设的“程序”。如果教师给学生机会，耐心听完他的想法，就会发现，有不少学生也认为图形的周长与面积有关系，这为授课者提供了课堂的生成资源。

在课堂上，教师是一名智者。在耐心倾听学生的同时，教师应善于从学生的回答中，发现学生问题的症结，把学生的思路引向深入。

二、教师不能简单地打消学生的发言

1. 教师应多一些善举

曾经在杂志上看到一篇题为《走远了再关门》的文章——

数日前，我去拜访一位前辈。攀谈一番后，我起身告辞，老人把我送到门口，握手告别之后，我便向楼下走去。下到一楼时，我忽然想起自己的车钥匙落在他的客厅了，当我又回到他的门前时，老人才刚准备关门回屋。

又是一阵告别。我下了几层台阶，一转身，发现老人正看着我。我既客气又好奇地说："外面太热，赶紧回屋吧。"老人微笑着说："我身体不好，不能送你下楼，那就等你走远再关门。"

等你走远再关门！多么温暖的一句话。

去年有一天，我急于外出办事。出门前，孩子拿着刚做完的作业让我检查签字。我大致瞟了一眼，其中有道题是这样的："下课了，同学们纷纷(　)教室。"只见儿子歪歪扭扭地填了一个"跑进"。我立刻火冒三丈，大声呵斥道："下课了，你跑进教室，你上的什么课啊？"为了让他意识到自己的错误，我特意把"下课"和"跑进"两个词说得很重。儿子刚想辩解，我一把将他的作业扔在茶几上，然后，摔门而去。

事情过去了大半年，一天收拾屋子，无意间看到了儿子的日记："2008 年 12 月 22 日，天气阴。今天我让妈妈检查作业，其中有一道题目我并没有做错，上体育课的时候，下课铃一响，我们的确是往教室跑啊。可是妈妈为什么不给几秒钟让我解释呢？我把自己关在房间里，哭了整整一下午。"

儿子的话像一道闪电穿过我的五脏六腑，让我浑身顿时有一种触电的感觉。那一刻，我真的感到自己好狭隘。

客人走远再关门，是一种善；留下几秒，听对方把话说完，是一种善；等对方先挂电话，是一种善。有些善，很小很小，就发生在身边短短几秒钟的时间，然而，正是那么短短的几秒钟，却能在心中升起一份真挚的感动。在教学中，教师应该为学生多做这样一些"善举"。

2. 教师应“再仔细想一想”

[问题案例 3] 学生真的可以再仔细想一想吗?

一位教师教学“分数大小的比较”，练习时，出示了下面几组分数，让学生比较它们的大小：

(1) $\frac{4}{5}$和$\frac{5}{6}$　　(2) $\frac{5}{7}$和$\frac{8}{12}$　　(3) $\frac{7}{11}$和$\frac{9}{12}$

交流评议时，大部分学生都是采用通分的方法去比较，但有位学生却提出了一种新方法。他说：“先将前面分数的分子和后面分数的分母相乘，再将后面分数的分子和前面分数的分母相乘，然后比较积就可以知道分数的大小了。”并且还说这种方法是他瞎猜的，不知道对不对。授课的教师听后，先是愣了一下，然后说了句：“请你再仔细想一想。”就让学生坐下了，继续自己的教学。

课下，我找到这位学生，详细询问了他的方法。现以上面三题为例，让我们来看一看他的比较过程：

(1) $\frac{4}{5}$和$\frac{5}{6}$：$4\times6=24$，$5\times5=25$，$24<25$，所以$\frac{4}{5}<\frac{5}{6}$

(2) $\frac{5}{7}$和$\frac{8}{12}$：$5\times12=60$，$7\times8=56$，$60>56$，所以$\frac{5}{7}>\frac{8}{12}$

(3) $\frac{7}{11}$和$\frac{9}{12}$：$7\times12=84$，$11\times9=99$，$84<99$，所以$\frac{7}{11}<\frac{9}{12}$

仅这三题，还不能说明这种方法的正确性。于是，我和他又找来十几道同类题目进行验证，结果显示这种方法是有效的。

之后，我仔细思考着这种方法的合理性，发现其实这也是通分后再比较的一种方法。只是这位同学没有考虑用两个分数的分母的最小公倍数作为公分母，而是无论什么分数都用两个分数分母的乘积作为公分母，这样通分后的分子就是一个分数的分子与另一个分数分母的乘积，只需要比较这两个乘积（新分子）的大小就可以知道分数的大小了。很明显，这位同学的“瞎猜”，竟然猜出了一种简单而有效的比较分数大小的方法。

回想课堂上老师的那句“请你再仔细想一想”，不得不引人深思。在日常教学中，比较两个异分母分数的大小，常用的方法是先通分再比较。运用“通分”方法比较需要先找出两个分数分母的最小公倍数，再分别通分，然后比较大小，比较烦琐费时。如果采用上面这位同学的方法来比较，省略求公分母，直接用分子与分母简单相乘就能比较，确实简便得多。可以说，这是一种有创意、有价值的思维过程，是学生积极动脑、大胆猜测的结果。

如果教师当时问问学生是怎样想的，而后再有意识地引导学生去验证这种方法的合理性，就可以很好地利用这样的课堂生成来进一步发展学生的思维，保护学生的创新意识，也培养了学生“猜测——验证”的科学思想方法。然而遗憾的是，教师没有给予及时的引导、点拨。该出手的时候，老师却以一句简单的“请你再仔细想一想”带过。我想，“再仔细想一想”的应该是老师自己！

教师的惯用语除了“再仔细想一想”之外，当学生回答不上来问题，或者学生的回答离题太远，或者学生的回答是错误的时候，教师通常会来一招杀手锏“谁来帮帮他”，并美其名曰“合作交流”。随着课改的深入，这句话出现的频率越来越高。只要在百度输入“谁来帮帮他？教学”作为关键字进行搜索，便能轻松找到相关的各学科案例约 19200 个。似乎“谁来帮帮他”成了一副“灵丹妙药”，它真的那么神奇吗？

[问题案例 4] 学生真的在帮他吗？

一位教师教学“小数乘小数”，新授结束后，教师首先让学生完成教材上的口算练习：

0.7×0.7　1.1×10　0.24×0.2

3.5×0.1　0.2×0.4　0.6×5

学生独立完成后，采用开火车的形式汇报结果。

生 1：0.7 乘 0.7 等于 1.4。

师：（一愣）0.7 加 0.7 才等于 1.4 啊！谁来帮帮他？

生 2：0.7 乘 0.7 应该等于 0.49。

师：对。（面向生 1）请你把答案订正。下一题。

生 3：1.1×10 等于 11。

生 4、生 5 依次正确回答了第 3、4 小题，也得到了老师的表扬。

生 6：0.2 乘 0.4 等于 0.8。

师：（有点不高兴）怎么又错了，谁来帮帮他？

生 7：他小数点点错了，应该是 0.08 才对。

师：非常好！把 0.8 改过来。

我坐的地方离生 6 比较近，只见他很不情愿地把错误答案 0.8 擦掉，又机械地把正确答案 0.08 添上，嘴里还不服气地低声嘟囔了一句：“怎么越乘越小啦？”无独有偶，当我在课后询问生 1 的时候，他的困惑与生 6 如出一辙，不是错把乘号看加号了，而是错认为没理由越乘越小。

两个学生的错误回答，在老师信手拈来的一句“谁来帮帮他”，在其他优秀学生的配合下，轻描淡写地似乎就迎刃而解了。但生1和生6的那句“怎么会越乘越小”有如鱼刺在梗，让人难以释怀。

其实不难理解教师对“谁来帮帮他”偏爱的原因。一方面，可以轻松转移提问的对象，有利于朝着教师所需要的教学进程发展。另一方面，用“谁来帮帮他”好像就意味着符合课改的理念，就意味着并非教师在讲解，而是实现了生生互动。由此，“谁来帮帮他”逐渐变成一句口头禅，逐渐成为了一种习惯。不可否认，在教学的进程中，在个别学生卡壳的时候，引导其他学生参与其中的讨论，共同解决问题，是一种有效的教学方法和途径，但并不是唯一的方法和途径。像案例中那样，短短一个口算环节，就一而再、再而三地引用“谁来帮帮他”这句话来掩盖学生的问题。另外，课堂中还常见教师用“谁来帮帮他”不耐烦或者不客气地把学生的思路中途打住的现象，这恰恰是违背课改理念的做法。我们并不反对用“谁来帮帮他”，但不能把这句话当做万能钥匙。

此外，仅有“谁来帮帮他”是不够的。要真正有效地帮助学困生解决课堂上的问题，还需要了解前因后果，也就是需要真正了解他的困惑、困难，在采取有针对性的组织教学后，还需反馈学困生的学习效果，看其是否真正理解掌握。

一是教师还需要倾听“你是怎么想的”。

像案例中那样，如果两个学生简单的计算都出现了问题，教师就有必要停下来听听学生是怎么想的，听听学生的思考过程，而不是仅仅停留在答案的正确与否，不仅仅是把答案擦掉改正。只有倾听了学生的真实想法，“帮”才有可能做到有的放矢。

二是教师还需要了解“你还有什么不明白的”。

学生出现错误、存在困惑，那是正常的，教学课堂就是让学生经历由错误到正确、由模糊到清晰、由不懂到懂的过程。试想，课上老师如果能通过“你还有什么不明白的”了解到学生的困惑，有了学生“为什么会越乘越小”的旁逸斜出，课堂定会有另一番曲径通幽的精彩。

三是教师还需要明确“你明白了什么”。

在“谁来帮帮他”之后，一些学困生很多时候由于胆子小，或碍于面子，往往也就不管是否真正明白，滥竽充数、得过且过。这时，老师不妨通过“你认同他的观点吗，为什么”“你明白了什么”“你觉得你的答案应该可以怎么改”等，以明确学生是否真正掌握了知识。

3. 教师要促进学生从意会到言传

[改进案例] 从“意会”到“言传”的教学转变

师：20×3等于多少，你想怎样算？(同桌交流后全班交流)

生：“二三得六”，把“0”移过来，添在6的后面就是60。

师：噢，你是先算“2×3”的，二三得六，再把“0”移过来添在6的后面。(板书)

师：有不同算法吗？(师环顾四周，没有小手举起，师转身板书“移、添”，继续谈话)

师：看来大家都喜欢用“移过来、添上去”这种算法，这么一“移”、一“添”，就把结果计算出来了，既形象又简单，难怪大家这么喜欢。(学生个个面露洋洋得意之色)

师：(追问)为什么能把0直接移过来添在6的后面呢？

(生面面相觑，似有满腹的话却不知从何说起。教室里出现“冷场”状态)

师：(不急不躁地引导)这个“0”是真的不看吗？

生：(摇摇头)不是的！

师：(做恍然大悟状)噢，是“假”不看。(生笑，教室里又恢复了活跃的气氛)

师：(继续引导)那你们是暂时把“2”看做了什么？

一生抢答：20。

另一生纠正：是2个十。

师：了不起，一下子就看清了问题的实质。

师：现在谁能把“移过来、添上去”的这种算法说得让大家明白。(举起的小手渐渐多了起来，师指名回答)

生：2代表2个十，2个十乘3得6个十，6个十是60。

他的话音一落，教室里即刻响起了掌声（自发的掌声）。接着老师组织学生互相交流并再次指名回答，在学生清晰表述算法之后，在黑板上板书（如下）。

20　　　×　3　=　60

2（个十）×　3　=　6（个十）(用红色粉笔将数字醒目地标出)

教学继续进行着……

一是“意会”也要追根求源。课堂上对于计算方法的探索交流，多数学生是会想不会说，如同“哑巴”学数学，“意会”了但不“言传”。正如上述案例中，如果只让学生知道“移过来、添上去”这么一个计算技巧，接着组织学生强化练习，学生可能用短短几分钟就能学得很好，但教师应深知，成功的教学应该是既可意会又可言传的。因此，在时间比较紧张的情况下，教师仍然要给学生探究的时间和空间，引导学生去深刻思考、去追根求源，不仅“知其所以然”，还能“说其所以然”，让枯燥的计算教学在思维深处的碰撞中显得真实有效并富于灵动。

二是“言传”要巧用学生语言。课堂上，学生的语言不仅富有个性，而且是有代表性的思维呈现。正如上述案例中，没有哪个学生愿意说“因为2×3=6，所以 2 个十乘 3 等于 6 个十，也就是 60”，但他们对“移过来、添上去”的说法情有独钟。而正是教师顺着学生的思维走，学生才开心地“言传”，知识的领悟在“意会又言传”中水到渠成，不失为一举两得。

三是让“言传”成为课堂的一种习惯。课堂是师生交流、学生发展的主阵地，学生在学习的过程中，无论是未曾接触过的新知识，还是略有所闻的知识，教师都要努力给学生创设一个探索、交流、言传的空间，让学生的畅所欲言成为课堂探索的动力，让“言传”成为课堂的一种习惯。

4. 教师应学会倾听

莎士比亚说：“最完美的说话艺术不仅是一味地说，还要善于倾听他人的内在声音。”美国人际关系学家戴尔·卡耐基说：“‘倾听’就是给予讲话者最好的赞美词。”普遍的观点认为教学的本质是倾听与对话，而对话是从倾听开始的，没有倾听就无法对话，也就无所谓教育和教学。

倾听是理解、是尊重、是期待、是接纳。它的意义不仅仅是让孩子有了自由表达的空间，它带来的或许是早已被教师淡忘的尊严，点燃的或许是行将熄灭的火把。人本主义心理学家罗杰斯认为：“人都有优良的潜能，都有成长与发展的天性，只要条件允许都可以成为个性健全、富于创造的人。课堂上应允许学生大胆地发表自己成熟或者是不成熟的想法。”而在学生发表这些想法时，老师的责任就是倾听学生说话。倾听不只是学生的义务，也是教师应承担的责任。

倾听是教师了解学生、提升教学境界的有效途径。有领悟力的教师在倾听学生的时候，也会反思自己的教育，这样的反思有助于移情的产生和共鸣的出现。对于教师的倾听，佐藤学教授对此阐述得深入浅出："倾听学生的发言，如果打一形象比喻的话，好比是在和学生玩棒球投球练习。把学生投过来的球准确接住，投球的学生即便不对你说什么，他的心情也是很愉快的。学生投得很差的球或投偏了的球如果也能准确地接住的话，学生就会投出更好的球来。然而，多数的教师只注意自己的教学进度，并没去想准确地'接住'每个学生的'投球'，未能与那些倾心'投球'的学生的想法产生共振。"

学生的内心世界非常丰富，倾听是了解学生的重要途径，有助于教师更全面、深入地了解学生情况，有助于促进学生的个性发展和心理健康，有助于发挥学生学习的积极性和主动性。甚至有学者提出，有的时候"倾听"比"表达"更重要。

青年学者李政涛指出，对于教育者而言，倾听的价值和意义有四点：一是本体论价值；二是道德价值（他认为倾听发展了教育者的道德判断和道德行为能力，为教师的道德转化提供了可能性）；三是交往价值（倾听为教师提供了一套以听觉为中心的新的交往模式并创造出一套丰富生动的交往技艺）；四是治疗价值（教师的主动倾听和及时应答则能有效缓解与防治学生的心理疾病）。

要让倾听发挥最大的效能，我们可以从以下几点考虑：

一要创设情境。教育教学中要给学生提供倾诉的氛围和场景，教师要表现出倾听的兴趣，让学生相信你想听并且会认真聆听。听的时候面向学生的脸或眼睛，注意力集中在他的身上，不要做出分心的举动或手势，不能心不在焉，试着以他们的角度看问题，可适当提出问题但不宜过多打断他。

二要善抓要点。听的过程中要将注意力集中于对方说话的要点上，尽可能避免主观臆断和猜测；在学生没有说完之前不要立即下判断，尤其注意不要带偏见，因为偏见是倾听和沟通的大忌。

三要巧妙反馈。听的过程中尽量将自己的语言减到最少，因为说话和聆听是不能同时进行的。可用眼神、手势或言语进行鼓励，要控制自己的情绪，抑制要争论的念头，有时可做适当记录。有效的倾听者能够使说者和倾听者的角色流畅转换，这是因为他的专注和包容。

综上所述，面对聪明学生的一些行为表现，在教学时，聪明教师的做法是通过自己的行为改进，把学生教聪明。其中一种教师的行为改进就是在学生发言时，不要因为时间紧张而随意打断学生的发言，也不要因为学生发言质量不高而任意地取消学生的发言，而应该让学生把话说完。在仔细倾听学生发言时，教师可以参考以下研究路线：

<table>
<tr><th colspan="2">学生表现</th><th>教师表现</th><th>注意事项</th></tr>
<tr><td rowspan="2">学生答不出时</td><td>学生的回答不太正确</td><td rowspan="2">转问</td><td rowspan="3">培养倾听的意识
避免倾听的误区
把握倾听的技巧</td></tr>
<tr><td>学生的回答不太标准</td></tr>
<tr><td colspan="2">学生答得出时</td><td>追问</td></tr>
</table>

教师：质疑问难，让学生敢问路在何方

聪明学生不仅能够回答教师提出的问题，还能够发现教师和教材中存在的问题，并敢于提出来——

在实际教学中，我们发现能主动提出问题的学生很少，而能提出有水平的问题的学生更少。有人对我国中学生课堂言语交往行为进行研究，结果发现学生在课堂中回答教师提问的行为次数占学生课堂言语交往行为总次数的93.8%，而学生提问、异议及其他行为的比重分别为1.7%、2.7%和1.8%。据我国中小学学生学习发展课题组的最新研究发现，从小学到高中，学生课堂上提出问题、回答问题的积极性越来越低。调查结果显示，在上课听讲遇到问题当场提问的学生中，小学生占13.8%，初中生占5.7%，高中生占2.9%。

[问题案例] 我怎么得了个B? ①

我在哥伦比亚大学读研究生的时候，我当时选修的一门课是社会学，因为我觉得做传媒的人需要有一些社会学方面的基础知识。我每天上课都准时到，作业按时完成，老师嘱咐看的参考书都看了，论文也写得还不错，可是到期末我发现所有的课程里面唯有这门课得了一个B，其他功课都是A或A-。怎么会得一个B呢？我就去找社会学的教授理论，我说你是不是搞错了？她翻看了一下我的记录说："的确你的作业都交了，完成得也不错，但是我要给你一个惩罚，因为你上课从来不问问题，这就说明你上课的参与度不高。"当然后来我据理力争，申辩说因为刚来美国不久，

① 摘自《世有疑惑，必须发问》一文，作者杨澜。

有时组织语言的速度稍慢，往往刚想说就被其他同学抢了先，等等。老师看来是动了心，最终给了我一个B+。

美国学校的老师特别鼓励学生提问。在中国的学校，教学当中有多少环节是在训练我们问问题呢？基本上没有。我们一直受到的训练是回答问题，先把老师教的答案记住，然后在考试的时候再还给老师。老师可能对学生说，这儿有三道方程式需要你来解答。在美国学校，老师很可能说，你自己编三道方程式让其他的同学解答。这是一种教育方式上的不同，所以实际上大多数中国人，特别是我们这种被学校一步步培养出来的“好学生”，对如何提问没什么概念。

在教学中，不少教师普遍采取“师问生答”的教学方法。即在上课前，仔细钻研教材、设计问题，考虑学生的实际水平，设计的问题要有很多讲究，如要求有层次性、隐蔽性、矛盾性、指向性等，总而言之，问题设计要精心、细致、巧妙，当然还要做好答案。然后，一一写成教案，拿到课堂上去。课上教师按照事先设计好的方案，循循善诱、步步启发，最后将学生“请”入早已设好的圈套之中。课堂教学中表面上看热热闹闹，学生能准确地回答教师提出的问题，但很少有学生提出自己的见解；表面上看是师生互动，实际上是用提问的方式“灌”，直到学生认同教师事先设计好的答案。其实质是教师一再补充说明，一再纠正学生的理解思维，最后，整个课堂变成“学生的嘴说教师的话”，依然是一个以教师为中心的“生从师问”的被动接受学习的教学过程。学生是在教师的驱动下才去思考回答问题，学生在教学过程中仍处于被动的地位。更何况教师的提问是按照自己对教材的理解、自己的思路和意愿来设计的，教师认为存在的问题，对学生来说不一定认为是问题。实质上，这种教学方式还是灌输式、填鸭式的，只不过披了件提问的外衣，是灌输式教学形式的异化。

现代教育心理学研究也指出，学生的学习过程不仅是一个接受知识的过程，而且也是一个发现问题、分析问题、解决问题的过程。这个过程是暴露学生产生的各种疑问、困难、障碍和矛盾的过程，也是展示学生发展聪明才智、形成独特个性与创新成果的过程。在这个过程中，自己解决不了的问题就成了向教师提问的问题。学生提问是学生主动学习的结果。学生提问的过程是学生探究思考的过程，更是学生学习主体性的体现。这二者产生的后果也不一样，教师提问，给学生产生的感觉是提问题就是教师的事情，问题都在教师那里了，我们只是负责回答问题而已。如此长期下去，学生会形成思维惰性，不肯动脑筋思考问题，失去了质疑和深层次的思考能力，最终失去了发现问题、解决问题的能力，当然更说不上创新能力了。为此在课堂教学中要真正尊重学生的主体性，必须把提出问题的权利还给学生，让学生在学习过程中主动提出问题。

一、鼓励学生敢于因不懂而提问

人们常说：不会提问的学生不是好学生。爱因斯坦曾说："提出一个问题往往比解决一个问题更重要。"还曾听一位教授说："我们学习知识，目的是要做学问。学习，就是学习问问题，学习怎样问问题。"提出问题实质上是一个进行识别和解说，从而发现自己的观点或认知结构中存在的某些不足和不协调的过程，它是诱发探究思维的动力和方向，是推动学生自主学习的动力，是培养创新意识和创新思维的基石。但据考察和研究，当前我国学生的问题意识比较薄弱。著名物理学家杨振宁也曾指出："中国学生普遍学习成绩出色，特别在运算和推理方面比国外学生有明显优势，但中国学生最大的缺憾，就是不善于提出问题，缺乏创新精神。"那么，如何培养中国学生的问题意识呢？

1. 营造课堂氛围，让学生"敢问"

许多学生存在"三怕心理"，一怕在课堂上提问会影响教师的教学程序而受教师的批评、指责；二怕提出的问题不成问题而变成同学们的笑料；三怕提出的问题毫无价值而让人瞧不起。

英国哲学家约翰·密尔曾说过，在压抑的思想环境下、禁锢的课堂氛围中是不可能产生问题的，更不可能撞击出创造性的思维火花。心理学研究也表明，学习环境与学生有着必然的联系，在民主、愉悦、轻松、开放的课堂氛围下，学生敢想、敢说、敢问、敢答，思维活跃。

首先，必须充分尊重学生，鼓励学生大胆质疑，引导学生积极思考、主动探索，敢于提出不同见解和看法。其次，保护学生提问的积极性，多肯定少否定，让学生经常品尝思考的乐趣、成功的喜悦。再次，鼓励学生大胆向老师提问，向老师挑战，向教材挑战，培养"不唯上""不唯书"的开拓精神和创造才能。最后，课外应加强师生间的沟通。教师关心学生、热爱学生，学生反过来也会给教师以相应的积极情感回报，会更深深地热爱教师，敢于和善于在教师面前发表自己的看法，在学习上表现出更积极主动的探索精神。这正所谓"亲其师，信其道"。

[参考案例1] **数学"百分数的应用"**

有一次在教学"百分数的应用"练习时，我让学生围绕"甲数是4，乙数是5"提问。学生想到了这样几种：甲数是乙数的百分之几？乙数是甲数的百分之几？甲数是乙数的几分之几？乙数是甲数的几分之几？我问还有其他问题可以提吗，学生都摇头了。这时我发现平时学习有困难的一位学生好像有话要说，可又不敢说的模样，于是我不断地鼓励："还有问题的尽管说，讲错没关系，就怕你没有勇气！"在我的目光注视下，这位学生终于举起了手："甲数和乙数的和是几？"这个问题引来一片笑声，那个学生的脸一下子红了。这时，我问学生为什么发笑，学生都说太简单了。我就说："这个是问题呀，老师只要你们提问就行了，并没有规定要简单的还是有难度的。"学生马上增添了提问的勇气，又提出了许多问题，如甲数是甲数与乙数和的百分之几、甲数是甲数与乙数差的几分之几等。刚才回答的那位学生也有了更多的勇气，积极参与了提问过程。

教学中或许学生提的问题不一定都是有价值的，但我们只有在学生有勇气提问后，才能慢慢引导他们如何提出有意义的问题。在教学中，教师要对学生说："只要你想到了，就说出来，我们一起来探讨，不要怕出错，课堂就是出错的地方，没有人会笑话的。"

要让学生敢于提出问题，不仅可以在课堂教学中多让学生说，还可以在日常生活中像下面案例那样多让学生与人特别是陌生人搭讪，以此训练学生的胆量。

大学时代的我跟土鳖似的，从来不敢主动与人打招呼，怕一说话就露怯。遇见熟人，最多傻傻地笑一下，然后迅速低头，人家还没捕捉、意会，我就单方面扼杀了那丝善意。

后来，参加学校社团组织的勤工俭学活动，混在一堆同学里卖报纸、卖面包，我基本从头到尾都站在路边发呆，一脸害臊，一声都不敢吆喝，一天下来，血本无归。毕业前，一位老师在毕业纪念册上给我留言："毕业了，你还有一门能力挂科——搭讪！"

我也意识到这个问题。走进社会后，便开始刻意大声地跟人打招呼，继而扩大战线，严格要求自己每天必须完成一定的搭讪量，主动和陌生人说话。最初，我只找年长的人做试验，台词无比八股老套："大爷，吃了没？"渐渐尝到甜头，胆子大了，信心也有了，我便开始面向广大异性搭讪，措辞越来越精到独特，比如，普通男士赞美女性，通常只会语言贫乏地说“你很美”。我换了一个词，说：“你很风雅。”还自费掏出100元人民币狂追一个陌生美女：“请问是你掉的吗?”从此，我在人际交往上如鱼得水。

2. 创设问题情境，让学生“想问”

“兴趣是最好的教师”，兴趣能有效地诱发学生思维，使学生积极思考、乐于提问。教师应想方设法设置各种情境，巧妙地提出问题，引发学生心理上的认知冲突，使学生处于一种“心求通而未得，口欲言而弗能”的状态。从而“生疑”“困惑”，进而勤思好问。亚里士多德说：“思维自疑问和惊奇开始。”教师的指导工作，重点应放在设计让学生发现并提出问题的情境上，而不是在设计问题本身上，应着力于培养学生发现问题的能力，促使学生“要问”。

[参考案例 2] 数学“3 的倍数的特征”

在教学“3 的倍数的特征”时，为了着意培养学生的质疑探究能力，我先让学生复习 2、5 的倍数的特征，为本节课学习 3 的倍数的特征提供产生认知冲突的背景。然后让学生猜测 3 的倍数有什么特征，在例题百数表中圈出 3 的倍数加以验证。此时，学生疑惑丛生：(1) 为什么判断一个数是 2 或 5 的倍数时可以看它的个位，而判断是不是 3 的倍数时，仅看个位就不行呢？(2) 3 的倍数有没有特征呢？如果有，判断的高招到底是什么呢?

以问引问，也是诱发学生想问的有效措施。在教学过程中也常有这样的情况，教师给了学生充分思考的时间，学生仍然不想问。其实，“此时无声胜有声”，学生的思维状态犹如一道闸门挡着的洪水，这时，教师如果能恰到好处地问一个极富启发性的问题来引导学生，学生的问题就如冲出闸门的洪水一样，喷涌而出。国外有关研究表明，学生提问亦喜欢模仿教师的行为方式。如果教师倾向于问高水平且能增强思考能力的问题，那么学生会以教师为榜样也问类似的问题。

3. 教给提问方法，让学生“会问”

课堂教学中常常出现这样的场面：让学生提问，学生不是摇头，就是你看着我、我看着你，都说没问题。很多情况下学生不提问并不意味着他们没有问题，不会提问也是一个极其重要的原因。有时学生对某个教学内容想提出自己的看法和问题，但由于不知怎么表述而保持沉默，有时提了却又与自己的想法不完全吻合，词不达意，影响了问题的正确表述。

掌握提问的方法是会提问的关键。“授人以鱼”不如“授人以渔”，要让学生掌握提出问题的基本方法。一个平庸的教师只会奉送真理，而一个优秀的教师则教人发现真理的方法。当学生掌握了发现问题的基本思维方法，才能从平常中看出异常、从普遍中发现特殊，从而不断地发现问题。所以教师应从学生已有的认知结构和思维水平出发，巧妙设问，通过提问使学生学得提问方法、掌握提问技巧，让学生“善问”。

首先，教师应使学生学会抓住学习内容找疑点。可以在新旧知识的衔接处、学习内容的关键处、认识过程的困惑处、法则规律的结论处质疑。要善于在概念的概括形成之中、算理的推导过程之中、解题分析的思路表达之中、操作活动的发展变化之中提出问题。

其次，教师应引导学生学会变换角度思考和质疑。要使学生明白，既可以在正面设问，也可以从反面或侧面追问；既可以从已有的存在状态寻找疑点进行提问，也可以从假设推演（换个类似的说法、做法行不行）中生发疑点提问，如用尺量物体的长度时，不用0刻度线对准物体一端可以量出它的长度吗？怎么量？

再次，教师应引导学生学会运用质疑提问的表达关键词，掌握质疑提问的语言模式。实际上大凡提问的表达，不外乎会用“为什么”“是什么”和“怎么样”等关键性疑问词，这恰好对应质疑的三种情形：问理由、问情况、问途径或方法。当然，在学生质疑的基础上，引导学生概括和归纳对于培养质疑能力是十分重要的。

[参考案例3] 数学“小数减法”

在教学“小数减法”后，我设计了以下情境：商店里的圆珠笔每支3.2元，书包每个20.5元，钢笔每支4.8元，小刀每把1.5元，如果有人民币20元、10元、5元、5角各一张，你能提出哪些买文具的问题？

由于这一问题与学生的生活实际联系紧密，且数量关系简单明确，因此，学生提出了很多买文具的问题。在此基础上，我引导学生概括：刚才我们提出的问题，如果要分分类的话，可以怎么分？学生积极思考，有的说可以根据买文具的数量分，有的说可以根据花钱的情况来分。在每一种情况里面，又可以提出很多有价值的问题。例如，买两种文具，最多花多少钱？最少呢？使用两种面值的钱，分别可以买到哪些文具？等等。这样引导，学生提出问题的质量会逐渐提高。

4. 给予质疑机会，让学生“能问”

目前小学数学教学中的一大弊端仍是一个“牵”字，即老师精心设计出一个又一个环节，牵着学生的鼻子按老师的思路亦步亦趋往前赶。老师问个不休，学生忙于应付，根本没有质疑的机会。要发展学生的创新思维能力，老师首先必须给学生很大的自由度，安排充分的时间，让他们细细地读书、静静地思考，去发现问题；安排充分的时间，让学生你一言、我一语，去提出问题；要改革教学方法，把质疑贯穿于数学教学的全过程。具体来说，就是让学生在预习时养成质疑习惯，要求他们在预习时，将准备学的新知识认真读仔细想，把重点的知识在书本上圈圈、点点、画画，并把不明白的地方记录在专门设置的“质疑本”上，课前向教师提出疑问；课上，鼓励学生对老师的讲解、对同学的发言提出疑问，发表自己不同的见解，从而引导学生发展求异思维；学完本节的教学内容后，留一定的时间，让学生回想自己刚才学过的内容或提出一些异议，培养学生同中求异、异中求同的能力。

[参考案例 4] 教学“两位数减两位数（不退位)”

教学“两位数减两位数（不退位)”，完成课堂作业之前，我留出一定的时间让学生质疑。一个学生举手说：“老师，减法计算可不可以从高位减起?”我走近一看，这个学生一开始的计算都是从高位减起的。面对学生的质疑，我首先让大家猜一猜“从高位减起”是不是可行。当学生意见不一致时，我展示了这个学生的计算过程，以验证这个学生的想法是合理的，同时表扬这个学生有自己的想法，并敢于提出问题。但我没有急于回答学生的疑惑，而是提出新的问题：“课本上为什么选择了从个位减起的算法呢？其中的原因是什么呢？可以下课后思考思考。”这样引导，既可以使学生“额外地”从反面强化了对“从个位减起”的运算顺序的认识，保护了学生的自尊心，鼓励学生的创新思维，又为后面学习退位减法时考虑退位的问题留下了伏笔。

5. 多给弱势学生机会

我们还应该给一些弱势学生更多答问和提问的机会，不要出现课堂的话语权被几个好学生霸占的局面。对此，教师甚至可以事先与好学生商量，让他们把发言的机会让给一些不太活跃的同学。

[参考案例 5] 不做最长的锯齿

我读小学的时候，成绩一直是班里最好的。有一次学校里评比先进班级，有不少老师坐在教室后面听课。课堂上，我十分积极地举手回答问题。我以为，自己这么积极地举手一定会使我们班评上名次。但遗憾的是，我们班什么也没评上。

第二个学期，学校里又举办了这样一次活动。上课前，老师把我叫到一边，悄悄地对我说："我知道你学习是最棒的，但你不要一直举手。或者，在举手前先等几秒钟！"我听了老师的话，那堂课上，我没有抢着举手，但我们班评上了第一名。

为什么我表现不好，班级就能评上第一名，我的表现好，反而会拖累班级呢？这件事情过去了许多年，我还是没想通。

前不久，我去一个家具厂办事。一位师傅正在检查机器上用的圆形锯，时不时地用锉刀锉几下。我好奇地问他在锉什么。师傅告诉我说，锯在使用中会变钝，所以要经常开锋。而在一次又一次的开锋过程中，锯齿的长短会发生一些细小的变化。他现在锉的就是其中最长的锯齿，否则这把锯就报废了。

为了让我更明白，师傅拿出了两把圆锯分别装到机器上。其中的一把有两个长锯齿，另一把则锯齿均匀。当他在那台锯齿均匀的机器上锯木头时，声音平稳、速度很快。而在锯齿长短不一的机器上锯木头时，不仅声音刺耳，木头也剧烈地抖动，甚至好几次卡住无法转动。木工师傅说，木头卡住时，要赶紧关掉电源，否则电动机可能被烧坏！

"要顺利锯断一块木头，必须所有锯齿相互合作，你一点儿，我一点儿，每一个锯齿都能出到力。那一两个最长的锯齿，看上去锋利、显眼，却打乱了那种协作关系，而使整把锯都失去了力量。"木工师傅很耐心地对我说。

师傅的话将我拉回到多年前，当初我抢着举手回答问题，让听课的老师觉得"这个班里只有这一个学生是好的"；而在我不抢着举手之后，其他同学就有了更多的机会。这样一来，听课老师便会认为"这个班级的所有学生都非常不错"。我突然明白，当初的我，正是眼前这把圆锯上那个最长的锯齿。

为了让自卑、胆怯的学生敢于提问，锻炼他们的胆量，树立其自信心，教师可以采取三项措施：一是不"一刀切"地要求质疑的形式。对于口头表达能力差的学生可以先让他们把问题写在纸上，再照着念，循序渐进，不能要求过高、急于求成，使其失去信心。二是不强求统一的提问时间。对于课堂上来不及提问的学生，可让他们在课后把要提的问题表达出来，说给老师和同学听。三是对于胆小的学生，不一律要求都在全班提问题，而是让他们先在小组内锻炼，这样他们提出问题的积极性就能得到保护，提问的能力就会获得发展。

二、鼓励学生敢于因不满而质问

素以“叛逆”著称的80后女作家春树在谈及于丹、易中天、安意如等人的作品时表示非常不屑：“我觉得他们都特土，自己写不出东西就吃历史的剩饭，以交易二手历史故事为职业，跟二手房交易市场的二道贩子没什么区别，或者像不会盖房子却又偏爱装修的农民工。”

在于丹、易中天、安意如正红火的今天，女作家春树说出这样的质疑不仅需要智慧，更需要胆量。在今天，女作家春树这种不人云亦云的问难精神显得倍加可贵，让人肃然起敬。

其实，对心存疑惑或心存不满的人或事进行质问应该成为社会的常态，这种风气应该从小培养。在美国听课，你会发现，学生质疑教师或教材是最普通的学习行为，学生“问住”老师是最寻常的教学场面。鼓励学生自主发问是“美式”课堂教学模式的一大突出特点。“美式”学生自主发问，通常是向老师、教材及其他领域发出质疑，当然也是对教师的挑战。正因为如此，这种自主发问才有价值和意义。因为，挑战本身就意味着勇气和智慧；因为，每一位学生都是一个独立的思考者，每个学生的发问都充满鲜明的个性和丰富的创意。作为一种课堂教学模式，学生自主发问在本质上对每个学生的发展具有更加丰富的内涵：内驱力使然，所谓有疑而问；排他性使然，此问题非他莫提；顿悟性使然，面对某一问题深度思考之后的灵感顿显。

[参考案例6] 美国娃课上质疑“高玉宝”①

我在美国探亲时，住所旁边有一座小学。不同肤色孩子的歌声和笑语，常常在我的耳畔回绕。

侄孙女贵贵就在这座小学读三年级。

那天放学回家，贵贵给我带回一封信，说是她们学校写给我的邀请函，请我在方便的时候为该校三年级的美国娃娃们讲讲“中国故事”。

可是，讲什么“中国故事”好呢？我和贵贵商量的结果是，就讲讲在中国家喻户晓的《半夜鸡叫》吧，美国娃娃保准爱听。

---

① 摘自2010年7月6日《北京青年报》，作者武宝生。

那天，三年级两个班的学生都集中在一个教室内。几十个美国娃娃，有的坐在地板上，有的坐在书桌上，有的蹲在窗台上，有的躺着，有的爬着，叽叽喳喳地一点也没有上课的样子。听侄孙女说，美国的课堂就是这样。

我讲："同学们，大家好！下面我给大家讲的这个中国故事叫《半夜鸡叫》，作者高玉宝。地主周扒皮每天半夜学鸡叫，把刚刚入睡的长工们喊起来下田干活。不久，长工们对此事产生了怀疑。这天深夜，小长工高玉宝独自在大车后边观察真假。他发现，周扒皮悄悄来到鸡窝前，伸长脖子学鸡叫，又用棍子不住地捅鸡窝，直到公鸡叫起来他才离去。高玉宝把看到的一切告诉了大家。第二天半夜，当周扒皮又趴在鸡窝前学鸡叫时，躲在暗处的高玉宝大喊'捉贼啊，捉贼啊'，长工们一拥而上，将周扒皮揍了个痛快！"

我讲到这里，美国娃们有的开怀大笑，有的热烈鼓掌。看样子，他们对这个"中国故事"还比较满意。

当我准备结束我的"中国故事"时，一个黑皮肤的男孩，突然站在书桌上，握着拳头喊了起来。

我问贵贵："他喊什么？"

贵贵说："他在抗议！"

我吓了一跳，便问："他抗议什么？"

贵贵回答："他说，你讲的这个'中国故事'不真实，半夜里鸡怎么会叫呢？"

这时，一个女孩子也提出异议："这个故事很荒唐，半夜里黑黑的天、黑黑的地，怎么能下田干活呢？那不把庄稼都弄死了吗？"

还有一个白胖白胖的孩子说："周扒皮不守信用、不诚实，一个男子汉，怎么能学公鸡叫呢？"

我急忙解释说："这是小说，小说是可以虚构的。"

那个黑皮肤男孩，还未将紧握的拳头松开，继续喊着说："虚构也不能是假的呀！"

我又解释道，其实这个故事很真实，高玉宝写的就是他自己经历过的事情。他从小当长工，没有上过一天学，连字都不会写。

我这一说，美国娃们又嚷开了："没有上过学，不会写字，怎么能写小说呢？不可思议，不可思议！"

我又说，高玉宝的小说，是别人帮助他写的，发表时，只署了高玉宝的名字。

经我这么一解释，美国娃们又嚷作一锅粥了，纷纷说："周扒皮装鸡叫，不诚实，高玉宝也不诚实，别人帮他写小说，怎么只署他一个人的名字呢？太不公平了！太不公平了！"

我还能说什么呢？只好立马打住，不然的话，那些美国娃们不知道还会提出什么样的古怪问题呢！

在我国，尽管学生自主发问的课堂教学模式正在引起部分教师的关注，然而，时至今日，这种课堂模式却一直被国内许多一线教师视为"禁区"。原因很简单，它可能会有损于教师权威，可能会让教师猝不及防而陷入"难堪"的境地。其实适度借鉴"美式"教育，让来自学生的自主发问成为课堂教学的常态，未必不是一件好事。我们不应该也不可能颠覆传统的"中式"课堂教学模式，但至少，我们可以让学生的自主发问使现有的课堂教学模式发生某种改变。

[参考案例 7]"花落"中的"花开"

课堂上，有一次，学生对教科书产生了疑问："老师，落花生的花落了，在地上会枯萎、烂掉，不可能钻到地里去啊，书上是不是写错了?"当时，我并没有训斥学生，而是让他看书上的图，原来落花生的花落了，花柄会长出来，伸进地里，花柄前端的子房会结出花生。我表扬了这个学生的质疑精神，鼓励其他的学生都要向他学习，以他为榜样。从此，班级里提问的学生多了，大家的求知欲望高昂了，创新意识也萌芽了。

在今天这样一个"同喻文化"与"后喻文化"并存的时代，学生挑战教师是必然的，更是必须的。所谓"必然"，是说在当今信息化社会，学生在某一领域的信息摄入量及其整合能力，常常比老师略胜一筹。在这样的教育背景之下，自主发问自有其必然性。所谓"必须"，是说培养创新人才，必须从中小学开始养成学生勇于质疑的精神品质，这会使他们的未来发展受益无穷。

教师应当像美国同行那样，以来自学生的挑战为乐。教师应当鼓励更多的学生自主发问，以听到更多来自学生的新奇的见解。有更多这样的学生成长，培养学生的创新意识就有了基础。教师还应当建立必要的心理预期：随着社会的日益进步，越来越多的学生会勇于自主发问，这就要求教师具备足够的知识储备和坚实的能力，从容应对。面对学生新奇的发问，教师应视自己可能的“理屈词穷”为常态，像美国同行那样，有足够的勇气和胆识，向学生说一声“我错了”“老师不知道”或“我们通过课下研究再解决这个问题”。

[参考案例 8] 教师别错过自己过错中的教育教学良机

一天早上，当我走进办公室的时候，看见桌子上放着一封信，我赶紧打开一看，原来是一封来自学生华××的信。信的内容是这样的：

王老师：您好！

回家看了数学试卷，觉得有一个地方想与您探讨一下。判断题第 3 题，“一定有两个 0”，可以包括恰有两个 0 及两个以上的 0 的情况。我认为这道判断题应该是对的。若这样说“一定是两个 0”或“恰有两个 0”则该判断是错误的。

原题是这样的：两个乘数的末尾各有一个 0，积的末尾就一定有两个 0。记得当时讲评试卷的时候，大家都一致认为是错的，问其原因，有同学举了个例子，说：“40×50＝2000 不是有 3 个 0 了吗？怎么能说一定有两个 0 呢？既然学生都举出反例了，那还能算对吗？于是，大家一致通过，认为这道判断题是错误的，改正时同学们把‘一定’改成了‘不一定’。”

说真的，拿到信的那一刹那，我很自责：怎么连这样的一个问题都没有看出来，还像个老师吗？但更多的是难为情：我该怎么向孩子们解释？孩子们又会怎么看我？一个个问题铺天盖地地向我袭来……经过一番激烈的思想斗争，来自心灵深处的那个声音征服了我：“逃避就是极度的不负责任，作为老师，就应该敢于面对错误，这样才能赢得学生的尊重与信赖。”

常听别人说：“错误有时也是一种美丽。”现在既然错误已经造成，那么我何不抓住这个难得的机会，给孩子们创造一个思辨的舞台，引发他们的深度思考呢？有了这样的想法，我赶紧来到教室，在黑板上写下了这样两句话：①两个乘数的末尾各有一个 0，积的末尾就一定有两个 0；②两个乘数的末尾各有一个 0，积的末尾就一定是两个 0。要求学生进行比较，找出不同之处，学生很快就找到了是“有”和“是”的区别。

“既然如此，那你们知道‘有’和‘是’到底有什么不一样呢？”我追问学生，孩子们稍作思考后作出了如下回答：

生：“有”的话可以是很多，“是”的话就只能是一个。

生：就是就是，我能举个例子，我的口袋里有 1 元钱，不是说我的口袋里就真的只有1元钱，可能有10元也说不定。

师：那你口袋里是多少钱啊？（我笑着问说）

生：我口袋里有5元钱。

师：同学们，你们说他口袋里有1元钱吗？

生：有！（大家异口同声地说道）

生：老师，我现在知道了，有两个0不是一定是两个0，也有可能是3个0，或是更多。

生：对呀，对呀！所以第一句话应该是对的，第二句才是错误的，看来我们原先是想错了。

……

在随后的日子里，我发现孩子们的思维活跃了，敢想、敢说、敢问、敢提意见，学习研究的氛围特浓。我好开心，这封学生来信，竟然带来了意想不到的收获。

对学生质疑能力的培养并非一朝一夕就能成功。学生敢于质疑是前提，学会有效质疑是关键，教师相机跟进释疑、智慧地引导思考是实施策略。教师在教学时，应该以“疑”为线索、以“思”为核心，在培养学生质疑、释疑能力的过程中，激发学生的求知欲，提高探索问题的能力，深化对知识的理解，形成积极的学习情感态度。

让学生学会提问和质问，不仅是学生成熟的标志，而且教师还能从中受益匪浅。我国著名桥梁专家茅以升先生生前总是鼓励学生积极思维、提出问题，一节课至少要提十几个问题。茅以升先生说他的许多设计方案就是受学生问题启发而产生的。

综上所述，面对聪明学生的一些行为表现，在教学时，聪明教师的做法是通过自己的行为改进，把学生教聪明。其中一种教师的行为改进就是在教学中，教师不要总是自己提出问题，让学生回答，更是鼓励学生敢于提出问题，从而带动学生积极发现问题和解决问题。此时，教师可以参考以下研究路线：

培养学生提问的步骤	引导学生提问的策略
创造提问条件，使学生想问。 消除心理顾虑，让学生敢问。 教会提问技巧，让学生善问。	全封闭情境中提出问题要巧妙发散。 半开放情境中提出问题要灵活多变。 开放情境中提出问题要形散而神聚。

教师：
大声呐喊，让学生做学习的“勇士”

聪明学生应该是充满阳光的，姿态应该是积极的，充满自信和斗志应该是他们的学习常态——

21世纪是充满竞争的世纪，敢于冒险、敢于探索、善于竞争、富于创造是21世纪对人才的基本要求。这些品质无一不与良好的心理素质密切相关。可见，心理健康教育不仅是时代发展对教育的必然要求，也是实施素质教育的核心。在众多心理素质中，自信心的培养显得尤其重要。国外一些心理学家跟踪调查了数百名智力发展水平较高、生活环境和教育条件大致相同的少年。当这些被调查的对象步入显示成果的年龄时，出现了明显的差异，有的成了事业上的佼佼者，有的却无所作为。研究结果表明，个体的心理定式在成才过程中起着重要的作用。那些自我肯定的内心倾向较稳定者，其成功率大都超过自我否定倾向较明显的人。自信心作为一种积极进取的内部动力，其发展水平是与活动的成败相对应的。一个充满自信的人，事业总是一帆风顺的；而没有信心的人，可能永远不会踏进事业的门槛。这说明自信心作为成才的重要条件，它在少年心理健康教育中的价值已被社会各界人士所接受。

当学生敢于挑战自我、具有自信心时，他们才有可能斗志昂扬，敢于挑战别人（同学、老师和书本）。在一次召开的中外大学校长论坛上，耶鲁、牛津等多位高校校长称，中国建成一流大学最快需20年。耶鲁大学校长理查德·莱文称中国大学最缺评判性思维的培养，大学生总是被动的倾听者、接受者。与此观点类似，牛津大学校长也称中国缺乏敢挑战权威的学生。中国缺乏敢挑战权威的学生，其实这样说是一种给中国大学教育面子的说法，是一种好听的说法，实质就是说中国缺乏创新的学生，缺乏有创新思想的学生，或者说是有创新思想的学生却不敢将新思想说出来。学生的自信心和战斗力需要我们从小培养。

一、让学生勇于“高调”地学习

由于学生存在着智力上的差异，因此，在一个班级中，总是有相当一部分学生生活在班级的角落里，他们时不时地受到教师的冷落和同学的嘲讽，在这种情形下，他们的心情是“灰色”的，他们的学习是“低调”的，成绩也越来越差。

［问题案例 1］差生是怎样造就的？①

十几年前，我是一个差生。以中考为例，数学、物理、化学加起来我考了 119 分。若不是文科成绩还凑合，高中生活什么样，我根本无缘体会。

我曾研究过我为什么成了差生，得追本溯源到小学五年级时的转学。起初是在新学校不适应，后来我发现新班主任根本不喜欢我。在路上碰见，我向她问好，她只用鼻子哼哼几下，那架势仿佛寄人篱下的继女讨好地喊后母“妈妈”，得到的却是不耐烦。

我做错一道题是错，忘写某样作业是错，作文中出现一个新奇的比喻——“雪，是老天爷挠下的头皮屑”，更是错。班主任说：“教出这样的学生，我觉得丢人。”然后我被罚站。同学们挤眉弄眼呵呵笑，我的头郁闷地低着。此后，我便有些厌学。

其实，即使这样，我的成绩也不算差，只是老师塑造了我差的形象。但这期间，厌学情绪持续酝酿，并在一年后爆发，那时，我已是初中生。

我的数学课本下永远放着一本与学习无关的书，三毛、琼瑶、亦舒……随后，一张张卷子堆在抽屉里，上面大多写着鲜红的三十几分、四十几分。发展到高二期末，150 分的数学卷子，我的分数是 29 分。

我总觉得，因为是差生，我对世态炎凉有了更早、更深的体会。不止一次，我和老师说话，明明请教问题，她就是不回答，只是把我晾在一边；再问，她就从眼镜片的上方直直地看我，仿佛要把我的羞耻心看得破胸而出。

---

① 摘自 2010 年 6 月 10 日《中国青年报》，文章题为《不知不觉将性格底色刷成自卑》，作者林特特。

中国传统上是不讲究高调的，但是那是在农业社会形成的规则。在农业化的社区里面，人们的社会网络相对固定，彼此认识，不需要高调，也不认可那种可能打破社会格局的调门。但是到了现代的信息社会与工业化社会，人与人之间的社会交往松散化、规模化、快速化了。从机会上说，我们似乎接触了更多人；但从沟通效果来说，人与人之间的关系密切度反而下降了。因此如果不高调，其他人都不知道你是谁，不知道你做了什么，不知道你能做什么，不知道那是你做的，不知道你这样做的道理，也不知道你跟其他人做的有什么不一样。

学校也是一个需要彼此沟通的小社会，在这个同样存在着“阶级”的小社会中，一是教师要转变自己的思想，能够重视下层学生的学习状态，为他们创造一种安全的、阳光的心理环境，促使他们积极向上；二是学生要有自己不甘落后的内力，拥有不自暴自弃的积极心态，勇于表现自己，敢于挑战别人，让自己时时活跃在公众的视野里，从而博得老师和同学的刮目相看。学生要改变自己、战胜自己，就必须“高调”地学习。

[改进案例] 最后一堂课①

直到今天，回想起那一段经历，我仍心存余悸。那时候，她教古汉语，那是我们中文系一门很枯燥的科目。几堂课下来，我就在感觉索然无味之后，开始赶写自己的稿子。

一次，她突然叫我起来，提了几个很费解的问题，在我的一阵沉默后，她铁青着脸说：“潘同学，请你到讲台边上站着听课。”几个同学露出幸灾乐祸的“笑脸”，我感到莫大的耻辱。

我抬起脸，硬邦邦地说：“请问老师，有没有更好的解决办法?”

“有!”她的脸更红了，一字一句地说，“那就是，你走出教室，这学期我的课你不用上了。”

那几张“笑脸”不见了，他们一定也开始为我担心。在他们的注视下，我不假思索地推门而去。

转眼几个月过去了，这期间，我常在自责与不安中度过，心里再也没有那份骄傲与不羁了。

只剩下最后一堂课了。那天，我早早地进了教室，心里是一片波动不止的湖。她走上讲台，我偷偷地看了她一眼，她显得有些苍白，我为自己

① 摘自石油工业出版社《你必须有一样是出色的》一书，作者为潘炫。

当初的冲动而后悔不迭。她环视教室，就在那一刻——我们的目光匆匆相对的那一刻，我看见她黯淡的眼神有了一丝光亮，而且脸上悄悄地绽开了一朵微笑，只有我能看见。

那一堂课，她讲得很生动，我也听得很专注。就在离下课只有十分钟时，她说："同学们，剩下的十分钟可不可以给我？"同学们都不解地看着她。

"几个月前让潘炫同学走出教室的那一刻我就后悔了"，她开门见山地表白让我无所适从。"几个月来，我无时无刻不在一份歉意中度过，看着他空空的座位，我常常自责。请同学们原谅，因为我的错，更因为我不敢承担自己错误的后果，一再地推卸责任。感谢潘炫同学这节课能来，给我这个道歉的机会……"而我呢？我又何尝不是在自傲与任性中一再地推卸我的责任。我流着泪走上讲台，朝她深深地鞠了一躬。

几个月前我走出教室之后，这是我第一次听她"讲课"，也是最后一堂课了，庆幸的是，我没有错过。

在欧美名校里面，中国名校学生相对更多，为什么？难道他们真的歧视中国的非名校学生吗？实际上不完全是。一个很重要的原因是，中国的非名校学生根本没有申请欧美名校的自信，而如果你敢大胆申请，其实也有相当的机会。我们今天身处一个快速发展、周围充满各类资源与机会和风险的时代，没有一点高调沟通的意识与能力，就会成为二八定律里面的弱势一方。在这样一个已经在本质上发生了变化，但很多人还普遍低调的社会环境里，高调本身就是竞争力。而很多家长、老师还没有意识到这一点，他们给小孩子灌输的还是低调做人的惯例，这就首先需要我们改变自己的教育方式。

一个身材矮小的女孩，喜欢上了乒乓球，所有的人都因为她自身的条件不看好她。但是她的父亲坚持对她说："你很优秀，真的。"这个女孩就是乒乓球国手邓亚萍。

一个有口吃毛病的孩子自卑极了，而他的母亲对他说："孩子，这是因为你的嘴巴无法跟上你聪明的脑袋之故。"这个孩子长大后是美国通用电气公司前首席执行官杰克·韦尔奇。

一个女青年考了两次研究生都落榜了，而她已经28岁了。在她挣扎的时候，她的妈妈告诉她："改变自己，什么时候都不晚。"这个女青年就是29岁考上北京广播学院研究生的敬一丹。

当一位父亲无奈地把全社区最坏的男孩介绍给孩子的继母时，这位继母却说："你错了，他不是全社区最坏的男孩，而是最聪明、但还没有找到发泄他热忱的地方的男孩。"这个孩子就是日后创造了成功的"28 项黄金法则"、帮助千千万万的普通人走上成功和致富大道的卡耐基。

一个 10 岁的女孩因为是黑人，旅游时被挡在了白宫门口。父亲对孩子说："要想改善咱们黑人的状况，最好的办法就是取得非凡的成就。如果你拿出双倍的劲头往前冲，或许能获得白人的一半地位；如果你愿意付出四倍的辛劳，就可以跟白人并驾齐驱；如果你能够付出八倍的辛劳，就一定能走到白人的前面！"这个女孩就是日后成了美国历史上第一位黑人女国务卿的赖斯。

一个男孩 15 岁时对母亲说自己将来一定要竞选美国总统，母亲这样回答他："孩子，我相信你能行。妈妈也曾经有这样的梦想，只是当我觉得我做一个让病人喜欢的护士更合适时，我就放弃了。现在对你来说，也许正是实现这个梦想的最好时机。"这个孩子就是日后成为美国总统的比尔·克林顿。

一个孩子说："我要跳到月亮上去呢。"妈妈微笑着说："好呀，但是，可别忘记回来喔！"这个孩子就是第一个登上月球的地球人阿姆斯特朗。

是啊，当我们感叹自己的孩子不听话、不懂事、不爱学习的时候，是否反思过：一直以来，我们有没有送给自己的孩子一句有价值的话，让他们能够高调地生活和学习？

沟通不只是一种意愿，也是一种方法与技术工具，徒有沟通的善意也不一定有好的沟通结果。今天我们要科学地学习与掌握更多的沟通知识、技术与技巧，从而使得我们在有限的沟通成本下达到更好的沟通效果。

[参考案例 1] **弱者不怵路途险**

老教授以教学方法独特享誉全城，如今已是桃李满天下，不可思议的是，他却为自己的儿子大伤脑筋。

这天，期中考试成绩揭晓，儿子在全班 70 多名同学中，总分排到 50 名之外。每到这时，老教授对待儿子，除了严厉的批评、讲解大道理之外，再也没有什么好的方法。但是，老教授发现这样做对于儿子来说，已经无济于事，因为有个可怕的念头早已埋在儿子的心里："我太笨。我的先天条件不如别人，怎么努力也赶不上成绩好的学生，只好甘拜下风。"

这次，老教授一改往日严肃的面孔，温和地拿着成绩单，鼓励儿子道："因为你笨，才能考第一。"

接着，老教授平静地给儿子讲了一则故事：有一座富饶的金矿，堆满闪光的金子，吸引着成千上万的人。通往金矿的路只有一条，位于一处地势险恶的峡谷，谷底奔腾着咆哮的急流，峡谷间只有一座索桥，有不少人因失足而葬身深渊。这天，来了四个人，一个是呆子、一个是聋子、一个是盲人，只有一个是健康的人。

"前面那三个都过不去，肯定是那个健康的人过去了。"儿子打断了父亲的话。

"错了。"老教授继续讲着故事：呆子看着眼前的一切，脑子里只是白纸一张，什么都没想，哼着小曲，便优哉游哉地过去了；聋子看着这座桥墩，有点害怕，但他听不到急流的咆哮，盯着脚下，十分顺利地通过了；瞎子不知峡谷的险恶，显得心平气和，像平常一样，用拐杖试探着，慢慢地移动，也稳妥地到达彼岸；第四个聪明的健康人，犹豫了好久，又舍不得那座山上的金子，只好硬着头皮走上桥墩，然而，他早已两腿发软、面色如土，一下子跌入谷底。聪明的人总是把问题想得太复杂，往往把事情办得很糟糕，而奇迹往往就发生在这些看似笨家伙的身上，只要去做，一切梦想都会变为现实。

从此，儿子彻底改变了对自己的看法，成绩一路飙升，考上了理想的大学。

这个案例中，老教授采用一个励志故事打破了儿子的惯常思维，打消了儿子的思想顾虑，让他明白了这样一句话："智者的缺陷是能看破红尘，把事情看得太透彻，那样只会被困难吓倒，阻碍前进的脚步。而弱者不知路上的险恶，轻装上阵，结果往往出人意料。"这样的一个道理，使儿子振奋了自己的精神、改变了自己的面貌、提高了自己的成绩。

或许有人说，中国人内向，美国人外向。其实美国人外向、开朗的性格不是与生俱来的，而是社会环境的产物。还记得"水管工老乔"吗？如果你关注了美国大选，一定对这个名字不陌生。他尖锐地质疑奥巴马的加税主张，因此成了美国家喻户晓的人物。众多媒体蜂拥而至，老乔一次次在镜头前侃侃而谈。有人说，老乔是信息时代的幸运儿，而造就他这种幸运的，是他的口才。实际上，很多美国人都有和老乔一样的口才，都有在镜头前自如表达的本领。表达能力是美国主流社会最为看重的个人素养之一，也是每个美国人从小就被不断训练的能力。

“课堂报告”这个概念出现在中国学生的视野中一般是在大学阶段。然而，从小学开始，“课堂报告”就已成为美国学生学习的重要内容之一。在大学里，许多课程都会安排小组讨论，让学生在讨论中深入了解、运用甚至批判课堂上讲授的内容。这种讨论课一般由助教来组织，给分的标准就是学生上课时发言的数量与质量。由于在求学阶段受过扎实的训练，美国人进入社会后仍保持着表达能力的高水准。每天电视里都会出现针对各种事件的街头访问，很多受访者在摄像机前都能泰然自若、滔滔不绝。

二、让学生敢于“反调”地学习

曾经在杂志上看过一则题为《以牙还牙式》的笑话——

有一次课堂上，一学生捣乱。

老师：“我从来没见过你这样的学生!”

学生：“你这样的老师我见得多了!”

这则笑话中，虽然是一名捣蛋学生的“反语”，却也带给我们思考：在如今的教育中，敢与教师唱反调的学生有几个？在大一统的教育中，要么是“异口同声”的壮观，要么是“沉默是金”的寂静。上述教育的“笑话”常常被我们看做是学生的捣乱。

美国诗人艾略特·温伯格有一番话说得让人一时半会儿醒不过神来。他讲，几年前，他第一次被邀请担任一个诗歌奖的评审，需要读600本当年美国出版的诗集。每本诗集的作者他都不熟悉，不过所有的诗集都通过了初审，写得都不错，却不过“好得很平庸”而已。说它们“好”，这不难理解，因为每本诗集都是学院创作课的可喜成果，又经过精挑细选，才拿到各位评审面前。但同时又说它们“很平庸”，这就令人很不解。温伯格解释说：“没有人试图出奇制胜，我本来盼着有本特别差的，找到一个坏诗人。但没有坏诗人，每个都不错。”

原来，这些诗集都好得四平八稳、中规中矩，没有“出奇制胜”，没有鲜明个性，连“特别差的”“特别坏的”都没有。因为一团和气，一片平面之上的葳蕤，一种大同小异的光滑，你好我好大家都好，难怪都“好得很平庸”。这让我们不由想起一些中国的好孩子，现在在他们中间寻找到一个“坏孩子”也很不容易吧？我们的教育是让“坏孩子”变成“好孩子”，最终出现的却是“好得很平庸”的一大群、一大堆，那些原来很可爱、很喜欢捣乱的“坏孩子”又都到哪里去了？

温伯格一针见血地指出，学院创作课最大的问题是，“本来在年轻时，你要写让自己羞愧的东西，尽量疯狂，尽量尝试”，然而一想到会有“老师”和“前辈”前来评判你，你要讨得他们的喜欢，就尽量写得聪明、中庸和千篇一律了。

青春难离青涩和迷茫，所以一定有“让自己羞愧的东西”，而这正是青春走向饱满红艳的催化剂；青春在青涩的同时又激情回射，尽可以疯狂，尽可以尝试万般可能。

现在，满城都是聪明人，都是志存高远的“好孩子”，没有几个愿意“试着做得像傻瓜”。因为创新、创造、捍卫个性确实不容易，而听老师的话很容易，讨得欢心抚慰也很容易。许多人用自己的个性和理想为代价，去讨得所谓的“长治久安”，不敢“差”，更不敢“坏”，亦步亦趋、谨小慎微、圆滑世故。到后来，抬头一看，自己和别人竟没有什么差别，般般好、样样红，却“好得很平庸”，好得没有一点棱角。

[问题案例 2] 美国人为何要“孟母三迁”？

侄女一家住在美国加州湾区一个依山傍水的小镇，住着不少高知华裔人士。由于受传统文化的影响，华人的孩子学习格外刻苦认真，个个都能考高分。这使得整个小学的学习成绩格外突出，这在该地区是出了名的。用国内的话说，这是一所名副其实、出类拔萃的“重点小学”。侄女有两个女儿，都很聪明伶俐，在学校学习也很拔尖。侄女夫妇为孩子能有如此优越的学习和生活环境而欣欣然。

侄女家的邻居是一对美国年轻夫妇，两家人相处得很好。一天，美国夫妇带着自家的孩子来到侄女家，说明天就要搬家离开这儿了，是来道别的。

侄女有些疑惑，问：“我们相处得好好的，孩子们的学校又很优秀，为什么要搬家呢？”美国夫妇说：“正因为这座学校过分‘优秀’，我们才决定搬家。”

侄女问：“为什么？”

美国夫妇说：“这座学校的学生太厉害，我们和孩子都很害怕！”

看侄女很不解，美国夫妇解释说：“这个学校里的中国孩子，学习一个比一个刻苦，考试成绩一个比一个突出。在这样的环境里，我们的孩子很压抑，影响了他的心理健康。想想，让孩子长期在高分同学的挤压下学习，他的自信心无疑会受到极大挫伤，因而会导致悲观甚至是自暴自弃的可怕后果，这样，哪还谈得上理想和创新？所以，我们决定搬家，就是为了让我们的孩子躲避这种紧张的学习环境啊！”

中国的教育是抹杀学生天性、泯灭学生个性的教育，学生只是听讲，而缺乏表达自我见解的欲望，学生只是听话，而缺乏表达自我观点的勇气，这种“低调”是我们教育的一种悲哀。真正的教育需要学生勇于突破思想上的封闭和行为上的封锁。

[参考案例 2] 推开心中的那扇门

听一位心理学老教授作讲座，为期五天。

老教授似乎很勤快，每天都是第一个到，并把会议厅的门大敞开。然后坐在主讲席上慢慢酌着茶，笑眯眯地等着听讲座的人来。

人们陆续走进厅里，偶尔有人不经意带上了门，每次，老教授都会亲自走过去，再次把门大敞开。真是个认真可爱的老头儿！人们私下议论着。于是，大家也就跟着认真起来，很少有人迟到。何况，老头儿的讲座着实令人着迷。

每天，人到齐的时候，主讲席上的那杯茶总是被喝得剩下一半；讲座结束的时候，茶也就见底了。

第四天，茶快见底之时，老教授给大家讲了下面一个故事：

有人将一个很大的鱼缸，用一块玻璃隔成两半。在鱼缸的一半放进去一条大鱼，并连续几天不给鱼喂食。几天之后，在鱼缸的另一半放进去许许多多的小鱼。这时，极度饥饿的大鱼看到小鱼后，便不顾一切地游向小鱼，不过很快被顶了回来。第二次，大鱼更努力地朝小鱼冲去，结果更惨。第三次，第四次，第 N 次，直到大鱼疼痛难忍，最后不得不放弃了眼前的美食。之后，鱼缸中间的那层玻璃被人抽掉，这时，小鱼再游到大鱼面前的时候，大鱼也熟视无睹，只是眼睁睁地看着小鱼在自己面前游来游去。

故事一讲完，讲座便随之结束。老教授没有给大家提供抒发感慨的机会，却宣布了一件更令人兴奋的事：“明天，大家将和我一起现场参与一个类似的、有趣的实验。”

第五天，第一个听讲座的人到来的时候，门还没有敞开。终于先于那老头儿一步了！他边想着边站到门的一边，开始等。又过了一会儿，第二个人到来，她看了看紧闭的门，又看了看旁边的人，立刻意会，于是，也自觉地站在了门的另一边，也开始等。紧接着，第三个人、第四个人、第五个人，不一会儿，门的两边便站满了人。直到上下层的所有过道和走廊里挤满了来听讲座的人。门，却依然紧闭着。

讲座的时间已经过去了十多分钟，人们看起来还是有足够的耐心，不温不火。也是，每次都是老头儿等他们，今天是最后一天了，他们还是要给老头儿点薄面的。更何况，老头儿还有一项有趣的实验等着大家参与呢。

半个小时后，沉默的人群终于有人按捺不住了。教授不会来了，大家回吧！一位勇士，边大声嘟囔着，边狠狠踹了一脚紧闭的门。

咣当！门却开了。

“啊！”众人齐声惊叫。

主讲席上，老教授正笑眯眯地酌着茶。只是，茶已见底。

这是我所参与过的最难忘的一次实验，也是我所参加过的最短却最精彩的一次讲座：讲座还没开始，便已经结束了。内容虽然空白，余味却足够浓烈。

大鱼是可悲的，因为屡次受挫而不敢再去冒险，因为害怕失败而不敢再去努力尝试，结果，机会近在咫尺，却最终与之擦肩。人又何尝不是。前行的路上，真正无法逾越的障碍，不是紧闭的门，而是自己的心。若要成功，就要先推开心中的那扇门。但愿我们的学生不只会做屈服于现实的应声虫和“月亮走我也走”的跟屁虫。

［参考案例 3］与无神论教授的 PK

枯燥无味的哲学课是大学生活中最难捱的时光。主张无神论的教授在讲台上唾沫横飞地讲述晦涩的哲学概念，下面的诸位“看官”早已经“嗡声一片”。教授不由得怒火中烧，打算给这帮不知学问为何物的学生一点颜色看看。他拿起花名册，随口叫起一位。

“你是否相信上帝？他对人类好吗？”教授问道。

“当然了。”学生回答道。

教授诡异地笑了一声，继续说道：“我的兄弟死于癌症，不过死之前他曾向上帝祈祷多次。相信大家都对生病的人怀有怜悯之心，可为什么上帝这么冷酷呢？上帝的好在哪里？”

那名学生陷入沉默。

教授得意地说：“你回答不上来了吧？小伙子，我们再换另一个话题。如果上帝很好，那么魔鬼撒旦是不是很坏？根据《圣经》记载，撒旦是上帝创造的，上帝创造了一切，那么世界上的疾病、仇恨、丑陋和罪恶是否也要‘归功’于上帝的巧手呢？”

学生眉头紧锁，陷入深深的思索。

“科学告诉我们，每个人利用5种感官观察周围的世界，告诉我，你见过上帝的模样吗？听到过上帝的声音吗？或者你是否摸到、尝到或闻到过上帝呢？”

“从来都没有。”

“所以，可怜的孩子，根据科学论证，你的上帝根本不存在。但你仍对他的存在坚信不已。”

“没关系，我能感受到上帝的存在，我有信仰。”

“信仰是什么？它能主宰你的命运吗？说实话，这些年来我一直搞不懂信仰和命运是什么！”

就在对话即将陷入僵局的时候，让人意想不到的事情发生了。那名学生飞过课桌，向讲台奔去，然后给了教授一拳。所有的学生都瞠目结舌地看着这一幕，大气都不敢喘一口。这到底是怎么了？

教授脸色酱紫，指着这名学生吼道：“你肚子里没几滴墨水，还敢打老师！我的课堂不欢迎你！滚出去！”

令人诧异的是，学生竟然“咯咯”笑了两声：“教授，不好意思，我只是在‘形象化’地回答你的问题。对不起，这一拳一定很痛，请问你是否看到、闻到或摸到过‘痛’？没有吧？所以按照你的科学推理，‘痛’根本不存在。”

“这个……唔……”

“教授，你昨天晚上备课的时候或者曾经某个时间，是否想到会吃我一拳？”

“当然没有！”

“这不就是命运嘛。”

“还有，人是不是从猴子演变来的？”

“按照达尔文的进化论，这样的说法没错。”

“那么教授，你是否亲眼看到过人类进化的过程？”

教授无奈地摇了摇头，知道大势已去。

“既然大家都没看到过，也无法给出确切的证明，那为什么教授您还要传播这样的思想？你到底是科学家还是传教士？”教室里响起了口哨声。

“亲爱的同学们”，这位学生转身说道，“有人看见过教授的大脑吗？”

大家顿时哄笑成一团。“那么，又有谁听过、摸过或闻过教授的大脑？

我们是否可以根据科学推理，得出结论：教授，很不幸，你没有大脑。”

教授简直被气得冒烟了。他一边维持着课堂秩序，一边大声地说道：“虽然你们感受不到我的大脑，但是你们应该相信，或者说抱着这样的信仰：每个人都是有大脑的！”“对呀，教授，这正是我要说的。人与上帝之间的唯一的联系就是信仰。是信仰，让这个世界的人们保持生生不息的斗志。”

这是发生在印度的一个真实的故事，故事的主人公正是首位当选印度总统的职业科学家阿卜杜勒·卡拉姆博士，可以说，他的敢作敢为、敢于与权威作斗争的“反调”为他以后的事业奠定了良好的基础。

除了在行为上勇于反其道而行之，语言上的一反常态有时可以于平淡无奇之中说出别致新颖，于山重水复之时说出柳暗花明，进而妙语惊人，获得极佳的交际和交流效果。

1972 年，美国总统尼克松访问苏联期间，某次在机场等待飞行时，不料飞机引擎却怎么也发动不起来。听到这个消息，前来送行的勃列日涅夫既着急又恼火。于是，他用手指着一旁的苏联民航局长问尼克松：“总统先生，您看我该如何处分他？”“提升他！”尼克松含笑答道。“为什么？”面对勃列日涅夫的疑惑，尼克松随即解释道：“因为在地面发生故障总比在空中发生故障好得多！”此言一出，所有人都乐了起来。

在如此重要的外事活动中，飞机引擎竟出现故障，这于宾主双方而言，无疑都是一种尴尬。此时，作为主人的勃列日涅夫，或许是急不择言，或许是想借此挽回一点脸面，便向尼克松抛出一个不大不小的难题——该如何处分民航局长（此问题中隐含着“您可能碰到过类似情况”之意）。面对这一难题，如应答不当，肯定会致使当时的场面更加尴尬。但尼克松毕竟才智过人，他一反“有功方可提升”这样的惯常思维，敏锐地由“地面发生故障”（过失小）联想到“空中发生故障”（过失大），进而将“有过”与“提升”之间建立起一种因果关系。如此出人意料的奇语，既显逆向思维之美，又具幽默诙谐之效，因而，能消除尴尬、解决难题，也就在情理之中了。

在教育教学中，青春期学生普遍存在令人头疼的逆反心理，教师有时巧用逆向思维说话做事，可以获得比正向思维说话做事更佳的教育教学效果。

[参考案例 4] 陪儿子做喜欢的事

读五年级的儿子是十足的 NBA 球迷。一有时间，他就会到网络上下载有关 NBA 的消息，收集有关 NBA 的卡片、海报。看着儿子学习成绩一天天下滑，我心里很着急，想过用强制手段，又怕难以收到理想效果。苦思冥想后，便陪儿子一起关注 NBA。

一个周末的上午，电视直播姚明在休斯敦火箭队的比赛，我让儿子来看。他惊讶地看着我说："你让我看比赛?"我说："是啊，你不是喜欢吗?我陪你看。"儿子边看比赛，边绘声绘色地给我讲有关 NBA 的知识，看他眉飞色舞、兴致勃勃的劲儿，我怎么也想不到他学习成绩会下降。

每次看球，我都让他准备好笔和纸，边看边记录着上场队员的名字、上场时间、得分、栏板、犯规次数等数据，并鼓励他为每个 NBA 球队都建立档案。因为喜欢，儿子自然听我"安排"，不厌其烦地去做。每到周末，我建议他把自己所看的 NBA 比赛，以日记方式写成评球文章。有时，我也针对儿子认为重要的场次，同他一起写点对比赛的看法，同儿子交流。儿子从网上查到有关篮球比赛中专用术语的英文单词，还有球员的有关简历，没多长时间，就能在看球时随口念出标准的英文读法。

半年来，同儿子一起看比赛，不知不觉中我也喜欢上 NBA。儿子养成了每天记日记的习惯，掌握了写观后感的技巧，写起作文不再犯难不说，语言逻辑也顺畅多了。更重要的是，我们有了共同语言，父子由原来的管教与服从关系，变成了默契配合的知心朋友。

上述案例中，原本要制止的事情，父亲反而提倡，并陪孩子做他喜欢的事儿，这让孩子感到不可思议，内心自然涌出感激之情。在这样良好的关系之中，父亲继而提出的一些小意见和小建议，孩子当然能够欣然接受，在心理上不再反感。这种顺着孩子的心意而逆着自己的本意的"反常"做法，无疑有着深入人心的"非常"效果。

[**参考案例 5**] **帮孩子降低成绩**

一名小学生极度厌学，家长请了多个家教均无成效，不得已，又花高价请来一位特级教师。老师到后，小朋友先发制人道："又是来帮我提高成绩的吧？别做梦了！"

"错！我是来帮助你降低成绩的！"见小朋友睁大了眼睛，老师接着笑道："我来的目的就是让你考零分——如果你哪天考了零分，我立马走人！怎么样?"

听到这匪夷所思的话语，小家伙欣然同意。于是老师出了 10 道选择题，结果想做错的小家伙竟歪打正着——答对了 5 道。第二次，第三次……总是不能全做错；而各种知识则通过答题排除（正确选项）、答案辨析（正误判断）中，源源不断地进入小家伙的头脑之中。一段时间后，小朋友的成绩也就在情理之中地有了很大的提高。

这个案例中，老师的话就使用了逆向思维，孩子觉得老师是来帮他提高成绩的，所以有些逆反心理，而老师则故意唱“反调”，说自己是“帮助降低成绩的”，如此反语，与孩子设想的大为不同，自然引起了孩子的好奇，让孩子感到好玩，进而是积极配合，最后，老师达到了目的，孩子提高了成绩。

除了上述在语言和行为上让学生唱“反调”或与学生唱“反调”这些做法之外，我们还可以让学生在角色上唱“反调”，让学生做老师，这种角色的“反串”同样能够调动学生的积极性。

儿子迷上当“妈妈”了。本来每晚睡觉前的拉家常是由妈妈发问儿子回答，今晚变成了儿子“妈妈”问妈妈“儿子”：“宝宝，你今天在学校唱什么歌了？”儿子问我。

“今天没唱歌，画画了。”我学着儿子的口气回答道。

“那画什么了？画给我看看。”

我随便在枕头上画了一个圆圈，然后再画根线，告诉儿子：“我们今天画苹果了。”

“你这画的什么？重画！”

“为什么要重画？”我可从来没这样要求过他。

“我现在是老师，我觉得你画得不好，重画。”还小手一挥，佯装把我的画扔到地上。我只好认真点，重新“画”。后来总算过关了。

今天的幼儿园学习内容还没问出来呢，于是我发问：“妈妈，你们今天上班唱歌了吗？”

“唱了，唱《我们的祖国是花园》，施老师弹琴，我们唱的。”他认真地唱着，我开心地听着，尽管有些地方吐词不太清楚。

时间已经九点二十分，该睡觉了。我眼睛一闭，假装要睡觉，撒娇似的说：“妈妈，我要觉觉了。”他不依，说：“宝宝，再玩一会儿吧。”我认真地说：“妈妈，我明天还要上学呢。”他“扑哧”一下笑了，说：“好吧，宝宝，我陪你睡觉。”然后他给我关了灯。咦，这么爽快？平时妈妈得“打雷闪电”的，有时宝宝还得下点小雨，才不情不愿地睡觉。

上述角色互换游戏真有趣，孩子在做“大人”的角色扮演中模仿着大人的语言表述和行为要求，而大人则在扮演“乖小孩”的角色中引导孩子在以身作则中心甘情愿地达到了教育的要求。

［参考案例 6］另解《小马过河》

周日上午，我正在屋里看书，听见小外甥和小伙伴吵了起来。

小外甥正在给小伙伴讲课文《小马过河》。小伙伴听后却反驳说：“不对，我爸爸不是这么说的。”小外甥的课程基本上都是我辅导的，经常得到老师的表扬，为此常沾沾自喜。

《小马过河》的故事大家都知道，中心思想就是小马妈妈的那句话：“自己亲自去做一做，你就会知道河水是深还是浅了。”我也是这么给小外甥讲的，而且，相信这道理绝不会错。

可那个小伙伴说：“这个故事告诉我们，能否过河不在于河水的深浅，而在于自己的高低。不管做什么事情，都要想办法提高自己的能力。如果换了小松鼠问妈妈，你觉得松鼠妈妈会让小松鼠自己去试一下吗?”

以前所学虽然没有错，但我们或多或少都忽略了些什么。

上述案例中，我们除了感受到孩子思维的独特性和敢于反对“老师”之外，还应该注意到孩子做小老师的那种角色置换后的生动场面。或许在这样平等的气氛之中，听讲的孩子心里会感到更加安全和自由，思维也就更加自由，于是也就能够想出与“老师”不同的思想观点，并敢于毫无顾忌地表达出来，甚至与“老师”辩论起来，这种热闹的景象可能是教师做“老师”时难以见到的。

综上所述，面对聪明学生的一些行为表现，在教学时，聪明教师的做法是通过自己的行为改进，把学生教聪明。其中一种教师的行为改进就是在教学中，教师要提高学生的自信心，让学生能够“高调”地学习，同时教师要提高学生的战斗力，让学生能够“反调”地学习。此时，教师可以参考以下研究路线：

培养学习“勇士”的方向		培养学习“勇士”的方法	
让学生“高调”地学习	培养学生的自信心	激励法	高歌（表扬激励） 高攀（目标激励）
让学生“反调”地学习	培养学生的战斗力	激将法	反说（语言激将） 反做（行为激将）

教师：鸿雁传书，传递给学生学习的“接力棒”

聪明学生常有说不尽的话和说不清的话，急需多种渠道的表达方式，还常想听来自多种渠道的能温暖自己和帮助自己的美言和良言——

教学中师生情感和思想的交流更多的是依靠语言交谈的方式进行，这是一种公认的教师和学生之间沟通的快捷方式，在教学过程中广泛使用。然而，教师多说话有时未必能让学生开心和开窍，因为教师多说话会养成好说话的习惯，导致学生听的越来越多、说得越来越少，最终沦为教学的听众。

言为心声，我们要读懂学生，其有效的一个途径就是让学生多说话，还要说自己的话。要让学生多说话，教师就必须少说话，一是要给学生说话的时间，二是要给学生说话的空间。不仅可以当堂说，而且可以课后说，不仅可以当众说，而且可以私下说，对于后一种，让学生把自己想说的话写下来传给想听的人是一种很好的做法，既可以克服课堂教学时间紧张的矛盾，又可以解决教师难以关注全体的问题，还可以避免学生有时不想当众表达的尴尬，有利于教师更好地进行课堂时间的分配和学习资源的分配，从而提高课堂教学效益和学生学习的积极性。

一、给学生一张可以尽情发表意见的“纸条”

曾经在杂志上看到一篇题为《走得最远的纸条》文章——

大学毕业后，她在塞尔维亚西南部的一座城市从事销售工作。她干得很卖力，成天忙碌奔波，业绩却不够理想，这让骨子里不服输的她深感到失意，却一直找不出原因。

有一次，公司组织一场名为“让纸条行走”的趣味比赛，规则很简单，就是给所有参赛选手分发一张空白纸，然后由选手自行在上面发挥，再以编号而不署名的方式让它在其他员工中间自由传递，最后比较哪张纸条传递的范围最广、时间最长。

比赛其实是以纸条为道具，考察选手的感染力和交际力。她第一个报了名，下决心要抓住这次机会，证明自己的公关交际实力。她苦思冥想了三天，决定以本国历史上的阿尔巴尼亚族起义为背景，展示一群民族英雄形象，再以本地的特色谷物、牛羊图案为背景，寓意革命给人们带来新生，创造了美好生活。她生动逼真地描画下它们，把整张白纸装饰得严实精细，想象它问鼎桂冠的情景，不禁满意地笑了。

到了上交作品的时间，她信心满满地来到组委会，无意瞥见同事索姆托的作品，竟然就是原封不动的一张白纸，忍不住调侃：“你是想以白纸来碰运气吗?”索姆托摊开白纸下方的一行小字：恳请您以自己的名义在上面添上一笔，再传递给下一位员工，然后认真地说：“你可别小看这句话，它能帮我夺取冠军。”她呵呵地笑，心想要是凭一行小字就能夺冠，那也太轻巧了吧！于是白了他一眼，得意地展开自己的作品，嘟囔了一句：“你是痴人做梦!”

所有的作品都被组委会编号后分发给员工，一切都在他们中间悄悄地进行，没有选手知道自己的作品流传到谁手中，也不知道它是否在某个员工那里就中止。直到过了半个月，组委会终于回收到一幅作品，是编号对应索姆托的，而原本的白纸也已被画上了一只巨大的黑鸟。索姆托难以抑制喜悦之情，宣称自己的作品流传过 78 位员工之手，已稳获第一名。

行走得最远的纸条，竟然除了一句恳求外再无其他，这怎么可能？她想不到自己精心设计制作的作品居然败在一张白纸上，于是悻悻地找到索姆托，责问起原因。索姆托坦诚地说：“如果你是传递纸条的员工，在他人的作品和自己的作品之间，你会选择尽力地去传递哪个？显然是后者。其实我们做事不成功，往往不是因为想得太少或干得太少，而是过多地以自己的立场去想去干，忽略了他人的心理和感受呀!”

在比赛中名落孙山，她却意外收获了至关重要的做人的道理，此后转行做了警察，总是习惯于站在他人的角度替人分忧解难。到科索沃独立时，她被任命为国家警察部队副总指挥，并于2011年4月当选为代总统。她的全名叫阿蒂费特·亚希亚加，年仅35岁，是科索沃首位女总统。朋友都羡慕她的职场成就，说她是上天的宠儿。她摇了头，意味深长地说："我只是习惯了赶路时少夹带自己想要的东西，多捎带他人需要的东西，仅此而已。"

世间最有亲和力的物品，并非某个天才殚精竭虑所创造的，而是那些尽可能多地承载上他人智慧和期待的东西。纸条是这样，我们每个人又何尝不是如此？如果你能在心底忘记自己，尽可能多地吸纳他人有益的意见，自然就会比常人走得更快更远。

在学校教育中，教学从某种意义上讲，也可以看做是一种"营销"，把知识"销售"给学生。然而，这种"推销"不是教师不顾学生的感受，把知识硬生生地塞给学生，而是要引导学生自己去接触知识、自己去接受知识、自己去接种知识，要激发学生这种自己学习知识的主动性和积极性，这需要教师具备引导学生学习的"感染力和交际力"，更多地站在学生的立场，重视学生的心理感受，教学中能够"习惯少夹带自己想要的东西，多捎带他人（学生）需要的东西"。

可惜，现实却不容乐观。在课堂教学中，我们的教师总是忘不了自己的演讲，忘不了教材的编排，忘不了考试的题型，直接后果是管不了自己的嘴，说得太多、灌得太多、牵得太多，唯独忘记了学生的感受、忘记了学生的地位、忘记了学生的作用，这是许多教师经常犯的"职业病"。如果教师在心底也能忘记自己，而全心全意地装着学生，那么学生就会在自由自在中走得更快更远，教师也同样会走得更快更远，这就是教学相长，在发展学生的同时也发展着教师。

上述故事中那张近乎空白的纸条之所以能够走得最远，原因在于给了接力者更大的自由发挥空间。在教学中，教师也应该给学生这样的"纸条"，给学生更多表达自己情感和思想的自由呼吸空间。这样的"纸条"喻义很明确，那就是教师在教学中要尽可能地少说，从而促使学生多说，最终换来学生的多能。

由于课堂教学时间的限制，不是所有的学生都能说上话，说上话的学生有时也无法说完话，说完话的学生有时也未必说对话，对于这样一些想说而不能说、说了还想说的学生，如果长久不能尽情地说，他们说话的热情就可能会越来越低，说话的能力就可能越来越差，最终不想说、不会说，这是我们极其不愿意看到的景象。对此，解决的策略是，教师不妨让学生准备一些小纸条，把自己没说出的话或者没说好的话，特别是一些与同学或老师意见不同的话，写在纸条上，课后交给老师，这样教师不仅能够避免流失一些重要的教学资源，了解更多学生真实的学习情况和真实的思想情况，而且这种方式能够很好地拉近师生之间的关系和传递师生之间的情意。另外，学生也可以把自己对教学或对教师的意见或建议写在小纸条上交给老师，便于教师了解学生的心声，改进自己的教学，真正实施适合学生的教学。当然，小纸条只是一种师生之间信息交流的媒介，只是一种学生感情的寄托，只是一种教育思想的象征，它完全可以用其他有情物代替。

[参考案例1] 我的"传纸条"和"走黑板"

有一天，在上"找规律"一课时，我发现有一个小组为了"沿圆形池塘边种树"的问题争论了起来，意见不统一，谁也没法说服谁。我灵机一动，写了一张小纸条递给激烈争论着的组长小舟。他看到纸条上写的"画一画"三个字，愣了几秒钟，马上从椅子上跳起来，大叫一声："有了！有办法了！"他马上拿出草稿本，边画边解释给组里其他同学听。大家都伸长了脖子，瞪大了眼睛，听得特别认真。这样学习的效果岂不是比老师直接讲授要强上好几倍吗？

课后反思时，一想到那张小纸条的作用，我就特别得意。我还想到，如果每个小组都有一块黑板供他们板演、讨论、探索，学生能把自己的解题思路、讨论结果在上面表达出来，交流分享就更方便，效果就更好了。

有了可以移动的黑板，课堂上的小组活动就更热闹了。"解决问题的策略——画图法"一课，学生们离开座位，来到自己小组的黑板旁，讨论着如何用画图法来解决问题。他们一个人读题，一个人画图，其他几个同学则不时地提出自己的意见。

"我觉得，这条线段应该画得短一点。"小运说。

正在画图的小亮立刻不服气地问："为什么啊？"

"因为，增加3米，应该比原来的长8米短一些。"

"对！应该不到原来的一半！"小璐马上补充。

巡视了一圈，发现各组都研究得差不多了，于是我对学生说："现在每组留下一名同学作为发言人，其他同学到其他小组去看一看、听一听别人的画法和解法，还可以提出建议。第一组到第二组、第二组到第三组，依此类推，第六组到第一组。抓紧时间，换位开始，时间一分钟。”

学生们在黑板间走动起来。表面上有点乱，而实际上他们正投入地听介绍、看图形、想解法、提建议，乱而不闲。特别难能可贵的是，有的学生看完其他小组的汇报，还偷偷地跑到自己小组的黑板前进行最后的修改。

最后，每个小组的组长将黑板移到讲台前，其他学生则纷纷回到座位上，开始全班的交流汇报。其实，小组内部的头脑风暴加上组际之间的充分交流，集体汇报交流就非常简单了，只要抓住要点将学生的思路加以梳理，使之更加系统化和科学化即可。

随后，我利用其中三块黑板的反面，给学生们呈现了三组不同层次的练习题。每一组的第一大题都相同，是每个学生都必须要掌握的；第二大题难易程度有差异，学生可以根据自己的实际情况作出选择。这样，就为不同层次的学生创设了不同的最近发展区，促使学生的发展显示出个性和差异性。

除了在小组合作学习中运用“走黑板”策略，在学生独立思考时，也可以运用“走黑板”策略使学生的思维显性化。

教“用方程解和用算术方法解应用题的比较”一课时，我就首先让学生独立思考，然后把解题思路用数学符号和图形等方式表达出来，写在纸条上，贴到黑板上。

不一会儿，有三个聪明的小家伙已经完成了学习任务，他们迅速站起来，跑向黑板，都想争第一。结果，小洪和小青略快一步，他们的纸条贴到了第一块黑板上。小扬慢了一步，她看了一眼那两张纸条，就把自己的纸条贴到了第二块黑板上。

我立刻问她：“你怎么不贴到第一块黑板上呢?”

她慢条斯理地说：“老师你看，他们俩都是画线段图的，我和他们不一样，我是画框式图的。”

我大大地表扬了她：“你真会动脑筋！给大家开了个好头！”

这时，晓雯走上前来，我看到她是用数量关系式来表示的，于是我问她：“你想贴到哪一块黑板上呢?”

“当然是第三块啦！我和他们都不一样！”

三种表达方法自然而然地就分好了。多好！

然后，我组织速度快的学生仔细阅读黑板上的作业，大部分的孩子就只是安静地看着，但是小邱同学却大声地说："杨老师，我觉得他的线段图比例失调，不合理！"我一边示意让他小声，一边有了一个好主意：何不让孩子们把自己的意见和想法写下来呢？

于是，下一个环节，学生们就是边看、边想、边写，在黑板上的纸条旁边写下自己的建议和简短的评价。短短几分钟，学生在黑板间走动，表面上有点乱、有点闹，但是学生的思维并没有因此而停滞，相反，他们在交流共享中思维变得更丰富、更全面。

上述案例中，教师传给学生小纸条，目的是提醒学生，教师送给学生小黑板，目的是提携学生，不管如何，它们都是为了更多地给予学生表达想法、发现问题、交流倾听、接纳他人意见、修正自己想法的时间与空间，还给学生一个学习的全过程，在原有基础上获得更好的发展，自信地畅游在知识的海洋中。在教学中，学生需要这种能够让自己多说话的"储存卡"，教师也应该多寻找这种能够让学生多说话的"接力棒"，从而提高教学效果。

小纸条的交流作用还可以体现在它的提问功能。一是学生可以通过小纸条记录课堂学习中当时没能问或事后才想到的疑问，下课后交给老师解答，也可以张贴在黑板一角或学习园地中让同学帮助解答；二是学生可以提出一些问题张贴在黑板一角或学习园地中"打擂台"，考考同学，当然出题的主角也可以换成教师，用小纸条出题张贴在教室中，组织学生开展解题比赛。

二、给学生一张可以尽快发动情感的"纸条"

意大利心理学者卢兹在他的一本自传式心理作品中，曾提到过儿时的一件事——

卢兹的家境并不富裕，母亲擅长制作比萨，所以，经常出现在饭桌上的是蔬菜比萨。但事情也有例外，卢兹盘子里的那块比萨下面，偶尔也会出现美味的腌肉，这是母亲偷偷留给卢兹的。正是那块薄薄的腌肉，让他平淡的童年充满了惊喜。

后来，卢兹根据这件事，在自己开的餐厅内对顾客进行了一次不动声色的试验。卢兹在每份比萨里面藏了一张写着祝福字样的纸条，正如意料中那样，几乎所有的顾客都表现出惊喜。再后来，这种内藏了祝福纸条的比萨被称为"卢兹比萨"，并成为一道意式的文化大餐。

“卢兹比萨”印证了心理学上的“表层心理”和“转折点”两个理论。所谓“表层心理”，指的是个体最初看到的事情或者物品的表面现象以及最直观的原因等。所谓“转折点”，指的是出乎意料的事物，并能够改变由表层心理带来的心理感受。

卢兹的理论对我们的人生具有积极的指导意义。我们在生活、学习、事业中，常被各种大大小小的困难和挫折包围着，感情受挫、旅途不顺、工作出现差错，甚至走路时不小心绊了一脚，这些琐碎的事情无时无刻不在影响着我们的心情。这些麻烦、困难等，就是卢兹理论中所指的“表层心理”，“表层心理”比较容易带给我们忐忑不安的情绪，不利于生活和工作。

“表层心理”能不能得到合理调节呢？能，腌肉和小纸条（“转折点”）就是最好的调节方式。这种自我调整的方法，就是在困难出现的前后，为自己也给别人找一些理由。比如当爱情受挫时，我们可以这样想：“感情上的小矛盾两个人都有责任啊！”当走路跌倒，在你气急败坏地把那块石头扔出去老远后，你可以这样想：“幸亏我跌倒，要不然，路上这块石头说不定还要让很多人跌倒。”如此这般，在人生中，多发现一些烦恼背后的“腌肉”和“小纸条”，有助于稳定情绪，心中也会阳光灿烂起来。同样，在教育教学中，教师也应该多发现一些学生烦恼背后的“腌肉”和“小纸条”，帮助学生稳定情绪、消除苦闷，让学生能够换来“新”情、永远心“晴”。

[参考案例 2] 小纸条解决了小麦的难题

小麦因学习小提琴被学校纳入弦乐团，这本是一件光荣的事，但每周三次的集训和每天的练习让他吃不消，他跑来求助。

“你每天练习多久？”我问。

“一个小时。金老师说太少，她说她在我这个年纪，每天都练四小时。”

“那你为什么不练？”

“我做完功课，都差不多午夜啦！”二年级的小麦很无奈。

“好，那你告诉我，你到底喜不喜欢音乐？”可怜的孩子不敢答。

“没关系。你最喜欢什么科目？”

“科学。”这次小麦答得挺爽快。

我说：“回去告诉你的金老师，你不再学琴了，这样就可以退出乐团，不用再练习了。”

孩子接受了我的建议，麻烦却来了。金老师给他的家长写了封信，严肃地指出两点：(1) 不懂乐器的孩子长大了会没文化；(2) 学校要求每个学生至少能演奏一种乐器作为升级的评分之一。

我安慰受惊的小麦，近百年来，全世界的伟大人物及学者，百分之九十都不懂乐器，不见得他们没有文化。至于第二个问题，我拿出一张较小的古琴，告诉他：“你就跟我学这个吧！”

小麦的第一反应是：“每天要练多长时间？”

我告诉他，每周一小时就够了。我们周末上半小时课，再练习半小时，几个月后他便可以抱着古琴参加学校考试。

考试那天，小麦奏了半曲《酒狂》，金老师问：“你有曲谱吗？让我看看你有没有出错。”小麦匆忙翻出书包里《酒狂》的简谱，上面有我写的几行字：古琴是唯一被联合国列入文化遗产的中国乐器，要听懂古琴，必须有一定的文化程度，尤其是文史哲知识。

就这样，小麦每年带着古琴回校吓唬有文化的金老师，音乐考试屡得高分。更重要的是，自从免除了练琴的奴役，他在科学科目上的进步让家长欣慰不已。

升初中时，他的科学知识已经达到高中水平。两年后，他越级挑战，以自修生的身份报考英国会考考试，化学成绩优异，把高中的学长都比了下去。

上述案例中，“我”教育孩子的成功是因为找到了孩子真正的兴趣，并用留在小纸条上的一句“高见”替他排除了障碍，帮他走出了困境，创造了让他发挥成功条件的环境，这个条件叫做——专注。可以说，那张小纸条上的那段话是他走向成功的“护身符”。

在教学中，当发现有学生需要提醒或值得表扬，但又不想因为自己的提醒和表扬所说的话打断自己的教学和打断学生的思绪，教师就可以把写有这样话语的小纸条轻轻地暗中送给那些学生，他们自然明白教师送小纸条的用意，也就会及时而愉快地接纳教师的提醒或表扬。当然，这样的小纸条也可以用小卡片、小书签代替，甚至用短信代替教师想说的话，这种无声语言的效果有时胜于有声语言。下面是一则2011年南京理工大学使用“淘宝体”给被录取考生发送的短信通知：“亲，祝贺你哦！你被我们学校录取了哦！南理工，211院校哦！奖学金很丰厚哦！门口就有地铁哦！景色宜人，读书圣地哦！亲，记得9月2日报到哦！”这样的语言学生读来无疑会倍感亲切。

综上所述，面对聪明学生的一些行为表现，在教学时，聪明教师的做法是通过自己的行为改进，把学生教聪明。其中一种教师的行为改进就是在教学中，教师首先要管住自己的嘴，使自己少说话，同时要打开学生的嘴，让学生多说话；其次要善于寻找一些可以代替口头语言的“录音机”（如小纸条），转达自己要说的话，传达学生说的话，在鸿雁传书中无声地实现教育和教学的功能。对此，教师可以参考以下研究路线：

小纸条交流的主要功能	小纸条交流的具体表现	
表情	教师对学生的提醒	帮助学生改正行为
	教师对学生的提携	帮助学生振奋精神
达意	教师对知识的提示	帮助学生解决问题
	教师对知识的提要	帮助学生整理知识

以“心”知意，为“聪”之源

Ba Xue Sheng Jiao Cong Ming

心——为“聪”之源。只有了解自己真实想法、能够用心思考的学生，才能是聪明的学生。教师应站在儿童的立场进行教学，鼓励他们独立思考，从而把学生教聪明。

教师：
保持童心，站在儿童立场进行教学

聪明学生时时、处处充满着童趣和童真，所以他们的学习总是充满着无忧无虑的快乐和自由自在的探索——

肖川说："学习的方式就是人的存在方式。"独特的生命节律是人在漫长的进化过程中代代相传的宝贵财富，教育顺应生命的成长节律，才能听到生命拔节的声音。倘若教育打破了人的生命节律，要么让种子错过属于它的季节，无缘与这美丽的世界邂逅，要么让种子在暖棚中早熟，催生出"年纪轻轻的博士和老态龙钟的儿童"，造成教育的悲剧。

然而，我们的教学是教育者按照成人的思想、遵照成人的意志编织起来的一张美丽的网：课文是成人眼中文质兼美的范文；习题是成人精心设计的"沟沟坎坎"；课堂教学中的思想内容是成人世界的文化价值，能力训练是成人为儿童铺设的成才之路……这样的教学实质上是"成人把成人的世界看成是完善的东西，而要把儿童领入这个世界"，于是"便产生了强制和冷酷"，儿童在课堂里读着他们并不感兴趣的文章，做着对他们并无多大意义的作业，上着他们并不想上的课。

人本主义心理学家卡尔·罗杰斯说过，人应该"按自己的本性去生存"。孩子的本性是向往快乐，如果我们的教学从"儿童文化"的视角去关注和审视课堂，在一个儿童接纳的、和谐的、支持性的、开放性的空间里让儿童得到发展，课堂焉能不生机勃勃、充满快乐？

教学本真，从儿童立场开始。"本真"意味着质朴、天然去雕饰，意味着纯粹、脚踏实地，意味着个性率真。儿童所呈现出的天然和纯粹是本和真的自然统一，如果我们怀着深层的爱意"换位思考"，关怀、坚守儿童原有的生活，尊重他们本来的意愿，呵护他们纯真的言语，始终尊重并努力帮助他们完善自己的“言行”，就会在不经意间造就一个充满活力和创造力的生命。这种对儿童精神性、存在性需要的关注，应是儿童立场的要义。

一、用儿童的眼睛读文本

尊重儿童文化，就要从儿童角度出发，生动地创设适合儿童文化发展的环境，倾心营造与儿童心灵相通的情境，让滋润儿童语言、促进生命发展的阳光跃进课堂。

常常会遇到这样一种现象：教学一些文质兼美、情韵雅致的课文时，教师往往会深深沉浸于其中，或陶醉于优美的文字，或赞叹作者精巧的构思、奇特的遐想，于是想方设法地带领学生进入教师心目中的理想境界。但学生无动于衷，似乎并不领情。原因在于，教师对文本的理解是从成人的角度出发，而儿童的世界自有他们独特的规则，他们看到的、想到的与我们不尽相同。如果无视这种规则，怎能抓住学生的心？

例如，学习《林冲棒打洪教头》一课，第一回合：洪教头使出个“把火烧天”式，林冲还了个“拨草寻蛇”式。第二回合：洪教头将棒劈头打来，林冲往后一退。第三回合：林冲抡起棒一扫，那棒直扫到洪教头的小腿骨上，洪教头“扑”地倒在地上。在我们对林冲的宽容豁达、大智大勇赞叹不已时，学生更感兴趣的可能是故事情节，他们更想演一演，过一把演员瘾。如果教师只从自己的角度出发，一味要求学生按部就班地读课文、析人物，学生哪里会理会？因此，解读文本，不仅要做文本的知音，更要用儿童的眼睛读文本。

教师除了自己要有一颗童心并能够用童眼研究文本之外，还要促使学生保持童心，感受事物和使用童眼观察事物，说一些符合年龄特征的童话，有一份符合年龄特征的童趣，也就是让学生站在儿童的立场进行学习。

[问题案例 1] 学生说的是童言吗？

一位老师教学《爷爷的芦笛》，课堂上呈现了这样一幕——

老师出示文中的句子——啊，爷爷的芦笛！

老师提问：爷爷吹起芦笛，他想告诉强强什么呢？

学生很热烈地举手发表观点：

生 1：爷爷是想告诉强强，只有经历了风雨才能见到彩虹。

生2：爷爷是想告诉强强，只有经受一定的磨难，才能成为强者。

生3：爷爷是想告诉强强，遇到困难如果能勇敢面对，就一定能成为强者。

听到这儿，我真的很佩服学生较强的概括提炼能力，但总觉得似乎缺少了什么。缺了什么呢？

在课后的研讨活动中，执教老师反思自己的课堂，提出了困惑："我在课堂上尽量引导学生入情入境地读，可是学生并没有真正读进去。"

这是不是就是缺失了的那样东西呢？真实的"儿童味"或许正是这堂课上缺失的东西。

上述环节，学生对句子内涵的理解句句在理，不可谓不深刻。但是转而想去，学生似乎已经形成了一定的思维定式，名言式、哲理式的解读手到擒来，但是真正的"儿童味"却缺失了。因为学生是站在文本之外来看待这个问题的，他们与文本中的人物相去甚远，他们关注的不是人物的角色身份，而只是问题本身。所以，学生只是在回答问题，而不是在真实地品读文本。因此，他们忽略了强强的爷爷只是一个普通的看闸人，他对孙子说不出那么多的大道理，他朴实得只会说："海边的孩子，不沾点海水就长不结实。"

而强强也只是一个孩子，一个孩子，在那样可怕的夜晚，听到熟悉的芦笛声，他能想到那么多名言式的句子吗？关键是，他有没有这方面的积累呢？因此，从学生嘴里蹦出的一句句名言式的话语不仅不可爱，相反，让人感觉到了可悲，因为我们的学生不仅没有说出文本中人物的话，也没有说出自己的话，他们只是在重复着一些套话、大话。

究其原因，这与我们教师本身对文本的解读有着密切的关系，我们在解读文本的时候，其实很少考虑学生的视角。

如果我们从儿童的视角来解读文本，那么，当第一个学生回答后，教师一定会适时地加以引导："爷爷只是个看闸人，他说得出这样富有哲理的话吗？"

相信学生在教师这样的引导下，会逐渐走进文本角色中去，这样也才可能"读"进去。我们的学生并不缺少对问题把握的能力，他们缺少的是自己对文本应有的味道的感知。在日常的教学中，这种例子可谓比比皆是，久而久之，我们的孩子也基本摸到了此类问题作答的套路：遇见《我应该感到自豪才对》，就答"我们不能光看外表好看，还要看是否有用"；遇见《云雀的心愿》就说"我们要保护环境，热爱我们的家园"……这些本领也许对于应试暂时有用，但却并未真正让孩子们入心，即并未关注孩子精神性和存在性的需要，这与我们所追求的教学本真思想是背离的。

所以，解读文本的视角应是基于儿童本身的经验和理解，即除了编者、教者和作者的视角，还要考虑文本角色的视角，更应考虑学生本身的儿童视角，这应成为解读文本的基本立场，这样才不会烙上太多的成人味和怪味。

然而，教材选文是按照成人的标准、编者的喜好来评判、选择的，而非从儿童的天性和喜好来遴选的。成人按照自己的想法一厢情愿地为儿童挑选着阅读的文章，恰恰忽视了阅读的主人——孩子们对这些文章的切身感受。即使是在成人看来称得上是“经典”的文学作品，也未必是适合儿童的优秀文章。

例如，金近的《小猫钓鱼》历来被当做教材中的精品，也被众多的教学名师反复演绎。文中的小猫没有听猫妈妈的话，一会儿去追蜻蜓，一会儿去捉蝴蝶，结果一条鱼也没钓到。后来，在猫妈妈的教导下，“一步也没有走开”，终于钓到了一条大鱼。课文要告诉孩子的是：做事情不能三心二意，要一心一意。因为在成人看来，“钓鱼”如同“学习、工作”之类，是正经而重要的事，并非娱乐和游戏；而在儿童看来，“钓鱼”却与“追蜻蜓、捉蝴蝶”一样，是快乐的生活游戏而已。朱自强先生也认为：“让年幼的儿童放弃快乐原则而认同现实原则，不论是在文学上还是在教育上都是偏颇的；在一个只应游戏的自然环境中，要求年幼的儿童不去游戏而去‘钓鱼’（学习、工作等）是强儿童之所难。”类似的《骄傲的公鸡》《蚂蚁和蝈蝈》《猴子下山》《猴子种果树》等，无不渗透着赤裸裸的“教训气息”。

“当代教材负担了太多形而上的教化功能。从而丢掉了最可贵的人文情怀。”——近来，再版的民国教材《开明国语课本》大受家长欢迎，有些地方甚至卖出高于原价10倍的天价。对此有网友评论说，民国教材胜在情怀，当代教材应当反思。

二、用儿童的鼻子嗅话题

［问题案例2］阳光会有声音吗？[①]

老师破天荒布置了一篇自由作文。

---

① 摘自2010年4月1日《北京青年报》，题为《阳光的声音》。

孩子高兴极了，想：终于可以摆脱讨厌的命题作文，写写自己心里的东西了。

他躺在柔软的草地上，阳光暖暖地照着。他想啊想，然后一跃而起，一篇很满意，甚至是很得意的文章便跃然纸上——《阳光的声音》。

孩子满怀信心地把作文交了上去，然后陷入了无尽的期待。

作文本发下来了。春暖花开的日子，孩子竟忍不住打了一个寒战。

老师在作文后面批了一个大大的“差”字。

老师说：“可笑！阳光怎么会有声音呢?！以后再也不能这样写了，要扣分的！”

孩子觉得很委屈，也很难过。

那个“差”字像一个张牙舞爪的魔鬼，时时出现在他的梦里。

几年以后，老师还是老师，孩子还是学生。只不过孩子长大了一些，成了老师家长眼中公认的好孩子，再也不会想一些不着边际的事，说一些莫名其妙的话了。

一天的阅读欣赏课，老师讲解一位著名作家的文章里有一句：“我听见了阳光的声音。”老师滔滔不绝地分析着这句话多么优美、多么富有哲理，可孩子一句也听不进去。

孩子望了一眼窗外刺眼的阳光，心道：瞎说，阳光怎么会有声音呢？

儿童文化是儿童自己在与同伴交往的过程中形成的儿童之间相互认可的文化，有自己独特的行为方式和相互认可的游戏规则。儿童的话题充满自由、想象和创造，且具有感性、激情、易变性，我们需要用儿童的鼻子灵敏地嗅出。

[参考案例 1] 语文《淘气包马小跳》

有一段时间，班上学生迷上了《淘气包马小跳》。下课看，回家看，有几个学生上课时也不忘偷偷地瞄上几眼，甚至边看边咯咯地笑个不停。于是，我干脆以风靡全班的人物——马小跳为话题，进行探讨交流。

首先，《淘气包马小跳》是学生自己从书店里挑来的，没有人逼迫，没有任何压力，他们是全身心放松地阅读。其次，马小跳是本真的、纯粹的孩子，他有缺点、不完美，不是学习的榜样，可以轻轻松松没有压力地喜欢他。再次，所选的话题来源于学生喜欢的熟知的书籍，在聊天中，学生对故事中的人物有了更深层次的认识和了解。最后，教师心中没有“底牌”，学生的回答不需要猜测教师的“标准答案”，也不需要教师最后“一锤定音”。

在此话题讨论中，学生们获得了真正意义上的自由，说得愉快、谈得自如。他们骄傲地帮马小跳宣布：“他玩起来很有经验，什么样的鬼点子都想得出来。”他们一脸羡慕地说：“马小跳还有一个贪玩老爸马天笑呢！他人很善良，很有趣的。”他们又会振振有词地说：“他有99个缺点，但也有一个优点，那就是诚实。”学生在阅读中看到了自己，在“聊天”中产生了共鸣，这样的学习有趣、有意义。

在儿童的生命节律中，既有敏感期，也有低潮期。美国生态学家谢尔福德曾提出生命的耐度定律和最适度原则，认为每一个儿童面对浩如烟海的学习内容，其学习的承受力和耐受度是有阈限的，超过或者达不到都会产生不利的影响，而处在耐性的可允许范围，则最为适合儿童发展。如体育课，在学生的体育活动之前和之后，测量其心跳、呼吸等指标，以判断其相对运动量和效果。如果预定的项目只活动一两次，而且不认真去做，那就达不到锻炼的效果，既不能增进健康，也不能增强身体素质。相反，如果运动量过大，会造成极度疲劳、腰腿酸痛，甚至扭伤筋骨，不仅有损于健康，甚至会留下某种后遗症。

运动技能学科的教学内容容量尚可通过测量儿童身体器官的反应来加以调适，而偏重头脑思维的语文等学科教学，其教学内容的容量多凭教师的经验预测。在语文教学中，教师常常将一篇课文作麻雀式的解剖，从字词句篇、听说读写等各个角度发掘可以教学的内容，恨不得把每一个可能涉及的角落都教给孩子。但往往好心办了坏事，学生面对处处是重点、个个是要点的提示，反而无所适从，甚至一堂课学下来，依然一头雾水，说不出究竟学了什么。

例如，契科夫的小说《凡卡》，所要教学的内容存在多种可能性：(1) 学习并理解文本中的生字词；(2) 概括小说的主要内容；(3) 体会凡卡学徒生活的悲惨遭遇；(4) 感受凡卡在乡村的快乐时光；(5) 理解小说中插叙、衬托等表达方法的独特作用；(6) 了解凡卡所处时代的社会现实；(7) 体味凡卡悲惨的命运与充满希望的结局之间的矛盾；(8) 练习有情感地朗读；(9) 拓展阅读《凡卡》这一类经典小说……而其中的每一项教学内容，又都可以进一步拓展和延伸。如果贪多求全，在有限的时间内，只能是在每个内容上蜻蜓点水，孩子的所得便如过眼烟云，稍纵即逝。唯有视儿童的耐性——可接受程度，有选择地取舍，将有限的时间聚焦在一两个内容上，才能真正打开儿童的阅读智慧之门。特级教师薛法根在教学时便只选择了“凡卡能活下去吗”这一个问题，将孩子的阅读视角逐步引向凡卡的命运：凡卡在城市，受尽了折磨，活不下去；而在乡村，没有活干，依然活不下去。等待凡卡的只能是死路一条！而小说却安排了那么一个充满希望的梦，这正是作家的社会良知所在，他在告知所有的读者：这是带着眼泪的微笑！

莎士比亚说：“简洁是智慧的灵魂。”这样的阅读教学，尽管内容少了，但孩子的所得却多了。更重要的是，孩子能在文本最精华之处作长久的停留，能有足够的时间精心品味、用心欣赏。“弱水三千，只取一瓢”往往胜于“一日看尽长安花”。

如果说以儿童的悟性快慢确定的是教学内容“质”之深浅，那么视儿童的耐性强弱选择的是教学内容“量”之多寡。“过犹不及”，与其将课堂塞满，不如留下些空白。吃得太多必然会消化不良，而保持一点饥饿感，或许并不是一件坏事。

三、用儿童的耳朵听声音

学生个体走进课堂，无论是情绪体验，还是知识背景、兴趣爱好，都在不知不觉地影响着他们学习的体验，可以说，他们的生活体验，在某种程度上来讲，直接关系到他们思维的方向。真正的教育者，能够站在学生生活的立场上，倾听生活与心灵的奥秘，适时引导，以此来达到改变学生心灵中“生命的土壤”。

[问题案例 3] 学生说得有理吗?

一位教师教学《月光启蒙》，在通读了文中描写母亲的句子后，她问：“在你们的印象中，这是位怎样的母亲啊?”学生们畅所欲言，有的说，这是个聪明的母亲；有的说，这是个勤劳能干的母亲；有的说，这是个辛苦的母亲。

这时，有一个男生说：“我觉得这是个慈爱的母亲，我多想像作者一样拥有她的爱。”这句话引得班内许多学生窃笑，老师没说什么，仅是示意他坐下。殊不知，这个孩子就是一个缺少母爱的单亲家庭的孩子，孩子的话正是他内心体验的强烈需求。

案例中，教师简单的行为，浮于表面的倾听，恰是对学生心灵的漠不关心、对他生活体验的无视。如果教师能舒张开内在的听力，真诚地去倾听学生的发言，同时作出引导："是啊，这样的母亲能不让人喜爱，这样的母爱能不让人留恋吗？难怪作者在离开家乡很多年后依然清晰地记得这段往事。"这不仅不会让其他同学对那个男生的奇怪发言不屑一顾，反而会让他们也产生心理共鸣，将学习世界与生活世界有机地融为一体，让生命体验与学习合二为一。

[改进案例] 这样的答案也有理

在一个建筑工地，有一个搬运砖头的工人，带着一个八九岁的女儿。平时做父亲的在工地干活，女儿就在附近的小学读书，父女俩相依为命。每逢星期天的时候，女儿就带作业本到父亲干活的工棚里写作业。女儿很懂事，学习成绩全班第一。

某一天，女儿写完作业，第一次来到父亲"工作"的地点，想给父亲一个惊喜。可当她惊愕地看到自己的父亲正吃力地挑着一摞砖头搬运的时候，她小小的心流满了泪水。但她什么也没说，一个人又悄悄溜回了工棚里。

有天晚上，父亲加班回家迟了些，女儿已经睡熟了。父亲洗漱完毕，从女儿的书包里掏出作业本，这是每天他要检查的，而且学校规定还要家长签字。当父亲慢慢审阅女儿作业的时候，他惊呆了！

原来有一道连线题，左边是"一车土、一块砖、一张纸"，右边是"一吨、两公斤、三克"。女儿在"一块砖"和"三克"之间画了一道线。这道题女儿明显做错了，可老师给了个满分！

为培养孩子的语言表达能力，老师让孩子们写一段80字左右的话。女儿这样写道：我爸爸是个搬砖工，我希望所有的楼房都安装电梯，我希望所有的砖头都不要太重，有三克就行了。最后老师的批注是：因为你的爱心，给你加一分！

一篇作业，读得父亲泪流满面。三克重的砖头，是女儿用爱发明的。

儿童有思想，有自己的哲学智慧，它们可能是些零碎的、简单的、幼稚的观念和看法，但这些思想却构成了他们未来发展的现实基础，他们就是在自己的思想中生活和发展，在自己的思想中与教育者沟通。教师要在参与和体验中倾听，对儿童声音不是被动地听，而是主动地听，这种主动性在倾听与精神生命的发展之间建立起实质性的联系。通过倾听，发现儿童的欲望和情感背后的某种思想和观念的萌芽，并尽量认可它们的价值和意义。

例如，在《秦兵马俑》一课的学习中，有的学生认为，秦始皇太会享受了，生前享乐，死后还这么讲究排场，再宏伟的建筑也只为一个死人而存在，不知道当初的建造者过的是何种奢华的生活。这是来自儿童的声音、真实的声音。课堂不能只是迷失于轻薄的歌颂、糊涂的感动，对前人文明敬仰的单向态度令人忧虑。除了敬仰，学生在学习中应该清醒，有自己的见解，更不必人云亦云。也许这些认识是肤浅的，然而比之单向的敬仰，学生的独立思考精神得到了强化。

在数学教学中，儿童的数学化过程是儿童“自组织”数学学习素材的过程，也是儿童对客观的“数学知识”进行主观“意义赋予”的过程。所谓“意义赋予”，是指儿童依据自身已有的知识经验（认知结构）、生活经历对数学知识所作的“非正规解释”。这些“非正规解释”承载了儿童思维中生动活泼的意念，展现了儿童对数学的“创造性理解”，洒满了人性的光辉。

例如，一名学生通过计算得出结论“周长相等的平面图形中圆的面积最大”后，这样解释：“同样一些人，手拉手围成一个圈（即周长相等），要使它尽可能大，每一个人都应尽力向后退。如果每个人力量相同，这样形成的图形便是圆。而围成其他图形只需部分的人用劲。像正方形，可以看成是只有四个角的人在使劲后退。当然是圆的面积最大了，‘团结力量大’嘛。”正是由于儿童丰富的“非正式数学经验”，由于儿童独特的“数学视界”，使得儿童对数学知识进行了主观的独特阐释，产生了如此个性化的表达。

值得注意的是，一方面，在教学中我们要尊重儿童对知识的“非正规解释”，尊重儿童对知识所赋予的文化与心理意义，让学习成为儿童的生命实践活动表达；另一方面，当学生用富有个性的“儿童化语言”表达自己的生命实践活动体验时，教师应发挥其引领作用，引领他们逐步用准确、凝练、简洁的“数学化语言”（文字术语、符号、图形等）去表达自己的生命实践，即“数学地说”与“数学地写”，帮助学生逐步学会“数学地谈论”“数学地交流”。换言之，我们既要尊重儿童对数学的“非正规解释”，又要维护数学的正式意义，要帮助儿童由原先对数学的“非正式表达”逐步过渡到“数学式表达”。

四、用儿童的性情做事情

“任何孩子都可能是一出精彩的戏，但成人没有给他们创造展示的环境，所以儿童的世界被湮没了。”中科院心理研究所危机干预中心主任、儿童发展心理学专家王文忠说。

其实所谓“给他们创造展示的环境”，就是给孩子提供一个舞台，让他们“精彩的戏”得以上演。学生的智慧也好，学生的能力也罢，与其说是我们“培养”的，倒不如说是被我们激发的。而这里的“激发”主要是指营造一种氛围，给孩子一个机会。

[参考案例 2] 我不再弱小

星期天，一家四口——爸爸、妈妈、十岁的儿子以及五岁的女儿，来到森林公园度假。森林里是那么美好，孩子们是那么欢快，在父母的带领下来到一片林中旷地。

林中旷地附近长着一丛丛铃兰，粉红粉红的，芬芳扑鼻。全家人正在欣赏之际，突然，雷声大作，飘下几滴雨点，接着，大雨如注。

爸爸把唯一的一顶遮阳伞给了儿子，可是儿子却一转手给了妈妈，似乎他并不怕淋雨；而妈妈又把伞给了女儿，似乎她也不怕淋。

女儿问道：“妈妈，爸爸把伞给哥哥，哥哥又把伞给了你，你又把伞给我，你们为什么这样做呢?”

“每个人都应该保护更弱小的人!”妈妈回答。

“那么，我为什么又保护不了任何人呢?”女儿问道，“难道我就是最弱小的人吗?”

“要是你谁也保护不了，那你就是最弱小的人!”妈妈笑着回答。

这时，女儿看看周围，朝铃兰花丛走去，她蹲了下来，让伞也能遮在粉红的花上。她看到滂沱大雨已冲掉了几片花瓣，花儿低垂着头。因为它娇嫩纤弱，毫无自卫能力。

“现在我不是最弱小的了，妈妈!”女儿自豪地说。

“是呀，现在你是强者，是勇敢的人啦!”妈妈这样回答……

在课堂上，学生们的展示中有诗歌、小品、歌曲、舞蹈等多种方式，学生的能力可以得到锻炼，潜能可以找到施展的空间，团结、合作、责任、自信这些词语也自发地出现在学生们的学习中，这样的课堂完全是学生的舞台。课堂上给学生提供了广阔的展示空间，因为有了展示，于是有了挑战；因为有了挑战，于是激活了课堂。在这里，个性得到了张扬，思维得到了解放。在快乐和谐的课堂氛围中，他们主动思考，提出了一个又一个的问题，如：“为什么整数、小数、分数等的四则混合运算都是按照先乘除后加减的顺序进行的，而在解方程的时候却不按照这个顺序了呢？$3x+9=30$ 在解方程的时候，为什么不是两边先除以 3，而要两边先减去 9 呢？这不是按照先加减后乘除的顺序了吗？”“月利率乘以 12 等于年利率吗？”“正比例图像中的线能出格子吗？为什么有的出格了，有的又没有出呢？”“半价和买一送一一样吗？”……这些数学问题的提出能鲜活地反映出孩子们的脑筋在动，他们正在思考着！这样的课堂当然受孩子们喜欢。

给孩子一个舞台，就是平视每一个学生，尊重每一个学生，关注每一个学生，让他们在这个舞台上成为自己思想的主人。

每一位教师，理应从儿童文化视角构建快乐课堂，做童年生态的自觉守护者。课堂应该是温馨的伊甸园、自主学习的生态园，因师生平等、人格受尊重而温馨，因精神自由充实而快乐，因智慧的传递与裂变而幸福。这样的课堂，始终以儿童精神的发展为旨归，师生在民主平等的和谐氛围中享受自由，在智慧的教学中心满意足，在心智的成长中共同守护儿童的文化视角！

综上所述，面对聪明学生的一些行为表现，在教学时，聪明教师的做法是通过自己的行为改进，把学生教聪明。其中一种教师的行为改进就是在教学中，应该怀着一颗童心，“一切为了孩子，为了一切孩子，为了孩子的一切”，设身处地地站在儿童立场进行教学。对此，教师可以参考以下研究路线：

教学的度量	研究的标准
教学的广度	从儿童的天性看雅俗
教学的难度	以儿童的悟性定深浅
教学的限度	视儿童的耐性取多少
教学的进度	就儿童的知性分先后

教师：
察言观色，正确揣摩学生的心思

聪明学生在学习中常常会独辟蹊径，但有时也会误入歧途，还常常会随心而发，但有时也会词不达意——

曾经在杂志上看到一篇题为《声音是另一张脸》的文章——

我性格比较急躁，人又没有什么城府，情绪常常挂在脸上。生活中，有点不愉快的事情，脸就像电影屏幕一般，立刻把内心的不愉快“播放”出来，经过父母的反复提醒以及自己的努力，“表情”这方面做得比较好了，也就是说能控制好面部表情，心里再生气的时候，面部表情不显示出来，脸色好看多了。但是，虽然脸色好看多了，与人交往中，融洽度、和谐度并没有增加多少，这让我很纳闷，不知道问题出在哪个地方。

我有个同事，她们家四世同堂，祖父、祖母、公公、婆婆，还有小叔子、弟妹以及各自的孩子，这么四代十口之家住在自建的二层小楼里，在一个锅里吃饭。但是，这一大家人相处得却很好，这是让大家非常羡慕，也是让大家暗暗称奇的地方。

由于家庭成员的生活习惯不同等原因，这样的一大家子能相处得这么好，真是不容易！向我这个同事问起她家的相处之“妙处”，她笑着说，其实，也没有什么难的，除了大家相互关心、相互宽容、保持笑脸外，最重要的一条就是要注意自己的声音，因为声音是另外一张脸。

声音是另外一张脸！她这个说法真是新奇！见我很迷惑的样子，她笑着解释道：“俗话说‘听话听音’，所以，这个‘音’非常重要，从这个‘音’中能听出你的情绪，听出你的态度，听出你的内心世界，因此，一定要注意‘音’的修饰，以免让自家人误会。例如，有时候，老人让你出去跑腿，去超市里买些日用品，你说‘好！知道啦’，如果‘好’与‘啦’都用降调，那么，容易让老人误会你‘不耐烦’，对方就会自责，觉得麻烦你了。但是，你如果把声音用升调，那么就容易让老人感觉到你很愉快地接受了吩咐。再举个例子，别人给你打电话，但是，这个电话号码不是很熟悉，你就问‘你好，你是哪位？’‘位’如果是升调，那么，对方听到的是礼貌的疑问，如果‘位’用了降调，对方听到的就是‘质问’了，显然这是不礼貌的。”

听到同事这么说，我恍然大悟：原来自己顾此失彼，没有照顾到自己的另一张脸，改进得不彻底，那么，别人对我自然就不会彻底地满意，人际交往中，关系就不会彻底地融洽和谐。

于是，再和别人说话的时候，我就特别注意自己说话的语调，注意调整好自己的这张脸，力求自己的这张脸显得有涵养、有礼貌。很快，我赢得了大家的好感，人缘好了起来，我本人也没有以前那种因人际关系紧张造成的烦恼和焦虑了。

声音是人的另一张脸，把这张脸打扮得“干净漂亮”，你就会觉得生活更加美好。

在教学中，声音同样是人的一张脸。言为心声，教师的言语，学生能够从中听出教师的教学态度。同样，对单纯的学生而言，他们的言语更能直接反映出自己内心的喜怒哀乐，教师应该善于察言观色，从学生的脸上看出，从学生的“另一张脸”——言语中听出学生的所思所想，从而采取相应的教学方法，提高教学质量。

课堂上学生动态发生的信息有些是预料之中的，有些是预料之外的；有些是对后续教学有促进作用的，也有些是会起到干扰作用的。这些信息有一个共同的特点，那就是本真性，不管是哪一类信息，都是学生的真实想法。因此，教师要用心读懂学生的这些本真信息，如学生的思路、想法、理由、疑惑等，特别是要读懂学生表象背后的东西，仔细揣摩他们是怎样思考的。只有切实读懂了这些信息，才能有的放矢地应对它。

意大利著名学前教育专家马拉古奇在《其实有一百》中写道：“儿童/是由一百种语言/一百双手/一百个念头/一百种思考、游戏、说话的方式/还有一百种倾听、惊奇和爱的方式……”那么，怎样才能有效地读懂学生这些本真信息呢？中医讲究“望、闻、问、切”，这四种诊断疾病的方法，对读懂学生鲜活的本真信息，进而调控灵动的课堂有很好的借鉴作用。

一、通过窥“望”学生的作品，读懂他们的“解题思路”

学生的作品包括学生的板演、作业、日记等，这些作品都是学生学习成果的体现，也是他们本真思维的浓缩品。这些作品往往都是以静态的形式呈现的，动态的形成过程只有学生自己经历过。而教师如果仅对结果简单地给学生一个“对”或“错”、“好”与“坏”的评判，则往往会造成一些误解，同时也可能失去一个捕捉学生创新火花的机会。

因此，教师对一些拿捏不准的学生作品要静下心来仔细窥“望”，揣摩他们的“解题思路”，进而读懂他们的本真想法，如：“学生的话究竟是什么意思?”“学生的思路和我不一样?”“学生原来是这样想的?”“学生为什么会这样做呢?”“他真的会（不会）吗?”等等。

[问题案例 1] 教师的良苦用心学生为什么并不领情?

三年级教材有一道习题，要求学生用不同的方法计算下面各图形的周长。

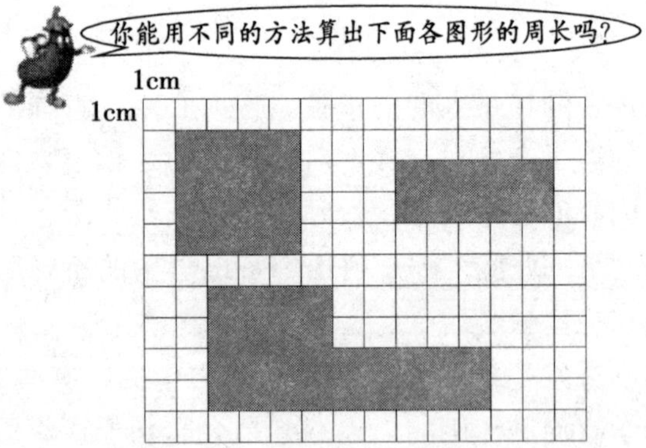

教学时，我分三步进行——

第一步：在方格纸上先呈现正方形，让学生说说它的边长是多少，随后很快得出正方形的周长是 16 厘米。

第二步：出示长方形，学生数出长方形的周长是 14 厘米。

第三步：电脑显示，从正方形中复制出一个同样的正方形下移，再从右边的长方形中复制一个同样的长方形下移并向正方形靠拢，使长方形的左边和正方形的右边重合，然后隐去重叠的边线，形成最下面的图形。

“两个图形合并在一起，组成了一个特殊的图形，我们把它叫做多边形，你能说出这个多边形的周长吗?”学生不假思索：“是 30 厘米。”“真的是 30 厘米吗？”我试图把“球”踢给学生，学生陷入沉思。不一会儿，有学生说是 29 厘米，有学生说是 28 厘米，还有说 27 厘米和 26 厘米的，答案各不相同，眼看一时半会儿很难达到观点的一致，我只得再次演示刚才的拼接过程，并重点指导学生观察图中重叠的两条边，学生在懵懵懂懂中意识到要从 30 厘米中减去 2 个 2 厘米，结果是 26 厘米。

课后心里感觉有点不是滋味。学生并没有主动地观察图形的移动和变化，而是在我明确的提示下，才发现图形变化的关键。

为什么教师的良苦用心学生并不领情？问题在于：

一是教师的良苦用心影响了学生对周长的正确理解。对于组合图形，教材只是给出外围的一圈边线，这样便于学生找到图形的周长，而教师呈现的拼接过程，闪烁出现了图形内部的线段，学生反而不易正确判断哪些边长的和才是图形的周长。

二是教师的良苦用心抑制了学生思维的自由放飞。课件呈现拼接的过程，无疑强化了这个组合图形是由长方形和正方形拼接而成的这一认识，从而引导学生从长方形和正方形的周长着手思考这个多边形的周长。根据教材的意图，本题是要让学生用多种不同的方法得出多边形的周长，如可以数出图形每条边的长度再逐条相加，也可以从组合图形和基本图形间的关系上考虑。但正由于教师的“好心”，学生的思维变得狭窄而单一了。

[改进案例] 让学生的思维自由行走

再次教学时我进行了调整，第三步直接出示多边形——

师：这个图形有些特别，是个多边形，你能指一指它的周长吗？（媒体闪烁图形一周）你有什么办法可以知道它的周长是多少厘米呢？先想一想，再算一算。

学生自发地讨论，不一会，我组织全班交流。

小周迫不及待：“是 30 厘米。”

“不对，我一格一格数的，一共 26 小格，所以周长是 26 厘米。”快嘴的蒋说。

“是 26 厘米。我先数出每条边的长，再用 4＋4＋9＋2＋5＋2 算出周长。”小何顺口接过话茬。

我并不急于表态：“我们来听听小周同学是怎么想的？”

“我发现这个图形是由长方形和正方形拼成的，正方形的周长是 16 厘米，长方形的周长是 14 厘米，所以它的周长就是 16＋14＝30（厘米）。”

学生们面面相觑，一脸疑惑。我趁机引导："那我们就来拼一拼吧。"（媒体演示两图形相拼的过程）"噢，我知道了，是多了2厘米。"有学生小声嘀咕。

我继续追问："是多了哪里的2厘米？"学生的思维一下集中在重复的边上。"多了几个2厘米？"

学生顿悟过来："是2个2厘米。"

"应该要从30厘米中去掉2个2厘米，结果是26厘米。"

我正想总结，一个声音轻轻传来："我还有一种，只要把长方形上面的长边向上移，左边的一条短边向右移，就拼成了一个长方形，长方形的周长就是它的周长。"一向冷静的徐，不慌不忙地讲述着自己的思考过程。

我眼前一亮，随即顺水推舟："那好，我们一起来移一移，看看周长发生变化了没有。"

学生们纷纷拿出自己的小手比画着，兴奋地说："没变，没变。"

……

有人说，名师会把复杂的内容教得很简单，平庸的教师却越教越复杂。初次教学时，教师通过演示长方形和正方形拼接的过程来呈现组合图形，把原本简单的内容变得复杂了，图形中增加了与周长无关的边长，影响了学生对组合图形周长的正确判断。第二次教学，直接出示组合图形，让学生先指一指它的周长，再算一算它的周长，在解答过程中加深了对周长的认识。

每个学生都是带着各自的数学现实走进课堂的。在课堂上，他们会随着课堂的进行不断产生独特的思考，他们的思维不同于成人的思维，教师切不可用成人的思维代替学生的思维，把成人的想法强加给学生。初次教学，教师用拼接的方法出示组合图形，是为了让学生能清楚地判断，求组合图形的周长要用长方形和正方形的周长之和去掉多余的两边。这是教师头脑中的简便算法，可这一算法是解答此题的唯一方法吗？答案是否定的。学生解答此题采用的方法是丰富多样的，这从第二次教学中可以得到证实。我们为什么不充分激发学生自身的潜能呢？当然，如果课堂上有学生提出某种方法，教师应该抓住时机，适时引导，共同探究，为学生的思维起跳搭起跳板。

给学生自由探究的空间，为学生创造自由思考的环境，学生的思维才会自由放飞，课堂才会富有灵性，教学才会精彩纷呈。在教学时，教师除了像上述案例那样考虑学生的年龄特征来确定教学策略之外，还应该像下面案例那样考虑学生的个性特点来制订教学评价内容。

[参考案例 1] 一道貌似做错的答案

我曾经在改数学作业时，遇到一道题目：“$4\frac{1}{5}$与$2\frac{1}{8}$的和比它们的差大多少？(只列式)”参考答案是：$(4\frac{1}{5}+2\frac{1}{8})-(4\frac{1}{5}-2\frac{1}{8})$。有一位学生是这样做的：$2\frac{1}{8}+2\frac{1}{8}$。刚开始我只粗粗地看了一下就嘀咕道：“$4\frac{1}{5}$”这个数字你怎么没有看到呢？真是粗心大意！于是就随手打了个“×”，然后合上作业本。这时封面上的名字使我一震，是某同学的本子，我马上意识到刚才太轻率了。某同学是班里有名的“一题多解大王”，于是，我仔细看着他作业本上的那道题目，经过认真琢磨后读懂了他独特的“解题思路”：给出两个数，它们的和与差相减，其中第一个数字必定相互抵消，而第二个数字由于去了括号，变成了同数相加，所以本题实质上就是求 2 个$2\frac{1}{8}$是多少。同理可得，如果要求“和＋差”，就是求 2 个$4\frac{1}{5}$是多少。这是一种跳跃性的简约思维，其层次比按部就班的思维更深一层，因为它不仅要理解“和”“差”这些概念以及本题的运算顺序，而且还在思考中用到了“去括号”“相互抵消”等知识，并且将这些知识进行浓缩，提炼出最简洁的算法。这位同学不但达到了巩固该题练习的目的，而且如果经常进行这样的思考，其思维的独创性将会得到有效的发展。

二、通过耳“闻”学生的回答，读懂他们的“真实想法”

教学过程是教师和学生之间互动的过程。有效的教学互动，不仅要求学生专心听讲、积极思考，而且也要求教师耐心倾听学生的思考，听其言、观其行、思其想。教学中，教师只有努力倾听学生的发言，才能准确把握学生的学习起点，捕捉学生学习中的各种认知想法，才能有效地解读学生。

可是我们经常发现，课堂教学中有时后续的教学内容还没有教，学生就能够说出答案，教师对此常常感觉尴尬，置若罔闻，不愿学生说下去；有时教师提出的问题，学生答得不完全对，教师却不予置评地让学生坐下。这些情况表明，教师常常忽视对学生真实思维过程的把握，不善于听学生的发言。

教师应如何引导学生，澄清他们的认识，让学生“不但知其然，而且知其所以然”呢？这就要求教师善于倾听学生的心声，尤其要注意听出学生的后续之音、合理之言、弦外之声。具体而言，教师要做到以下几点：

1. 听出后续之音，引导学生把话说完

所谓后续之音，是指可以说却没有来得及说的话。在课堂教学中，学生因为某些原因，常常会在发言中，在讲了一些话但还没说完的情况下，就中断了言语，使得有些想说的话没有了表达的机会，成为后续之音。教师洞察学生的思绪，就要及时把握学生的发言语势，让学生把话讲完。

[问题案例 2] 为何不让学生的聪明表现出来？

在“简单的小数加减法”的教学中，在学生看完情境图提出问题，从而列出算式，导入课题后，教师问：“怎样列式?”很多学生举起了手：“0.5+0.7。”有一位学生直接答道：“0.5+0.7=1.2 元。”这时，教师说道：“这位同学真聪明，我们还没有学，他就很快算出了答案。他是怎么想的呢？同桌两人一起讨论讨论吧。”那位发言的学生刚准备接着说，就被老师的话语打断，只好悄悄地坐下。随后，这位学生与同桌在一起小声议论了两三分钟。

学生算出答案是 1.2 元，说明他有着计算简单小数加减法的知识基础和生活经验。教师仅仅是表扬了这位同学的聪明，而没有让他的聪明在众人面前表现出来，没有给学生以展示思考过程的机会，而是用让同桌两人相互讨论的安排来掩饰被该生预先透露答案的尴尬。如果老师能顺势问一句：“你是怎么想的呢?”那位发言的学生一定会满怀信心地向大家展示他的想法。但是，他的这份学习热情因老师的不予搭理而无声地熄灭了。

由此可见，当学生灵动的思维之光在闪耀时，教师要做点燃火光的火把，要按照当时学习的氛围、学生思维的态势，因势利导地做好学习话题和解答思绪的组织、引导工作，这样才能引领学生的思维充分自由地发展。

2. 听出合理之言，及时调整思维方向

合理之言，就是课堂上学生在学习中提出的一些看似不得体、不对题，甚至有明显缺陷，而实际上颇有道理的意见。对此，教师稍不注意，就有可能让学生的思维成果或具有合理成分的意见被忽视、被埋没。

[改进案例 1] 为学生指明思考的方向

一位教师在教学"一个数比另一个数多几或少几"的相差问题时，先让学生拿出 8 个五角星摆一排，再让他们拿出 13 个五角星摆一排，如下图所示：

☆☆☆ ☆☆☆☆☆

☆☆☆ ☆☆☆☆☆ ☆☆☆☆☆

教师要学生根据条件提出问题，有些小朋友提出了"小明和小红一共摆出了多少个五角星"；有些小朋友提出了"小红比小明多摆出几颗五角星"；还有的小朋友提出了"小明比小红少拿出几颗五角星"。当列式解答第二个问题时，有位学生列出了 8+5=13 的算式，这位老师并没有叫这位学生坐下，而是因势利导："在这道算式里，8 是什么？5 是什么？13 是什么？"这位学生一一作了回答，教师又问："那么，根据题意，在这道算式里，应该选择什么条件，才能得出小红比小明多拿出几颗五角星？算式该怎样改？"这位学生想了想说："应该是 13−8=5。"

其实，这里教师很容易采取简单的否定态度——"8+5=13 的算式不对"，学生出现用加法代替减法的差错，不是因为他们对数量关系不理解，而是受加法的负迁移的影响说反了求相差数的过程。教师正是看到学生表达差错中所具有的对数量关系的潜在理解，作出细致的引导才让学生明确了问题实质，扭转了他的思维方向，让他在众人面前自己纠正，很快找出问题的正确答案。这样，既维护了他的自尊心，又促进了学生思维的发展。

3. 听出弦外之声，抓住机会解答疑惑

所谓弦外之声，就是说话人要表达的中心意思，与表达的言语出现了不一致，要表达的，其实并不是说出来的那个意思。在课堂的小组探究交流中，常常会出现这种现象。如果教师不能把握这一现象的实质，听不出学生的弦外之声，就会错失促进学习发展的良机。

[改进案例 2] 交给学生思考的拐杖

在"分米和毫米"的教学中，我经历过如下情景——

师：用尺子在本上画出 1 分米长的线段。

生：老师，画好了。

师：好。你是从哪里画到哪里的？

生：我是从 1 画到 11 的。

生：我是从3画到13的。

生：我是从0画到10的。

……

师：大家画的方法真多，我也来画一条1分米长的线段。(拿米尺) 大家注意观察我是从哪里画到哪里的。

生：老师从40画到了50。

生：老师，黑板上的1分米怎么那么短啊，我们画的怎么那么长啊？

怎么可能呢？这不是节外生枝吗？简直是捣乱。我一看，是班上的“皮大王”——刘×。我正要发作，但是经验告诉我，学生公然地不承认教师与学生所画1分米长度的同一性必有原因。我拿出课前准备的长1分米的硬纸片，在黑板上我画的线段上比划了一下，再递给了刘×。

师：你量一量，看看它和你本子上画的线段是不是一样长？

生：(他把硬纸片放在本子上量了量) 老师，一样长！

师：同学们，一样的1分米长度，为何有人认为不一样长呢？请大家前后四人小组讨论讨论。

(两三分钟后，不少学生举起了手)

生：作业本长20厘米、宽15厘米，10厘米线段画上去是作业本长的一半，快接近本子的宽了，容易让我们觉得本子上的1分米特别长。

生：我认为是因为所画的地方不一样。作业本和黑板比起来很小，1分米画在小小的本子上显得很长，而把1分米画在那么大的黑板上就显得特别短了。

师：同意吗？

生：(齐) 同意！

师：是啊，大家的分析都很有道理。正如我和你们比，我比你们高了很多，但是我和姚明在一起比，你们会说老师怎么这么矮啊！其实，不是我变矮了，而是我跟姚明相比，让你们觉得我变矮了。实际上，我的身高依然没变。

这个教学片段说明，刘×的表达并不是不认可同样两个10厘米长度等长，而是借助于对所画的两条线段的长度质疑，说出了认知中的参照相对性的错觉问题。通过他这么一问，大家引起了注意，展开了讨论，找到了他的“弦外之声”，问题获得了解决，疑虑得到澄清，他对全班的学习也贡献了一份有价值的思考意见。

无论是后续之音、合理之言还是弦外之声，都具有一定错误的假象，都并不真正代表学生的本意和认识的实际进展，教师不注意倾听，就很容易造成处置的失误。这就要求教师在钻研教材时，不能忽视对学生学习起点和学习状态的分析把握。在备课中要更多地想一想学生已经知道了什么，儿童在学习某些知识中会遇到哪些困惑；多多追问自身的教学设计中哪些环节忽视了学生的存在，主观的教学设计是否有利于学生客观的可持续发展。反思中关注了以上的问题，课堂上善于倾听学生的心声，尊重学生就落到了实处，就为学生培育了一片乐学的土壤，学生的学习热情将会大大地被激发，他们的学习表现将会更精彩、更活跃、更贴近真实的学习状态，课堂无疑会更加富有生命力。

三、通过追“问”学生的错误，读懂他们的“失误原因”

小学生受知识和方法的限制，在学习过程中出现一些错误是非常正常的，这些错误是学生思维的本真表现，因为学生认知的发生与形成不可能单独依靠正面的示范，他们往往还要经历一个自我否定、自我纠错的过程。因此，学生在学习中出现的暂时差错也是推进教学的一种重要资源。

教师要及时捕捉学生原始生成的“错误”信息，运用追问的形式切实读懂他们出现错误的原因，然后从这些错误想法出发，将错就错，因势利导地推进后续教学，使学生自己发现错误、推翻错误，并运用其引出正确的想法，得出合乎逻辑的结论，从而使学生的认识更为深刻。

[参考案例 2] 数学“分数的基本性质”

我在上“分数的基本性质”一课时，首先运用一个“分蛋糕”的情境导入新课，使学生顺利得出了“$\frac{1}{3}=\frac{2}{6}=\frac{3}{9}$”的等式，然后引导学生从第一个分数到第二个分数，再从第一个分数到第三个分数进行观察，看能发现什么规律。其中有一个学生站起来回答说：“我发现第一个分数的分母乘第二个分数的分子刚好等于第二个分数的分母。”我因这个学生的回答懵住了，因为他的回答是我在预设时没有想到的。于是我追问该生：“你能具体说一说吗?”这位学生继续说：“从第一个分数到第二个分数是 3×2=6，第一个分数到第三个分数是 3×3=9，都有这个规律。”我经过快速分析，读懂了这位同学的想法：通过部分数字的巧合推出一般性的规律，从而发生了错误。

于是我让学生对“分蛋糕”情境中剩下部分也列出等式：$\frac{2}{3}=\frac{4}{6}=\frac{6}{9}$，

让学生用这个方法去验证，学生很快发现：3×4≠6，3×6≠9。我趁热打铁地追问道："这些分数真正的规律是怎样的呢？"学生通过讨论发现：3×4÷2=6，3×6÷2=9；原先那组分数也有这个规律：3×2÷1=6，3×3÷1=9（只是省略了除以 1）。我将这些算式经过整理（添上括号）得出：3×（2÷1）=6，3×（3÷1）=9，3×（4÷2）=6，3×（6÷2）=9。然后继续追问学生："括号里算出的是什么？"（分子扩大的倍数）"要使分数的大小不变，分母应该怎么办？"（也要乘上这个倍数）从而使学生悟出"分子和分母同时扩大相同的倍数，分数大小不变"这一奇妙的变化规律。

四、通过把"切"学生的疑惑，读懂他们的"思维障碍"

"切"是一名中医医术高低的重要标志，特别体现在对一些疑难杂症能否把"切"精准，能不能开出对症有效的药方。在教学中，学生会不会提出问题和进行质疑是衡量学生思维水平和学习能力的重要指标。同样，教师能否准确把"切"学生学习过程中的疑惑，进而读懂学生学习上的思维障碍，并采取有效的排解措施，也是体现教师教学艺术水平的重要标准。

因此，教师要创造条件，让学生展开质疑问难，及时把"切"学生头脑中还有哪些疑惑可以作为新问题教学的"生长元"，在读懂了学生思维障碍的基础上，顺着学生的疑问深入展开后续教学，从而使学生的认识不断深化。

[参考案例 3] 数学"体积和体积单位"

一位教师教学"体积和体积单位"一课，在学习体积单位环节时，出示了一个长方体和正方体，让学生判断谁的体积大，学生意见不一致。此时教师把"切"到学生对如何比较体积的大小存有疑惑，由于没有确立比较的标准，学生的思维产生了障碍。于是，教师引导学生回顾以前学过的"面积和面积单位"的相关内容，从而有效唤醒了学生的已有经验，使学生明白了测量面积有标准，测量体积也应该有标准。可这个标准是什么呢？学生在讨论过程中又产生了疑惑：有的认为以小正方形为测量标准，密铺两个物体的 6 个面，然后数出小正方形的个数来比较；有的认为以小正方体为测量标准，在两个物体里摆放小正方体，然后数出小正方体的个数来比较大小。此时教师读懂了学生思维障碍的根源是"面积"和"体积"内涵的本质区别。于是，教师借助多媒体动态演示，让学生对这两个概念进行对比。学生通过形象观察和理性分析，慢慢感悟到前一种方案测量的是物体的表面积，后一种方案测量的才是物体的体积，从而排除了思维障碍，获得了清晰的认识。

总之，将“望、闻、问、切”这种中医上的诊断妙方合理地运用到教学中，能使我们及时准确地把握学生动态生成的本真信息，并通过对信息的价值判断和有效处理，为驾驭新课程这一灵动的课堂提供信息保障。

综上所述，面对聪明学生的一些行为表现，在教学时，聪明教师的做法是通过自己的行为改进，把学生教聪明。其中一种教师的行为改进就是在教学中，通过对学生的察言观色，正确把握学生的内心活动，正确理解学生的内在想法，正确引导学生的内部动机。对此，教师可以参考以下研究路线：

观察的内容	观察的依据
观察学生的本色	依据学生的品质
观察学生的脸色	依据学生的表情
观察学生的声色	依据学生的语言
观察学生的行色	依据学生的举止

教师：心心相印，做学生的“心上人”

聪明学生在学习过程中时时地会冒出新想法，做出新举动，暴露出新问题，并常常不循常规，不依常法——

曾经读过一篇题为《谁更脆弱》的文章——

两学生成绩一直很优异，但这次期中考试成绩不太理想。课间的时候我通知她们来办公室，想安慰安慰她们，开导开导她们，鼓励鼓励她们。

两学生一起来到我办公室，说说笑笑的、嘻嘻哈哈的、开开心心的。

这状态哪需要我安慰、开导和鼓励？

“怎么样，这次考试不理想，有没有感到失望？”我问。

“老师，下一次我会考第一的！”一学生雄心壮志，她倒真有这个实力。

“那也要问我答不答应啊。”另一学生不甘示弱，她也有这个实力。

那我还用说什么呢？这心态，比我的心态还要好。

我想起了上一次月考结束后，我也叫了一个学生到办公室做思想工作，她也是考砸了，我担心她受不了“打击”。

没想到话刚开始，她就“语重心长”地教育我：“老师，你放心吧，我们哪有你那样脆弱？”

整来整去，原来是我很脆弱！

是啊，孩子是一本耐读和难懂的书，老师应该是阅读者、欣赏者、发现者。教师需要用耐心、用细心、用爱心，慢慢地、细细地、深深地去读懂它。

作为教师，我们每天待得最多的地方是教室，每天接触得最多的是学生。打开学生这本书，我们可以看到：他们有时天真活泼，令人觉得可爱；有时突发奇想，令人惊叹不已；有时调皮捣蛋，令人哭笑不得；有时自鸣得意，使人啼笑皆非……但是透过这些表象，我们读到的是生命的火焰、理想的花朵、人类的未来……

曾经看到这样一个故事——

一位学生问老师："老师，在你心中，我排第几?"那位老师毫不犹豫地回答："第一。"孩子惊喜地问："真的?"老师意味深长地说："孩子，有一位哲人说得好，在各种排列中，任何人都想得第一。其实，得第一并不难，只要愿意另起一行，每个人都是第一。"

每一本书都有属于它自己的位置，只要我们教师多角度地读，"另起一行"地看，每一个孩子都会在他的页面上画出最绚烂的风景。若如此，课堂教学这个大书架上会多么丰富多彩；若如此，我们将会读到多么精彩而富有活力的动人篇章；若如此，孩子们必然会如轻燕一般自信，载着希望，在广阔的天空中自由翱翔。而我们，如那托起轻燕的空气、翻起书页的清风……

每一个学生都是有思想、有感情、有理想的活生生的人，渴望得到周围的人，特别是老师的关心、爱护和尊重，所以教师唯有做学生的"心上人"，这样才能读懂学生，与学生息息相通、心心相印。有人在博客中写了这样一首小诗——

学生是一本书，
只要你愿意读就能读懂。
遇到难读的章节，
读时要用智慧，又要用上耐心，
千万不能忽略或跳过这些章节，
只要用心去读，
你总会读懂的。
那时，你就会发现那难懂的章节其实很精彩，
很值得欣赏，更值得回味。

在实际教学中，学生这本书中"难读的章节"，常常表现为他们的思想脱离、偏离甚至背离教材或教师的思想，他们随时可能迸出多样的想法，闪出独特的观点，冒出离奇的思路。而最让教师"揪心"的，正如德国教育哲学家博尔诺夫所指出的——"是否以及何时会产生遭遇则不是教

师能决定的”。于是，这些貌似“不速之客”的想法、观点、思路便常常成为课堂意外，然而，作为理智的教师，我们“千万不能忽略或跳过这些章节”，相反，应该积极去读懂它、读通它。

一、在教学过程中洞察学生的真心

在传统的课堂教学设计中，教师考虑最多的是学生预期的学习目标（静态目标），而很少关注课堂中的生成性目标（动态目标）。整个教学过程就是按剧本（教案）在按部就班地进行着“表演”，学生稍有“出格”表现，就会被立刻拉回到既定的“剧情”中来。学生的思想被禁锢在一个封闭的教学框架之中，此时的学生如同一本被加了锁的书，活动受到制约，个性难以张扬。

学生作为一个个鲜活的生命体，他们都有自己的经验、背景，首先表现为每个学生的学习体会可能不尽相同，其次表现为学生的学习体会可能与教师的观点不尽相同。在这种背景下，课堂不再是一出按教案走的“情景剧”，各种不确定的因素随时都会出现。如果我们忽视这种差异的存在，依旧按部就班，那我们的课堂就不再是属于学生的课堂。

［问题案例 1］为什么预设的难点不是学生的学习难点？

教学“小数加减法”，情境引入后，我引导学生提出问题，针对“小明和小丽一共用了多少元”这一问题，学生顺利地列出小数加法算式：4.75＋3.4。接着我让学生尝试竖式计算。

根据以往的教学经验，多数学生初学小数加减法时的通病就是不把小数点对齐。教参指出：“可以启发学生联系整数加减法的计算方法解释列竖式时把两个加数的小数点对齐的道理……”教材也预设了学生可能出现的情况。

无疑，小数点对齐是本课的学习难点。备课时，针对这一难点，我精心预设了当学生列竖式出现小数点不对齐时的教学思路——

①板演：“小数点对齐”和“末尾对齐（小数点不对齐）”这两种学生可能出现的不同算法。

②比较：这两种算法哪种正确？为什么？

③研究：为什么要把小数点对齐？

趁着学生尝试列式计算的间隙，我进行课堂巡视，发现不少学生已经能正确计算小数加法。学生列竖式时都做到了小数点对齐，但出现的错误却偏离了我的预设。学生甲是这样计算的：

$$\begin{array}{r}4.75\\ +\ 3.\ 4\\ \hline 7.79\end{array}$$

我走了一圈，发现班内竟然有16个学生出现了同样的错误。本以为学生学习今天的内容认知难度不大，出现错误也只是因为列竖式时没有把小数点对齐，只要小数点对齐了，难点也就迎刃而解了。可现实情况是：学生把小数点对齐了，但小数点对齐后，却又把十分位上的4和百分位上的5对齐了相加，看来，学生学习的难点不在于表面的小数点对齐！

我让生甲谈一下他的想法，他说："我们学过，小数加法列竖式时要小数点对齐，笔算加法竖式时要末尾对齐，所以我先把小数点对齐，再把4和5对齐，这样末尾对齐后从低位算起。"

原来，学生对小数点对齐的实质——"相同数位才能相加减"这一算理的理解还不透彻，而且，如果小数点对齐，相同数位也对齐，那么"5又和谁相加"便成了学生后续学习的一个困惑。

由于成人（包括老师）与学生真实的想法不尽相同，出发点不一样，知识积累也不相同，所以学生的学习困惑与老师预设的学习难点就有可能不一致。确实，孩子们的想法和成人的想法常常是不一致的，我们在教学中误读学生的现象大量存在。

理想的教学是基于学生真实思维的教学，作为主体的学生是最具创造力和发展潜力的群体。很多时候，学生并不是按我们的预想在进行思考，让我们把关注的视角从教师转向学生，走向学生学习活动的背后，从学生的言行举止中反思我们的设计和认识，了解学生真实的想法，这样才能设计出符合学生认知的教学方案。基于学生真情的教学不仅挑战着我们的教学路线，还常常会挑战我们的教学常规。

[参考案例1] 学生心中的试卷分析

长期以来，考试之后作试卷分析都是执教老师的职责和专利。可一次偶然的经历，却让我不得不重新审视多年教学工作中约定俗成的做法。

期终考试过后，同事的孩子嘉文跑进办公室来玩，她看到我正在看试卷分析，连忙喊了起来："张叔叔，把我们班语文老师写的试卷分析给我看看，行吗?"我笑着把那份试卷分析递给她。她认真地看了起来。看着看着，她撇撇嘴，自言自语地说："哼！才不是呢。"我感到奇怪，连忙问她："你们老师写得不好吗?""嗯!"她歪着脖子做出不屑的样子："老师写的分析是编的。这次考试题，出得一点也不好。"于是，我问："嘉文，你能写写这次考试的情况分析吗?"她很自信地答应了，并且向我要了一张试卷。

嘉文走后，我仔细地看了这位老师的试卷分析：本次考试试题难易适度，覆盖面比较广，体现了新课标的理念，便于考查学生知识掌握情况以及能力发展状况……第1题"看拼音，写词语"，学生做得比较好，全班只有两名同学失分，一个是因为他写错了字，另一个是拼读有误，个别辅导；第2题到第4题，主要考查学生对基本知识技能的掌握情况，分为辨字组词、成语积累和运用、按要求写句子三项内容，涉及的知识面比较广，出题形式活泼，本题的学生得分率达到了90%；第5题是整理排序题，部分学生因语感问题排错导致失分，今后要加强指导此类题型的训练……

这位老师的试卷分析从试卷的难易程度、存在的问题到学生的答卷情况、及格率等方面，写得详尽细致，我并没有看出有什么地方不对。

第二天，嘉文果然把她写的"试卷分析"交给了我：这次考试试题出得非常不好，我班的尹文、华胜、王乐乐、郭紫萱等好多同学都这样认为。第1至4题：我们在上课的时候都已经很熟练了，看拼音写字词、组词都是一年级小学生做的，还考我们这样的题，太没有意思了。还有成语题，我们平时都练烂了，还考呀？让我们按要求写句子还不错，我的读书笔记上记了好多，愿意写哪一句就写哪一句。第5题：排序题。老师也讲了"三步走"，可我就怕这种题型，总是找不到感觉。第6题：我们不喜欢这一题。在上课时，课内阅读题我们都做过了，没意思。课外阅读让我们写主要内容，我认为写得不错了，可是还被扣掉了3分。我班有6名同学都说这一题扣分冤枉，大家认为阅卷老师做的答案可能错了。第7题：让我们写一件高兴的事，有些同学很纳闷，那件事对于他们而言就很开心嘛，怎么就无缘无故地扣了5分，也不知道老师看没看。

"火药味""不满言论"充斥着整个"试卷分析"，老师眼中"难易适度"的好试题，在学生的眼中却成了"没意思""出得不好"的试题，我不禁陷入了沉思：多年来，一直让老师写试卷分析的做法是否有需要改进的地方？嘉文的语文老师站在了教师的立场上，从教师的"教"出发，靠一种估计、推断来分析，在嘉文看来"净是编的"，这也难怪嘉文说老师

“写得不好”；而嘉文是以答卷者的身份来写“试卷分析”的，她的“试卷分析”流露出了一种挑战、一种叛逆，而这却正是最真实的、最具生命力的思想流露。

考试之后，教师习惯的做法是根据自己的教学经验，依凭学生的答题情况，从个人的视角分析学生的达标情况和试卷的命题情况，通过了解试卷中各个题目的得失分情况，分析学生出错的原因及倾向性问题，在讲评试卷时重点分析和强调纠正，从而把准学生新的学习起点与需求，在教学过程中调适方法，提高教学效果。

而从上述案例的描述中我们可以看出，教师的试卷分析未必能够正确地分析出学生在考试中伴随的“心情”、潜藏的“心意”和存在的“心结”，所以这样的试卷分析更多的是教师的自说自话。让学生也写试卷分析，可以真实地了解学生对教学评价的意见和建议。学生的意见和建议固然可以通过平时的师生交流来了解，但是考试后让学生以写试卷分析的形式同老师交流，肯定会给学生提供更多的话语方便。让学生把自己考试成绩的好坏与平时教师的教学联系起来，让以前想不起的话或者找不到的感觉，在试卷分析中喷涌出来，很有意义。老师什么地方教得好，教学中还存在什么问题，学生会说得很真实而具体。学生的这些心里话，无疑会促使教师改进以后的教学，同时也缩短了师生之间的距离。

二、在教学过程中迎接学生的真情

有生命力的教学必定是生成性的教学，我们的课堂教学不应拘泥于预先设定的固定不变的程式。在教学中，当学生有了火花生成时，我们应该采取积极的鼓励态度，调整我们的教学预设，在教学目标、教学内容或教学程序上做适当的调整，在课堂中能研究的、能放大的，则必须敏感地捕捉和利用。如果学生的生成火花不予及时点燃，随之转瞬即逝；如果每次学生有了创造的火花，教师给他的均是失望和不能满足的信息，学生思考的主动性、积极性就会丧失，“为了学生的需求而教”便成了一句毫无价值的口号。教师见机行事的教育机智主要体现在以下两个方面：

1. 根据学生的生成及时“顺水推舟”

虽然教师在设计时可能考虑得非常周密，主观上努力穷尽各种可能，但正如布卢姆所说：“人们无法预料教学所产生的成果的全部范围。”当课堂中突然出现“意外”时，教师应及时抓住，把这些有效的教学资源开发、放大，让它们“临场闪光”。一方面可以借助它，超越狭隘的课本内容，让师生有更广阔的思维空间；另一方面，可以大大激发学生参与课堂的热情。

[参考案例 2] 教学“加法运算律”

借助情境图，学生顺利解决了他们自己开始提出的“参加跳绳的一共有多少人”“参加活动的女生一共有多少人”，并从中得出加法交换律。这时一名学生质疑：“老师，我发现乘法也有交换律！”话音刚落，有部分学生也附和。这时我愣住了，因为这并不是本节课要教授的内容，而是下一课的内容。是避而不谈，还是改变预设、调整目标呢？取舍之后我顺水推舟，说道：“看来这位同学的发现，大家也有同感，那让我们来研究一下吧。”学生交流后，基本能模仿着加法交换律说出：“在乘法中，交换两个乘数的位置，积不变。”

师：谁能举一些例子来说明一下呢？

生：3×4＝4×3。

生：15×20＝20×15。

师：这样的例子多吗？你们能不能也用字母来表示一下乘法中的这一规律呢？

生：$a\times \mathrm{b}=\mathrm{b}\times a$。

师：同学们真不简单，能根据加法交换律联想到乘法交换律，并且通过举例，归纳得出乘法交换律。老师告诉你们，乘法交换律确实存在，你们的发现是完全正确的。

教室内欢声一片，这时又有学生举手：“老师，既然加法与乘法都有交换律，那减法与除法有没有交换律呢？”

……

整节课教学，几乎与预设大相径庭，但为了保护学生的积极性，调整后的课堂教学显得是那样的自然与顺畅。课程标准的核心理念是“一切为了每一个学生的发展”，而“发展”是一个动态的生成过程，因此每一节课都应该是不可重复的激情和智慧相伴生成的过程，而不应是预设的一成不变的僵化的程序。教师要凭借教学机智应对生成性问题，根据学生的学习需求，适时地作出反应和调整。

积极性意外对课堂教学有促进作用，面对这样的意外，教师可“顺”着学生的思路，引导更多的学生发现别样的思维景观。有些课堂意外貌似凑巧，实则蕴藏规律。学习开始前，学生往往已经拥有一定的“前概念”，已经立足较高的“起跳点”。因此，学生在学习之前“全盘已知”“略有所知”不足为奇。当现场的某个情境与学生的已有经验恰好对接，学生便会带着自身的已有认识，发表个性观点。

[问题案例 2] **学生在胡说吗？**

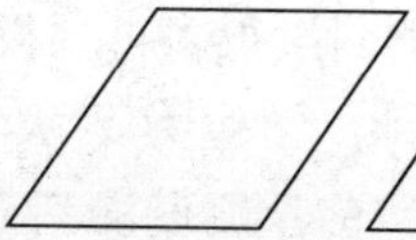
图 1

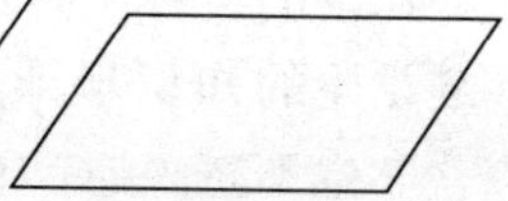
图 2

一位教师教授“平行四边形面积”时，为强调研究面积计算公式的必要性，设计了三个层次的“比较平行四边形面积大小”的活动。第一层次，“直接观察”比大小；第二层次，“重叠对照”比大小；第三层次（如图 1、图 2），用“观察”“重叠”都难以比出大小，引出对平行四边形面积计算方法的探究。

正当教师依照预设流程准备揭示课题时，有学生说：“我认为图 2 面积大。因为图 2 比图 1 宽很多，但高度差不多。”教师一愣。随后，教师在未置可否的含糊应对中，继续按照预设展开教学。

上述案例中，这个学生的潜台词是“图 2 比图 1 的底要长得多，高差不多”，说明该生已经领会到“底、高的长度决定了平行四边形的面积”。此时，教师不应拘泥于预设，而应让这个学生充分解释自己话中的意思，引导全班学生猜想：“平行四边形的面积是否与底、高密切相关呢？如果确有关联，究竟存在什么数学奥秘呢？”由此，展开后续的探究活动。这样一来，课堂意外便转化成了推进教学的一个“节点”。教师正好立足这个“节点”，引领学生依托经验，顺势而上，逐层深入，达到目标。

[改进案例] **学生说得真妙**

六年级下学期期中测试卷中有一道题：“一个长 10 厘米、宽 8 厘米、高 6 厘米的长方体，表面都涂成红色后，切成棱长是 1 厘米的正方体。其中，2 个面是红色的有(　)个，1 个面是红色的有(　)个，没有红色面的有(　)个。”讲评时，教师讲得费劲，学生听得糊涂。

突然，有一个学生说：“我有好办法，其实就是求长、宽、高各减少 2 厘米的长方体（以下称小长方体）的棱长之和、表面积和体积。”这个学生的方法大大出乎教师和其他学生的意料，但结果与标准答案完全一样。有学生嘀咕：“是不是凑巧？”这个学生解释说：“因为 2 个面是红色的小正方体都是沿小长方体的 12 条棱切下的，所以它们的个数就是小长方体的棱长和；有 1 个面是红色的小正方体就是小长方体表面对应的那些小正方体，所以它们的个数就是小长方体的表面积；没有红色面的就是这个小长方体包含的小正方体，所以它们的个数就是小长方体的体积。”这种方法比教师的方法更简便快捷。听完他的解释后，师生都拍手称赞。

2. 根据学生的生成及时“见风转舵”

课堂的不可预测因素很多，预设实施过程中总会遇到意外，或者预设超越学生的知识基础，学生力不从心；或者预设未曾顾及学生的认知特点，学生不感兴趣；或者预设滞后于学生的实际水平，课堂教学缺乏张力。不管遇到什么情况，我们都需要根据学生的发展需要，对预设的教学目标进行调整，使其切实贴近实际、贴近课堂、贴近学生。教学意外的积极和消极不是绝对的，二者可以转化。处理得当，消极可变积极；处理不当，积极也会变消极。

［问题案例 3］学生的思维短路，怎么办？

教学“统计”一课，教师让学生在一幅高 12 格的统计图上表示出“喜欢小猴的有 8 人”。学生顺利完成后，教师再让学生表示出“喜欢小狗的有 19 人”。多数学生采用了“先涂满 12 格，再往旁边涂 7 格”的方法(如图 3)。

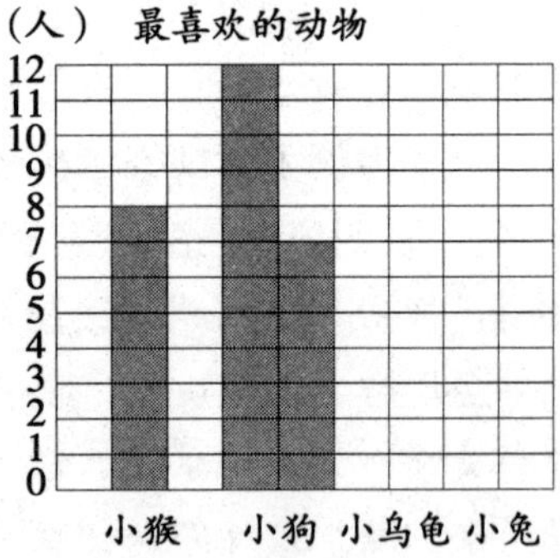

图 3

交流时，不管教师如何暗示、引导，学生始终认为这种方法“整齐”“美观”“漂亮”。在这种情况下，教师预设的（也是教材编排的）“以 1 当 2”的方法便遭遇“难产”尴尬。其实，教师事先料到会有学生采用“12＋7”的方法，但没想到多数学生用此法，并“立场坚定”。细加分析，“12＋7”涂法广受认同，完全合乎情理：在二年级学生看来，既然 19 格不能在一列中涂完，那肯定是先涂满一列再补足 7 格。由于缺乏认知冲突，学生大多没有探究欲望。

课堂意外的产生，很多时候来自师生双方思维方式的客观差异。教师带着自身对教学内容的主观认同，精心预设了理想化的教学路径，并一相情愿地想把学生拉向这条“正道”，顺利达成教学目标。而学生还没接触这些内容，其探究历程有时宛如“在黑暗通道里摸索前行”。在这种情况下，他们的真实思考背离“正道”在所难免。于是，意外就层出不穷。对于这种情况，教师首先应尊重学生的原始体验，并及时创造机会，让学生延续自己的个性思路，经历“此路不通”的认知冲突，萌生“另寻他路”的想法。

[改进案例] 为教学重新修路

在交流“12+7”涂法后，教师可这样启发：“把19格分成12格和7格来涂，的确能顺利解决问题。不过，如果喜欢小狗的人数是26，那该怎么涂呢？”按照原来的方法，学生会把26分解成“12+12+2”来涂。这样一来，限于统计图的布局，最后2格必定涂到“小乌龟”的“地盘”上，这显然不合适。于是，“12+x”涂法的局限性便浮出水面。随后，教师可继续引导：“看来，为了保证统计图信息清楚，我们应该尽量在一列中涂完某个数量。如果一列的格子很多，不止12格，那就好办了。谁能想个办法，让统计图一列有更多格子？”有学生会想到，把原有方格再次细分，1格表示2人，甚至3人……这样，本课“以1当2”的思路原型便凸显了出来。这样的教学引导，既尊重“意外”，又欲擒故纵，促进了学生数学认知的有效深入。

对于预设之外的有些生成内容，从表面看似乎与教学方案格格不入，干扰了正常的教学秩序，但只要教师机智地进行选择与聚焦，就有可能使这种建立在学生意愿上的教学生成更具有针对性，通过师生之间深层次的互动，从而在课堂上产生超越预设目标的“突破性”的教学效果，实现非预设的“动态目标”。

[问题案例4] 学生的思维断路，怎么办

在一个班级中教学“公顷”时，教师从学生已有的经验出发，组织填写面积单位：(1) 一片竹叶的面积约为7(　)；(2) 一块黑板的面积约为4(　)；(3) 学校校园的面积约为2(　)。

前面两个问题都是填学生学过的面积单位，而最后则设置了一个需要填公顷的问题，旨在引发学生知识结构的矛盾冲突，意在凸显需要用更大的面积单位“公顷”。然而，出乎意料，没有学生提及到“公顷”，而大多数学生都不约而同地提出填“平方千米”。老师对出现的“平方千米”给予了简单否定和回避，因为他认为“平方千米”是下节课的教学内容。

在学习“公顷”这个面积单位前，学生所具有的知识经验是已经掌握了长度单位和学过的三个面积单位，并且初步建立了长度单位（厘米、分米、米）与面积单位（平方厘米、平方分米、平方米）的一一对应关系。当面对“需要一个更大的面积单位”时，学生头脑中较大的长度单位“千米”被激活了，学生自然而然地会想到“平方千米”这个面积单位。而公顷这个字面上与长度单位毫无关联的名称，学生当然就想不到。由此看来，课上与“平方千米”不期而遇，这是学生已有知识的一种自然顺应，也是学生已有经验的一种合理迁移。

虽然按照教材的安排“平方千米”要到下节课才学习，但在学习公顷时，平方千米的出现可以帮助学生在本节课将“公顷”有效地纳入学生面积单位的知识结构之中，让学生明确“公顷”是一个比平方米大但比平方千米小的面积单位，可以帮助学生形成对公顷概念的主动建构。

[改进案例] 为教学重点铺路

在另一个班级教学时，同样，在教师出示问题“学校校园的面积约为2（　）”后，大多数学生提出填“平方千米”。

师：大多数学生提到了“平方千米”，它的确是一个面积单位。根据边长1米的正方形面积是1平方米，那你们觉得边长是多少的正方形面积是1平方千米呢？

生：1千米。

师：在这里，填平方千米嫌大了。我们可以填一个比平方米大但比平方千米小的单位——公顷。教师将“公顷”板书在“平方米”和“平方千米”之间。

师：那边长是多少米的正方形面积是1公顷呢？（此时的猜测不是无根据的，因为学生已经知道公顷介于平方米与平方千米之间）

师：你们觉得边长可能是几十几、几百几十吗？如85米、160米等。为什么？

生：不可能。这样用起来不方便。

生：这样很难算。

师：是呀，我们应该考虑到用起来简便，那边长最有可能是多少？

生：10米。

生：100米。

师：那边长10米、100米，哪个又更有可能？我们不如算一算边长10米、100米的正方形面积分别为多少平方米？（学生得出：分别为100平方米、10000平方米）

师：这时你们觉得哪个可能呢？小组交流想法。

组1汇报：如果边长是10米，那面积就是100平方米。我们学校不可能只有 200 平方米。

其他小组表示赞同：边长应该是 100 米。

在此基础上，得出“边长 100 米的正方形面积是 1 公顷”“1 公顷＝10000 平方米”。

虽说“公顷”的概念是一个规定性知识，但其也有着“它为何这样规定”的道理，同时更是可以借助于学生的已有经验去让学生感知，以上学生猜“公顷”大小的过程无疑是一种数学意义上的猜测。不得不说，与“平方千米”的不期而遇成就了课堂的那份精彩！

上述案例虽然学生提前说出了后面（下一节课）的学习内容，但经过教师的合理处理实现了教学回归，促进了学习价值的更好体现，教学顺序逾越后依然回到了原来预设的轨道，教学的重点仍然是“公顷”，也就是说教学的秩序并没有被彻底改变，生成只是正常教学中的一个“插曲”。而下面的案例却并非如此，当学生提前说出了后面（下一个环节）的学习内容后，教师左右衡量，认为可以进行“倒叙”教学，从而使教学在迎合学生意愿中柳暗花明。

[参考案例 3] 数学“分数的再认识”

教师在教学“分数的再认识”时，通过大量的实物操作让学生感知一根毛线、一个苹果、一个正方形、8 只千纸鹤、40 个同学平均分成若干份后都可以用分数表示，此时教师引导学生观察板书：

物体	平均分的份数	取的份数	用分数表示
一根毛线	2 份	1 份	$\frac{1}{2}$
一个苹果	4 份	1 份	$\frac{1}{4}$
一个正方形	8 份	2 份	$\frac{2}{8}$
8 只千纸鹤	4 份	3 份	$\frac{3}{4}$
40 个同学	4 份	1 份	$\frac{1}{4}$

师：请认真观察黑板，你们发现了什么？

在大量直观物体操作的基础上，教师希望学生通过观察能发现：单位“1”不但可以是一个物体、一个图形，也可以是若干个物体所组合的一个大整体。

生：我发现，平均分的份数都是分数的分母，取的份数都是分数的分子。

教师一愣，因为这是在学生认识单位“1”的概念后，进一步认识分母与分子的含义的内容。此时出现，怎么办？智慧火花一闪，调整目标顺序。

师：是吗？同学们，我们一起来看一看，是不是这样的？

生：是的，将一个苹果平均分成4份，取了1份，就用分数$\frac{1}{4}$表示的。

生：像把8只千纸鹤平均分成4份，取了3份，用分数$\frac{3}{4}$表示的。

师：是啊，刚才这位同学的发现非常正确。他其实告诉我们，在分数中分母表示……分子表示……

学生的回答内容属于“分母、分子的含义”，它是后面要实现的教学目标，这与预设的“先认识单位‘1’的目标教学”产生了顺序冲突。其实这样的现象在平时的教学过程中常有发生，这就是目标前移。但有些教师无视课堂中的动态资源，面对学生如此精彩又到位的回答，视而不见，非得等十分钟后，认识完了单位“1”，再重新认识分数各部分所表示的意义。这样固然可以完成预设的教学任务，但这样的教学已丧失了它原本该有的色彩。

更大的改变还在于教师根据学生的生成大胆地改变教学计划，把教材之后安排的甚至教材上没有安排的内容，根据学生的需求而临时调整或补充教学，虽然打破了教材编排的线索或教参规定的进度，但是为了解决学生提出的问题而教学，这样因学生的生成而生成的教学无疑是我们如今提倡的生本教学。

[参考案例4] 教学“乘法分配律”

教学“乘法分配律”时，例题是从学生的实际生活情境出发的：“商店里有夹克衫，每件65元；裤子，每条45元；短袖衫，每件32元。那买5件夹克衫和5条裤子，一共要付多少元？”根据题意，学生得出65×5＋45×5和（65＋45）×5这两种不同的解法。通过观察算式，学生得到一个等式（65＋45）×5＝65×5＋45×5。很顺利，和我备课时预计的一样，已经跨进乘法分配律的大门了，紧接着，我引导学生先观察等式进行猜想，进而举例验证发现规律，最后借助语言、图形、字母等形式总结规律。

一切尽在掌握之中。就在进行全课总结的时候，学生A提出了一个问题：“老师，既然有（a＋b）×c＝a×c＋b×c，那有没有（a－b）×c＝a×c－b×c呢？”“那有没有除法分配律（a＋b）÷c＝a÷c＋b÷c？”“还

有 $(a-b)\div c=a\div c-b\div c$ 也成立吗?”……一个个的问题接连而至，我都来不及反应，更别说解答了。怎么办呢？我瞄了一下手表，还有大约3分钟就下课了。忽视这些问题，也挺可惜的，难得他们那么投入，况且这些问题也有研究价值。我灵机一动：“同学们，从乘法分配律 $(a+b)\times c=a\times c+b\times c$ 这个等式，你们可以联想到那么多的问题，真是了不起，那你们想自己来解答这些问题吗?”“想!”“好。今天的数学作业就是证明这些等式是否成立!”

第二天的数学课，我没有按照教材编排教学“应用乘法分配律进行简便计算”，而是把这40分钟都给了学生——

“今天这节课，老师想当一回学生，你们都是老师。昨天的问题，你们可以随便选一个，讲解给同学们听。行吗?”

“行!”有些学生信心十足，有些学生有点儿没自信。

“首先我们有请……周老师!”

伴随着同学们的掌声，学生B上场了：“$(a-b)\times c=a\times c-b\times c$ 这个等式是成立的，我举了20多个例子，请同学们看投影仪……”

小老师们一个接一个上场，那些缺少自信的学生在其他人的带领下，禁不住这热烈讨论的氛围，也一一登场。

学生的思维是活跃的，他们除了想到用举例的方法来证明这些等式，有些人还想到了从运算意义上来理解。学生C的发言就是个闪光点：“$(a-b)\times c$ 可以理解为 $(a-b)$ 个c相加的和；$a\times c$ 理解为 a 个c相加的和，$b\times c$ 理解为b个c相加的和，那 $a\times c-b\times c$ 就是 a 个c相加的和减去b个c相加的和，也是 $(a-b)$ 个c相加的和……”

看着全班学生都投入讨论中，我真庆幸：庆幸自己额外给了他们40分钟，庆幸这40分钟让我看到了不一样的他们，庆幸……突然，“老师，$(a+b)\div c=a\div c+b\div c$ 是不是叫做除法分配律啊?”

这节课是为了解决学生提出的问题而临时添加的，令人没想到的是，临近下课时，旧的问题是解决了，新的问题又产生了……

许多课堂意外，生成于主体起点与知识逻辑的冲撞，生成于学生现实与预设路径的矛盾，生成于多样思维与唯一结论的抗衡，生成于教学行为与目标要求的背离……课堂意外，类型颇多，成因多样。面对各种课堂意外，教师能够读懂学生这本书，做学生的“心上人”，无疑是把“生成”变成“成生”最为基本、最为重要的应对和转化准则。

综上所述，面对聪明学生的一些行为表现，在教学时，聪明教师的做法是通过自己的行为改进，把学生教聪明。其中一种教师的行为改进就是在教学中，对一些生成性的问题，充分了解其反映出来的学生新的情感追求和新的知识需求，为充分发挥学生的主动性和主体性而调整教学预设方案，积极实施生成性教学，为学生的真实学习保驾护航。对此，教师可以参考以下研究路线：

<table>
<tr><th>面对生成的反应</th><th>出现生成的作用</th><th>应对生成的程序</th><th>处理生成的准则</th></tr>
<tr><td>还原反应</td><td>插入原有教学设计</td><td>把握契机是关键之举</td><td rowspan="3">缘于认知经验，可以乘势而上。
源自童真视角，不妨欲擒故纵。
闪现智慧锋芒，理当展示分享。
折射教学缺失，需要亡羊补牢。</td></tr>
<tr><td>中和反应</td><td>融进原有教学设计</td><td>价值判断是策略之举</td></tr>
<tr><td>置换反应</td><td>替代原有教学设计</td><td>利用转化是高明之举</td></tr>
</table>

教师：
游戏课堂，让学生快乐地玩转知识

聪明学生常常会表现出好动、好奇、好强的心理特征，活动的课堂常常会让他们充满学习的活力——

在许多学生的眼里，学习是枯燥乏味的。例如，有人说，数学，天生与严肃抽象、枯燥相伴；也有人说，数学课，常常让小学生望而生畏；还有人认为，数学如鸡肋，食之无味，弃之可惜……在一部分学生的眼中，数学学习不过是逻辑推理严密、点点滴滴都要精确无比的活动，这种活动太过严肃、太过乏味了。面对这样的说法，针对这种状况，作为一名教师，我们不得不坐下来冷静地思考：为什么会出现这样的现状？我们向学生展现的课堂是怎样的一个课堂？

一位记者在对学生的访谈过程中，每当问到“你最喜欢老师用什么方式来上课”时，无论四年级还是六年级的学生，大部分的第一反应都是“做游戏”“边学边玩”，而且还会兴奋地给记者介绍他们是怎样玩游戏的——

四年级的唐正月，一个有些内向乖巧的小女孩，她说：“我喜欢老师在课堂上可以边玩边教我们，我们英语老师就最喜欢和我们玩游戏了，在游戏里面还可以记住一些单词。”同是四年级的一个很开朗的小男孩吴成笑说：“最喜欢可以做游戏的课。”并且绘声绘色地介绍了他上过的一堂“观察物体的方位”的数学课，老师怎样让他们充当建筑物、怎样让他们扮演司机去辨别方位等。

六年级的张馨月说：“做游戏，这样同学们都很开心，而且学习积极性很高。”另外一个六年级的男生回忆了一堂他认为最精彩的课，就是“看谁能最快地想出办法打开一个核桃”。

通过他们的回答，可以看出，其实孩子们所谓的“游戏”并非是单纯的娱乐，而往往是跟学习内容相联系的。最好能有一些竞技的因素，这样不但能让他们快乐，而且可以激发他们的学习热情。可见，“寓教于乐”是永远不会过时的。

中国人说“弹”钢琴，而西方人说“play”（玩）钢琴。不但如此，西方所有的乐器都是用来“玩”的，而我们所有的乐器都是用来“练”的。科学家爱因斯坦与皮亚杰在探讨儿童游戏本质后得出一个令人吃惊的结论：“认识原子同认识儿童游戏相比，不过是儿戏。”确实，学科知识中处处存在着让人感到快乐和让人感到美好的东西，到处充满着让人意想不到的神秘，只要我们用心去挖掘、精心去安排，我们不仅能让学生感受到知识学习的快乐和美好，还能让学生在解决问题的过程中，尽情地去想象、去思考，体会到“条条大道通罗马”的神奇，感受到“众里寻它千百度，蓦然回首，那人却在灯火阑珊处”的轻松，领会到“山重水复疑无路，柳暗花明又一村”的惊喜。所以，在教学中，我们要抓住小学生的心理特征，巧妙预设、精心组织，带领学生品味到知识不仅好玩、好学、好用，而且蕴藏着一种特有的价值与魅力。

一、让学生在玩中学习知识

曾经在杂志上看到题为《教室里荡秋千的教授》的文章——

假如你有机会去听麻省理工学院沃尔特 H.G. 卢因教授的物理学讲座，你将惊讶地发现这位有名的教授并没有高高在上地坐在讲台后，你也看不到他对着笔记本或者投影屏幕向观众滔滔不绝地进行讲解。事实上，你更可能发现他正在天花板上荡秋千以演示钟摆是如何运动的；或者用小猫的卷毛猛击一个学生以产生一个电荷。“学生们可能记不住一个复杂的方程式”，他说，“但是他们肯定能记住一个在空中飞翔的教授。”

……

当沃尔特于 1972 年开始从教时，他所想的也只是遵循传统的教学模式。“我恨不得在一个小时内把所有的知识都塞进学生的脑瓜。”但沃尔特很快就注意到学生们更容易接受他们感兴趣的东西，而最使他们感兴趣的是互动的演示而不是被动的接受知识。“关键不在于你讲了多少知识”，沃尔特说，“而在于让你的学生爱上物理这门课程。”

……

2002 年 8 月在北京举行国际数学家大会期间，数学大师陈省身先生为少年儿童题词，写下了“数学好玩”四个大字。在很多学生眼里，数学总与“做不完的题”“考不完的试”紧紧连在一起，复杂的计算、详细的过程、抽象的公式、枯燥的推理……哪里谈得上好玩呢？其实数学并不是很多人所想象的那样，数学可以是游戏、是生活、是艺术、是故事……数学本身也充满了乐趣。快乐的学习是人不断发展的前提和基础，而那些符合儿童“玩”的天性的教学，才能激发学生学习的动机，让学生通过本身的感受，领悟和欣赏，主动、自信地参与到数学活动中来，使学生学得轻松、学得快乐。

但我们在这里所谈的“玩”，并不是单纯的玩，而是“寓教于乐”的“催化剂”，“催化剂”是不参与反应的，但却能使化学反应顺利地进行。

[参考案例 1] 数学“小数的大小比较”

在第一个环节，让学生初步对小数的大小有了一定的认识之后，我设计了一个翻卡片的游戏，来比较“＊＊.＊＊元”与“＊＊.＊＊元”的大小——

师：如果让你来翻卡片你会怎么翻？同桌轻声讨论一下。

生：先翻整数部分。

师：如果整数部分一样呢？

生：再翻小数点后面的第一位，如果还是一样，就翻小数点后面的第二位。

师：请一位男同学和一位女同学来翻。（要求：老师说翻才能翻）

(1) 整数部分。

师：请女生翻开，是 32，请问男同学，你希望翻到几？

生：我希望能翻到比 32 大的数。

师：为什么？

生：因为那样我就赢了，就不用再往下翻了。

师：嗯，那是你的想法，请男生翻开整数部分。（也是 32，学生兴奋地叫着）

(2) 十分位。

师：这回轮到男同学先翻了，你希望翻到几？

生：我希望翻到 9。

师：为什么？

生：因为如果我翻到9，而女生翻到的不是9，我就赢了。（男生翻开是9，生狂喜）

师：果然是9，现在我来采访一下女生，跟大家说说，你现在的心情怎样？

生：我现在很紧张，因为我如果翻到的不是9，我就输定了。

师：也就是说，女生只有翻到9才有机会再跟男生比一比，否则就是男生赢了，是吗？（女生翻开的也是9，很多学生已经坐不住了，站起来在那儿手舞足蹈，还有的兴奋地叫着）

（3）百分位。

师：小数点后面第一位的数字一样，怎么办？

生：再翻。

师：好，在翻之前我们先想一想，如果最后两个数字还是一样，那么这两个数怎么样？

生（齐）：一样大。

师：还有别的情况吗？

生：如果左边的数字大，那么左边的数就大，如果右边的数字大，右边的数就大。

师：好，一起翻开（32.99元，32.98元）现在大家能比出它们的大小了吧？请大家用手势表示。

卡片翻出了精彩，多好玩的数学！玩是孩子们的天性，为了使学生玩好数学，我们应该创造性地使用教材，充分挖掘教材本身所蕴涵的教育因素，使教材潜在、可能的创造力转化为学生显性、现实的创造力，真正使教材成为学生乐意学习的有效素材。同时，我们也应该多思考一些供学生玩的数学素材，从学生身边或社会生活实践中选取一些学生感兴趣的问题作为教学的材料，使数学教学的内容贴近学生的生活，使学生数学课堂生活更加丰富多彩，从而激发学生玩数学的兴趣。

除了采用上述操作活动让学生玩转知识，教师还可以采用表演活动让学生玩转知识。在语文教学中，教材中有很多形象的、易于表演的课文，在学生对课文内容有了初步理解的基础上，可让学生扮演文中的角色，把教材中的语言文字转化成为学生的形象表演。

例如，在苏教版第五册的《三袋小麦》中，学生把各自表演的角色（土地公公、小猪、小猴、小牛）的语言、动作、神态表演到位后，再引导学生互评、互议，纠正表演中的不足。这种生动、逼真的表演，激起了学生极大的兴趣，不仅加深了他们对课文内容的理解，而且使他们在接下来的分角色朗读中，把角色的语言读得活灵活现，仿佛自己就是童话中的一员，因为他们已感受到了人物的复杂心理，明白了寓言所含的深刻道理。

除了在教学的一个环节或几个环节中设计让学生玩中学、学中玩的活动之外，有些教学内容甚至整节课可以让学生潇洒“玩”一回，以学生喜欢的方式从头“玩”到尾。

[参考案例 2] 数学“数来数去学分数”

华应龙曾经上过一节课叫做“数来数去学分数”，而他对这节课的认识和理解则用了“单位，让分数更好玩”这样一个题目。整节课运用了五个教学片段引导学生“玩”分数：第一个片段是讲故事，让学生一起想办法帮助大头儿子用领带量沙发；第二个片段是专门引进的，研究和讨论了炮兵的“密位”概念；第三个片段是学生动手做一做、圈一圈、议一议；第四个片段是让学生做一道猪八戒吃西瓜的题目；第五个片段是奖励学生一个量水池的故事。

从形式上看，可以说是从头玩到尾。从故事开始，以故事结束，用了小学生最喜欢的作文方式，即首尾呼应。这告诉我们数学课不仅可以讲故事，而且可以让孩子们成为故事的主角。故事无疑是人类最古老也是孩子最喜欢玩的方式之一，但孩子更喜欢的是成为故事的主角，在参与玩的过程中推动故事情节的发展与深化。显然，华老师对孩子的心理十分熟悉，对学生心理的把握十分准确，两次讲故事的过程中，均在关键处停顿下来，让学生参与进来成为主角，使学生成为推进故事发展的主导因素、成为解决问题的主体。

二、让学生在玩中练习知识

小学生的年龄、心理特点决定了他们天真、好动、贪玩的特性，以书面形式为主、题型单一、缺少童趣的作业对他们来说是一种负担。游戏是激发兴趣的最好载体，因为游戏作业带有“玩”的色彩，学生在练习时，感到新鲜、有趣，就会积极思维，不断探索、创新，当然设计游戏类作业也要以所学习的知识为基础。

学生的学习要面向生活，教师要积极拓宽知识学习和运用的领域，不但要在课堂上给足学生创造实践的机会，还要在课外给学生开辟一个更为广阔的实践天地。为了使学生主动、活泼、健康地发展，我们可以通过各种形式的课外作业来激发学生的学习兴趣。

据报道，南京12岁女童月月2011年写了首诗《妈妈，我压力好大》，向望女成凤的妈妈抗议——

什么时候我能给自己放个假
一株草和一朵花我都希望去探索它啊……
妈妈，我想告诉你
长大的我不会没有出息
不要让大自然和我没有关系
给我放个假，好吗?

生活给我们提供了一个广阔的学习空间。我们应该为学生“放假”，引领学生在学习后走进大自然，到生活中去探索知识、运用知识。

最近，英国独立学校委员会公布了一项令孩子们欢欣鼓舞的调研报告。报告称，参加课外活动不但不会影响学习，还能帮助学生在考试中取得更好的成绩。

在对508所私立学校进行调研之后，研究人员发现，学校课外活动的多少与该校学生在考试中取得B等以上成绩的人数有着紧密的关联。报告指出，成绩好的学校，其学生课外活动量比成绩差的学校高出50%。因此，研究认为课外活动是帮助学生提高考试成绩的关键因素。

以英国名校哈罗公学为例，该校板球队队员虽然在夏季学期抽出很多学习时间投入训练，但他们的成绩并未因此而受到影响。该校校长巴尼比·列农说：“无论是体育锻炼、手工作业还是戏剧娱乐，课外活动都是教育的重要环节。对于学习成绩较差的学生来说，参加课外活动可以激发其自信和对学习的热情，这对于学生提高学习成绩大有好处。不仅如此，课外活动还能培养孩子对音乐和艺术的兴趣，甚至帮他们找到一个自己受益终身的爱好。”

所以，教师在课堂教学后应该适当布置一些课外作业，组织学生开展课外活动。这样的作业应该成为教师精心准备送给孩子的一份礼物，拓展型作业就是这样一份让学生的智慧、知识、能力、情感、态度、价值观在完成作业过程中充分体现的礼物。具体而言，课外作业可以有以下几种方式：

1. 知识应用型作业

学以致用是学习的目的，不过，知识的用途不只是体现在能够解决一些生活中或学习中的实际问题，还在于能够解决一些游戏中的实际问题，在玩中学后在玩中用，也应该成为教学的目标。

［参考案例3］ **数学“数的整除”**

学完了“整除”一章后，学生可把自家的电话或小灵通的号码编成一个竞猜题让同学猜，例如，（ ）5的最大约数；（ ）最小的奇合数；（ ）能被9整除的最小数；（ ）最小的合数；（ ）8和4的最大公约数；（ ）比所有自然数的公约数少1的数；（ ）既是偶数又是质数的数；（ ）最小的质数。学生根据条件，猜出“59944022”这个号码，按照猜出的号码拨出去，接电话的果然是自己的同学，学生觉得十分有趣。这样的作业学生感兴趣又非常乐意去完成。

2. 表演活动型作业

教材中经常会展现一幅幅充满生活趣味的图画，教师就可以根据课文内容的需要，让儿童担任向往的角色，去模仿、体验情境，令孩子全身心地沉浸其中。

［参考案例4］ **语文《狼和小羊》**

学完《狼和小羊》一课，我设计了一项“练说”的“作业”。我在黑板上“布置”了一下环境：树林里的小河边，狼和小羊相遇了，让同桌的学生分别扮演狼和小羊。通过一系列令人发笑的夸张动作和语言，学生更好地把握了寓意。这是充满快乐的享受，也是实践性的学习活动，更是挖掘了学生的潜能。

3. 联想创造型作业

根据课文内容续编故事、演课本剧等，都是开发儿童想象力和创造力的极好作业形式。

［参考案例5］ **语文《狐假虎威》《会走路的树》**

在学完《狐假虎威》后，我让学生展开想象：如果第二次老虎又遇到了狐狸，它们之间又会发生些什么故事呢？学了《会走路的树》后，想一想小鸟来到小驯鹿家，见到了去年的鹿，它们会说些什么？做些什么？孩子们兴趣盎然，编出的故事充满童趣，令人惊喜。富有创造性的语文实践作业，使学生的学习情绪高涨，大脑中的思维火花在兴奋中形成，学生往往会因兴之所至，产生超强的力量。

4. 动手实践型作业

教师在布置作业时，可让学生通过一些实践活动使知识转化为操作体验和能力，通过动手做小制作或小实验来提高学生的创造性技能，加深他们对所学知识的理解。

[参考案例 6] 数学“长方体和正方体的表面积”

在教学“长方体和正方体的表面积”以后，可以设计一次实践活动“长方体的捆扎”。具体设计如下：教师把全班同学每 4 人一组进行分组，各组准备细线一根（稍长）、同样大小的长方体（如低年级的学具盒）6 个、包装纸 1 张。在活动时可以让学生分以下三种情况进行：①学生拿出 2 个长方体进行不同形式的摆放与捆扎；②学生拿出 4 个长方体进行不同形式的摆放与捆扎；③学生拿出 6 个长方体进行不同形式的摆放与捆扎。在学生进行以上几种情况的操作时，教师应组织各组学生对自己组选择的捆扎方法所用的绳子长度和包装纸的大小进行计算和比较，并让学生比较讨论哪种捆扎方法最稳定、最合理，进行全班交流或展示。

另外要求学生收集 10 个硬壳烟盒，试一试：包在一起有多少种不同的方法？调查商店里的香烟是怎样包装的（10 包），这种包装方法是不是最好的？为什么？有没有其他更好的捆扎方法？你能通过测量计算出你的包装方法比原先的包装方法节约（或浪费）多少包装纸吗？

5. 说唱文艺型作业

小学生活泼好动，如果一味地强调读的作业，学生就容易感到单调，教师可以根据一些课文的特点设计唱的作业。

[参考案例 7] 语文《春笋》《快乐的节日》《王二小》

学习了《春笋》这篇课文后，我让学生去找一找和春天有关的歌曲唱一唱，在欢乐的乐曲中学生既加深了对春天的了解，又积累了词语。学习了《快乐的节日》《王二小》等课文，我让学生在课堂上听听录音、唱唱歌，回家后唱给爸爸妈妈听，学生们十分喜欢这些歌，不只学得快，而且经常唱。除了学唱课文，我还鼓舞学生把一些古诗、儿歌、易混淆的生字编成儿歌，然后用熟悉的曲调来唱，在提高记忆力的同时又发挥了创造力。

上述丰富多彩的游戏型作业，充分挖掘了学生的知识潜能、培养了学生的创新能力。除了课外布置这样的作业之外，我们还可以在课前布置一些实验、探究型作业，培养学生的实践操作能力。例如，在学“长方体的表面积”前，让学生先在课外做一个长方体纸模型，课上难点迎刃而解；学“轴对称图形”前，让学生动手折、剪出各种对称图形和图案。

在寒暑假时，我们还可以布置一些作业，鼓励学生把平时观察到的身边的数学知识、学习中发现的数学规律和解题新方法，用数学小论文、数学故事或者小报形式来展示完成。例如，六年级的《车轮与 F1》、二年级的《压岁钱的分配》、四年级的《家用玻璃的配制》等都是学生学习相关知识后，结合实际做成小报或用电脑做成 PPT 来展示；一年级学生在学习平面图形后，用各种颜色的蜡光纸剪出大小不同的平面图形，然后设计、剪拼出一幅幅具有故事情节的图案。

当然，除了上述暂时性的游戏型作业之外，教师还可以让学生玩一些长期性的寓知于趣的“娱乐”活动，让学生长时间但又不感到厌倦地训练学习能力。

[参考案例 8] 大家一起来玩“数学 24 游戏”

算 24 一般是利用扑克牌，选取其中的四张（JQK 可以看做 10，也可以看做 11、12、13）进行四则运算，有时还可使用乘方、开方甚至对数等运算方法。考虑到算 24 的玩法比较简单，即使只有一人也可以自我娱乐，加上它可以训练学生的思维能力、提高学生的计算能力，因此我从二年级开始（一年级学生四则运算接触的还少），就尝试在学生中开展“数学 24 游戏”，学生每人一本专用算 24 本子，坚持每天起码做一题，到现在已经快四年了，学生的兴趣仍旧很高，各方面能力也得到了很大的提高。

(1) 内容由浅入深

①题目由易到难

学生从二年级开始，接触了简单的乘除法，这时我就出一些比较简单的题目（特别是刚开始时），数字只从 1～10 中选取，只要学生会将提供的四个数字用加减乘除法算出来就行了，如 2、2、4、5。到了三四年级，学生四则运算比较熟练了，我就将数字扩展到 1～13，计算也相应复杂些，如 4、5、7、12。五六年级了，学生认识了小数和分数，可以加入这方面的计算，如 1、5、5、5。学生在一段时间练习后，不仅提高了思维能力，而且计算能力也加强了。算 24 是需要一点诀窍的，有时学生经过点拨，就会豁然开朗。比如，我让学生算 6、8、8、9，学生用了很多方法都算不出来，我提醒学生：能不能从乘法口诀入手思考呢？一讨论，学生发现，原来这么想就很容易了：用 9 个 8 减去 6 个 8，就是 3 个 8，3 个 8 就是 24。

在这里，还可以让学生知道用到了乘法分配律，这样，算24不知不觉就和运算定律结合起来了。

②方法由少到多

刚开始学生接触算24时，我只要求学生能够算出24就行，慢慢地，学生对算24有感觉了，而且通过平时的练习有了一定的兴趣，这时我趁热打铁，要求学生用不同的方法计算，看谁的方法多，算出一种加一颗星。学生的热情高涨，很多学生不满足于一种算法，一些学生用多种方法算出24后，还和同学比较，看谁用的方法多，把自己没想到的方法认真地学习了一遍。如1、2、6、10，学生就想出了四种方法：6×（10÷2－1）、(1＋2)×10－6、(6＋1)×2＋10、(10－1)×2＋6。

③计算由分到合

二三年级学生刚接触四则运算，只会用分步计算，如计算4、5、6、8，学生可以这样列式：6－5＝1，4－1＝3，3×8＝24。到了四年级，学生学习了综合算式，我要求学生每天算24都用综合算式，这就对学生的要求提高了一步，特别是有的计算是一定要用到括号的，学生就容易出错，可练习了一阵后，学生列综合算式的水平提高了，对括号的使用能力增强了，对四则运算的顺序更清楚了。

(2) 形式从扶到放

二年级学生刚开始接触算24，每天一道24的出题和批阅必是我工作的一部分。到了三年级，为了锻炼学生的能力，个别聪明优秀的学生也加入出题和批阅的队伍中，但还是以老师为主。四年级时，我由每组选出一位算24组长，负责每组学生的批阅工作，经常进行评比，定期更换，不断激发保持学生算24的热情。现在我的学生已经五年级了，我又改变策略，要求学生既要负责出题，还要批阅好当天班级所有学生的算24本子，每位学生轮流进行，到期末时进行评比：谁出的题目更有创意更有价值？谁批得更认真？……出题对象和批阅对象从老师到学生的这种转变，不仅提高了学生的思维能力，还培养了学生的组织能力。

自从开展"算24"活动以来，学生兴趣高涨，不仅在学校，回到家还要和父母亲计算、比赛，很多学生跟我说，现在一看到数字就想算24，有一位学生还绘声绘色地和我说起他的一段经历：一次爸爸接他放学回家，看到前面车子的车牌号，就想算24。一时没能算出来，可眼看着前面的车子悠悠转转要跑到前面去了，他只好催爸爸马上跟上那辆车，他爸爸平时在家受到小家伙的熏陶，对算24也比较热衷，因此歪歪扭扭一路跟出了几千米，才算出来。长嘘一口气后，忽然发现走错了回家的路，父子俩儿四目相对，都大声笑出来。

这么多的资源为什么不利用起来呢？于是，我在班中开展讲“算24”小故事比赛、写数学小故事评比活动，学生的参与热情都很高，收到了很好的效果。

综上所述，面对聪明学生的一些行为表现，在教学时，聪明教师的做法是通过自己的行为改进，把学生教聪明。其中一种教师的行为改进就是在教学中，遵循小学生爱玩好动的心理，积极创造条件，实现学生在学中玩、玩中学，轻松而愉快地学习知识。对此，教师可以参考以下研究路线：

玩的时间	玩的目的	玩的类型
课前玩一玩	帮助学生了解知识	观摩、调查、制作、游乐、故事、表演等。
课中玩一玩	帮助学生理解知识	
课后玩一玩	帮助学生化解知识	

教师：以理服人，让学生学得理直气壮

聪明学生喜欢刨根究地，不仅想知其然，更想知其所以然，知道知识底细的学习，学生才有足够的学习底气——

关于“道理”与“方法”之间的轻重，似乎成为传统教学与新课程教学之间的分水岭，在传统教学中，教师往往重视“方法”，也就是重结果轻过程，而在新课程教学中，教师既重视“道理”又重视“方法”，也就是展开知识发生和发展的过程，但由于教学时间的限制，往往出现顾此失彼的现象，如在计算教学中，出现了学生的计算能力下降的局面。有的教师认为，新课程倡导的“重算理”理念是造成学生计算能力下降的罪魁祸首，应加强计算法则的教学；还有的教师认为，自己辛辛苦苦在课堂教学中教授算理，当学生熟练掌握算法之后，随着时间的推移，学生就可能忘记算理，如学习圆面积的计算公式之后，学生都能背诵得很流利，但有多少人依然能清晰地说出其中的推导过程呢？于是，教师之间就出现了“理解算理和掌握法则哪个更重要”的意见分歧，许多教师认为重法则可以使教学更有效。

有这样一个故事——

有一位妻子叫丈夫到商店买火腿。他买完，妻子就问他为什么不叫肉贩把火腿末端切下来。丈夫反问太太为什么要把末端切下来。她说她母亲就是这么做的，这就是理由。这时，岳母正好来访，他们就问她为什么总是切下火腿的末端。母亲回答说她母亲也是这样。然后母亲、女儿、女婿就决定去拜访外祖母，来解决这个三代的神秘之谜。外祖母很快地回答说，她之所以切下末端，是因为当时的红烧烤炉太小，无法烤出整只

火腿。

我们的教学如果只注重了计算方法和技巧，那么对算理的理解就不折不扣地留了空白，长此以往，学生怎样去应对今后千变万化的各种具体情况呢？

在很多人眼中，“有效＝有用”，就是我们所希望看到的在最短的时间内就能快速解题得高分。倘若如此，在小学中，我们又何必花费6年的时间让学生完成数学学习的任务呢？因为这不是我们所追求的。我们追求的真正的有效教学应该是让学生学会学习，即我们不仅要给学生“鱼”，更得要让学生学会“渔”，进而以渔得鱼。这是数学教学的追求，也是教学的本质回归。

例如，对于“0.3×0.2”，法则优先则做起来很简单——机械套用就行。但如果选择让学生自己去尝试，就意味着需要付出更多的时间和精力，让学生或运用积的变化规律，或运用小数的意义，甚至画出复杂的“百格图”，使用属于学生自己的方法来探究新知、理解算理。

一、在“理”与“法”之间寻找教学的平衡点

[问题案例1] 会做就是会学吗？

一位教师在教学“笔算乘法（因数末尾有0）”时，学生尝试计算740×23，而后选择学生不同算法板演如下：

$$\begin{array}{r} 740 \\ \times\ \ 23 \\ \hline 2220 \\ 1480\ \ \\ \hline 17020 \end{array} \qquad\qquad \begin{array}{r} 74\ 0 \\ \times\ \ 23\ \ \\ \hline 222\ \ \\ 148\ \ \ \ \\ \hline 17020 \end{array}$$

师：比较两种算法，哪种更简便些？

生：第二种。

师：能把这种简便算法的过程说一下吗？

生：先把740末尾的零挡住，算出积后再在得数的末尾添上这个“0”。

生：我计算时先不看末尾的“0”，就当它不存在，计算出积后，再在得数的末尾写上这个“0”。

生：我把740先看做74，计算出得数后，再数数740后面有几个0，就在得数后面填写几个0。

老师也频频点头，肯定学生的回答，并送去赞许的目光和欣慰的笑

容。在接下去的练习中，学生对末尾“0”的处理的正确率达100%。

上述问题案例中，尽管学生的做题正确率达100%，但我们可以想象一下：当若干年后，这些学生被问及“为什么乘数末尾的0可以先不参加运算？为什么算出积后必须填上这些0呢”，他们的回答也许会像文章开头的那个故事中所说的：“老师就是这么教的。”这就是理由吗？

计算教学如果非常注重计算结果，而忽视了算理的推导，学生的学习往往只停留在算对、算快的层面上；反之，如果十分重视是怎么算的、还可以怎样算，而缺少计算方法的提炼，那么就会导致算理很突出、算法不扎实、学生计算技能不够熟练。因此理解算理与掌握算法不可顾此失彼、有失偏颇。

在计算教学中，计算的算理是指计算的理论依据，通俗地讲就是计算的道理。算理一般由数学概念、定律、性质等构成，用来说明计算过程的合理性和科学性。计算的算法是计算的基本程序或方法，是算理指导下的一些人为规定，用来说明计算过程中的规则和逻辑顺序。

算理和算法既有联系，又有区别。算理是客观存在的规律，主要回答“为什么这样算”的问题；算法是人为规定的操作方法，主要解决“怎样计算”的问题。算理是计算的依据，是算法的基础；而算法则是依据算理提炼出来的计算方法和规则，它是算理的具体体现。算理为计算提供了正确的思维方式，保证了计算的合理性和可行性；算法为计算提供了便捷的操作程序和方法，保证了计算的正确性和快速性。算理和算法是计算教学中相辅相成、缺一不可的两个方面。

例如，当学生理解了“42×25”的算理之后，随着年级的升高，他们面对“4.2×2.5”“4.2×0.25”等时，还需要我们再一次去讲解算理与法则吗？不！“磨刀不误砍柴工”，此时我们前面看似浪费掉的时间，就加倍地还给我们了。

当然，我们强调理解算理的重要性，并不意味着我们就忽视了计算法则的内化与形成。在算理直观与算法抽象之间架设一座桥梁，从而达到对算理的深层理解和对算法的切实把握，也是我们所追求的。所以，要正确处理算理与算法之间的关系。

第一，不能用二元对立的观点看待算理与算法。理解算理和掌握算法不是对立的、非此即彼的两种教学思路，而应该有机地整合在计算教学的过程中。理解算理是得出算法的必经之路，从低年级对四则运算意义的理解到中年级对运算顺序的规定，再到高年级分数乘除法的计算法则，教师不能仅仅看做是计算难度和技能的提升，更应该看做是在每个阶段让学生深刻理解得出这些算法的过程。对这些“过程”的理解，不仅能培养学生的思维品质，更能提高学生的解题能力。

第二，孰重孰轻应根据教学目标而定。二者的统一，并不意味着二者同等重要，孰重孰轻，应该根据教师的教学目标而定。教师教学目标的制订不能狭隘地锁定在一节课内，更应该将本节课的学习目标与学生发展的长远目标结合。长远目标不仅要兼顾学生的后续学习，更要考虑学生将来社会生活的需要。从长远目标出发，“过度地”追求计算技能是不适宜的，我们可以适当追求技能，更多地关注在追求计算技能的过程中学生体现出的思维品质，以培养学生科学严谨的思维品质为目标。

第三，根据课型而定，有所偏重。虽然算理和算法是有机地统一在一节课中的，但在一节课中，总会有所偏重，而这样的偏重是无法量化的，充其量是教师权衡后的一种感觉。可以根据不同的课型有所偏重：新授课着重让学生理解算理，让学生在自主探究中学习到算理，这是计算教学的内涵，更为学生搭建了有意义的学习平台。而练习课中，可以着重让学生提高计算技能和技巧，当然计算技能和技巧的获得也是和解决问题分不开的，将必要的计算寓于问题情境中，二者相得益彰，既提高了学生的计算技能，又培养了学生计算思维的灵活性。

二、在“理”与“法”之间寻找教学的结合点

教学中，教师虽然十分重视对算理的探究、理解，但在算法表述时却时常忽视了算理与算法之间的联结、过渡，致使算法与算理成了独立的两部分，严重影响了计算教学的有效性。如何过渡？我们应该在算理直观化与算法抽象性之间架设一些桥梁，通过教师的引导、铺设，让学生充分体验由算理直观化到算法抽象性之间的过渡和演变过程，从而达到对算理的深层理解和算法的切实把握。

［改进案例］知道而且知“道”

教学“笔算两位数乘两位数”中，学生在探讨“24×12”怎样算时，出现了多种方法，其中有与新授知识密切相关的利用乘法分配律分布计算的方法：24×2＝48，24×10＝240，48＋240＝288。通过与学生交流形成竖式，老师及时沟通，并形成一个完整板书，为算理直观与算法抽象之间

搭建桥梁：

两本书的价钱：24×2=48（元）。

十本书的价钱：24×10=240（元）。

两部分书（12本）的价钱：48+240=288（元）。

借助板书，教师与学生及时进行沟通：

师：为什么列竖式计算时要把第二个积的末尾数与十位数对齐？

生：因为它表示的是240呀！如果把4写在个位上变成24了。

生：因为第二个积表示10本书的价钱，10本书的总价就用“24×10”表示，它的积是240，所以把4写在十位上，那么这里的24就表示24个十了。

生：其实这里的24就是竖式上面“1×24”得到的积，因为这个1表示的是10，所以这个24就表示240，列竖式时省略了个位上的“0”。

师：谁又能说一说，为什么列竖式时要把两次乘积分上下两层写？

生：因为这两个乘积的意思不同，48表示两本书的价钱，240表示10本书的价钱，把它们加起来才表示12本书的价钱。

生：分两层写表示的意思很容易让人理解，而且过程也很清楚。

学生的发言非常精彩！我们发现在教学引导时，师生的交流始终围绕两个中心问题展开：（1）为什么新算法第二个积的末尾数要与十位数对齐？（2）为什么新算法要把两次乘积分上下两层写？这两个中心问题就是笔算两位数乘两位数算法上的难点。课堂上师生借助板书，把新旧算法之间各部分的关系及时作了沟通，实际上二者之间的沟通是否及时有效不仅关系着算理能否掌握，而且也直接决定着算法能否落实。

算理与算法是计算数学教学中应重视的两个关键点，教学中让学生理解算理是必需的，因为理解算理是算法建构的前提。理解算理可以通过结合对情境图的观察、结合动手操作的直观感知或结合学生在探索过程中的交流等方式来进行。通常学生并不是理解算理之后马上就能形成算法，算法的形成是一个缓慢的过程，需要学生花费一定的时间深化对算理的理解。同时，算法的形成也是一个自主发展的过程，需要学生在理解算理的基础上，自主地生成。

对学生而言，理解算理、构建算法注定是一个艰难跋涉的过程。在这一过程中，教师应“有所为”亦应“有所不为”。

首先，要适时架桥铺路，而不能跨越“中间地带”。算理与算法之间有个缓冲的“中间地带”，在这个“中间地带”架桥铺路，沟通直观具体与抽象概括之间的联系，则能促进学生更好地建构算法；跨越这个“中间地带”则不利于学生在理解算理的基础上提取算法。

其次，要让学生“来回穿行”、丰富体验，而不能“替蝶破蚕”、简缩过程。在算理与算法的“缓冲区”，要提供充分的时间和空间让学生“来回穿行”、丰富体验、加深认识。如果简缩这一过程，学生原有的理解与抽象的算法之间会出现断层，算法建构与已有经验无法建立一种实质性的联系。

最后，尊重学生，因势利导，而不能硬性嵌入。在算理与算法链接时，要充分尊重学生的理解和选择，适时因势利导，组织学生进行比较、交流、反思等。不能把自己的观点强加给学生，把自己认为好的方法硬性嵌入学生的认知结构。这种硬性嫁接只能为学生的认识留下“硬伤”，不利于学生认知结构的完善。

学生通过数学学习可以获得两种重要的成长力量：一是拥有思想，二是掌握技能。思想对提高人的素质的重要性不言而喻，思想是数学的本质，“人人学有价值的数学”说到底是提醒人们重视数学思想，而要拥有思想，教师就要让学生明白道理；与此同时，技能也非常重要，对于社会发展来说，优秀的工匠所起的作用并不比优秀的思想家逊色，而要掌握技能，教师就要让学生学会方法。

[问题案例 1] 在算理与算法之间需要转弯抹角吗？

一、基本训练

1. 通分：$\frac{5}{6}$和$\frac{2}{9}$、$\frac{3}{4}$和$\frac{2}{7}$、$\frac{2}{3}$和$\frac{7}{24}$、$\frac{11}{20}$和$\frac{4}{15}$。

思考：通分时，确定公分母有几种情况？

2. 计算 $1250+125$、$1.38+6.2$、$\frac{2}{9}+\frac{5}{9}$三题，回答下面的问题：

(1) 计算整数加法要注意什么？

(2) 计算小数加法要注意什么？

(3) 同分母分数相加，为什么可以把分子相加，分母不变？

二、进行新课

1. 巧引妙转，引入新课

教师出示同分母分数加减题$\frac{2}{4}+\frac{1}{4}$、$\frac{32}{40}-\frac{15}{40}$、$\frac{21}{60}-\frac{8}{60}$，要求学生口

算、回答计算法则及解题依据。学生说清分数单位相同可以直接相加减这一算理，教师板书计算结果，又布置学生把题目中不是最简分数的约成最简分数。对照板书，让学生比较化简前后算式的异同，从而引入新课。

2. 启发谈话，引导观察

教师说："异分母分数相加减，怎么算？我们还没有学过，但这三道异分母分数加减题，我们又都知道了它们的结果。同学们仔细观察，这些结果是怎么得到的呢？同座同学互相讨论讨论。"

3. 尝试练习，共同探究

教师出示尝试题：计算$\frac{1}{2}+\frac{1}{3}$、$\frac{4}{5}-\frac{2}{15}$，请两个学生上台板演，其余学生独立试算。学生尝试练习，师生集体校正后，教师组织学生自学课本，讨论下面的思考题：

（1）分母不同的两个分数，能不能直接相加减，为什么？

（2）如果不能直接相加减，怎么办？

（3）异分母分数相加减与同分母分数相加减有什么区别和联系？

4. 直观演示，验证算理

教师出示三个大小形状相同的长方形图，在上两个图中，用阴影分别表示$\frac{1}{2}$和$\frac{1}{3}$，上下平移相加得出第三个图中的阴影。然后提问：相加后，图中的阴影部分是多少呢？待学生观察、思考后，教师组织以下操作谈话：

师：以第三个长方形的空白部分为一份（出示和空白部分完全重合的硬纸片）去量这个长方形，谁来试一试？量得它有这样的几份？

生：6份。

师：阴影部分应是这样的几份？

生：5份。

师：阴影部分是这个长方形的几分之几呢？

生：$\frac{5}{6}$。

师：所以$\frac{1}{2}+\frac{1}{3}$得多少呢？

生：$\frac{5}{6}$。

师：这个$\frac{5}{6}$是怎么得来的呢？请同学们用刚才的小硬纸片量一量第

一、二个长方形各有这样的几份、阴影部分各占几份。

生：都是 6 份，阴影部分分别占 3 份和 2 份。

师：所以$\frac{1}{2}+\frac{1}{3}$也就是几分之几与几分之几相加呢？

生：$\frac{3}{6}$与$\frac{2}{6}$相加。

完成以上操作谈话后，师生共同归纳小结：要进行异分母分数加减法，必须先通分，统一分数单位后再加减。

在传统教学中，我们走的是“形而下”的路线，如上述教学案例，教师在教学异分母分数加减法的时候，往往先要复习通分和约分的旧知，这样学生的确学得很扎实，但是缺乏广阔的视野和对问题价值的把握。实施新课程以后，我们走的是“形而上”的路线，教师注重让学生在情境中解决问题，注重培养学生的策略意识，但是却忽略了基础训练，以至于学生的知识结构漏洞百出，导致了学习的低效。

那么，有没有一种两全其美的教法，能让学生学习知识时既做到有法可依，又做到有理可循，并且这种方法不是由教师课首的复习暗示获得的，而是实实在在由知识演变过程中蕴涵的道理迁移而成？

[改进案例] 在算理与算法之间架起快车道

师：今天上课先来做一道高难度的题目，（出示：53—2）谁会做？

（学生刚开始一愣，随即便会心一笑，纷纷举手回答“等于 51”）

师：51 是怎么得来的？

生：用个位上的 3 减 2 等于 1，十位上的 5 直接移下来，就成了 51。

师：看来这道题并不难啊。不过知道答案仅仅是知其然，更重要的是还要知其所以然。你们为什么不用被减数中的 5 减 2，而要用 3 减 2 呢？

生：因为 5 在十位上、2 在个位，数位不相同。

师：5 和 2 所在的数位不相同，也就是 5 和 2 的——

生：计数单位不相同。

师：对，看来计数单位不相同的数不可以直接相加减。请继续看（在 53 的 5 和 3 之间添上小数点，变成 5.3—2），现在，你们还会用被减数中的 3 去减 2 吗？

生：不会，因为 3 表示 3 个十分之一、2 表示 2 个一，它们的计数单位不同，不能直接相加减。

师：说得真好。现在继续看一个高难度的问题：4 米加 2 厘米等于多少？你们会用 4 和 2 直接相加吗？

生：不会，因为 4 和 2 的单位名称不同。

师：嘿，又是一个“单位”不同，刚才是“计数单位”不同，现在是“单位名称”不同，看来每个“单位”都是有围墙隔着的，不同“单位”的数可不能瞎串门儿哦。

师：你们还能举出几个不同“单位”相加减的式子吗？

生：5 吨+4 千克。

师：这也是单位名称不同的例子。咱们能不能把思路再拓展一些，想一想还有哪些单位不同的数相加减的例子。

生：$\frac{1}{2}+\frac{1}{4}$。

师：这道题很有创意。谁来说一说，这里的什么单位不同？

生：分数单位不同。$\frac{1}{2}$的分数单位是$\frac{1}{2}$，$\frac{1}{4}$的分数单位是$\frac{1}{4}$。

对算理的理解，教师应该让学生看得更多、想得更顺。上述问题案例虽然也让学生关注了算理的理解，但它存在以下缺陷：一是开始的通分复习对后续新授有暗示性，二是算理的延续没有顺流而下、一气呵成，到新授时教师采用了“倒叙”手法，先由旧知同分母分数加减法通过约分引出异分母分数加减法，然后倒过来得到计算异分母分数加减法的算法。而上述改进案例，教师从计数单位不同这个深层次的问题导入，并顺着“单位不同”这条线索继续发展，增加了更多的素材让学生比较，最终由学生联想到异分母分数加减法中的分数单位不同问题，自主提出本节课研究的问题，践行了“提出一个问题比解决一个问题更重要”的理念，并且这样的知识发展比较流畅，没有突兀感和跳跃感。

如果我们从更大范围看，除了上面所述的计算教学，教材上明确要求揭示算理之外，其实其他许多知识所蕴涵的“道”与“理”教材上未必都会写清楚。此时，就需要教师具有广泛的知识素养和广阔的知识视野，并能够与自己的教法结合，为教学过程增光添彩。例如，教师在钻研教材时，应不断地追问：这些数学知识是如何形成的？它包含着哪些数学背景知识？它蕴涵着怎样的数学思想？当你想明白了这些，你的教学设计或许就会寻找到可靠的依据和合适的方法。

［**参考案例**］

在钻研六年级上册“圆的认识”时，我提出了以下问题：在人类的认识史上，圆是怎样被逐步认识的？了解圆的认识历史，可以给我们的教学以怎样的启发？在人们的日常生活与生产中，有许多物品的某一个或几个面是做成圆形的，它们各是利用了圆的什么特征？能否通过对一些学生常见的典型圆形物品的分析，逐步抽象出圆的特征？

带着这些问题，我开始了追溯古人对圆的认识之路：旧石器时期的古人没有给我们留下可靠的资料，只能从考古发掘出的石器的形状上发现他们对圆的一些认识。那时的人们通过打制石器或对某些自然物的观察，逐渐在头脑中形成有关圆形的一些观念。如山顶洞人的骨针，磨得很圆，中间部分是较规则的圆柱。在7000多年前的浙江河姆渡新石器时代出土了4个木筒，上下基本平直、弧度一致，其中有一件两头缠着藤篾类的圆箍多道，是很规则的圆柱。新石器时代，手工纺纱已经发明，陶纺轮大都是与圆有关的立体形状，如圆柱、圆台、圆饼等。由于纺线的需要，在圆形轮的中间要插一根带钩的细棍，所以纺轮中间都有一个圆孔。

从这些出土文物中，我认识到，古人对于圆的特征已有初步的把握，并在生产与生活中进行了应用。如纺轮中间的圆孔，就是圆心，把纺轮做成圆形，使得纺轮在旋转时更加稳定。

这给我的教学启示是，对于圆形特征的“元认知”，不是起源于对“几何圆”的认识，而是在圆形物品的制作过程中逐步发现与完善的。从古人对“圆的应用”中我们可以发现，把一些物品的面做成圆形，是应用了圆的某一个或几个方面的特征。把这些圆形物品作为研究对象，可以发现圆区别于其他圆形的一些特点，人们在对这些特点概括的过程中，就有了圆的定义及相关的特性。

“法”“理”并重的教学需要时间的保证，我们应该为此舍得时间的投入。教育是一门慢的艺术，如同花开，需要经历一个从萌芽、抽枝、含苞到怒放的过程，否则，我们是否也是“拔苗助长”的农夫呢？从表面上看，我们失去了时间，白白地让课堂上那仅有的40分钟在学生一次一次的尝试中流失，远不如“你就照着这个样子做”，然后多做几十道题来得痛快。但我们却是在这个“捕鱼”的过程中让学生逐步掌握学习方法——“渔”，进而提高学生的学习能力，这才是真正的效果和效益。

综上所述，面对聪明学生的一些行为表现，在教学时，聪明教师的做法是通过自己的行为改进，把学生教聪明。其中一种教师的行为改进就是在教学中，让学生学得明明白白，不仅知道知识的“今世”，还知道知识的“前生”，这样的学生才是有意义学习。教学要能够做到既重“法”又重“理”，教师可以参考以下研究路线：

总体要求	阶段指标
“法”与“理”，阶段取舍	重理悟法主要是算法探索时练习的侧重点，这阶段练习主要是为了让学生理解算理，让学生知道为什么这样算。 法理分离是算法形成中练习取舍的侧重点，这阶段练习着力于算法的形成与巩固，让学生知道该怎样算。 去理去法是算法形成后期练习的侧重点，这阶段练习关注的已非算理与算法，而是一种自动化的程度，让学生知道计算的速度与正确率。
“质”与“量”，内涵统一	第一阶段练习通常围绕方法的本质进行分解，内容分布层次多，但在同一层面的重复不需要太多，通常只是三五个变式题组的训练。 第二阶段是围绕方法进行分解，层面不多但每一层面上量的重复多。 第三阶段是技能形成期，不仅分解层面多，而且持续时间长，但每个层面的量不需太多。
“练”与“习”，相映共生	对练的过程中“怎样想”的回顾，使学生由对算理知其然到知其所以然。 对练的过程中“怎样做”的反思，使学生对方法的认识由应然突破为实然。 对练中错题“为什么”的追问，使学生对问题症结有更为深刻的体会。